Walter Mair

Glockner-Region

Heiligenblut – Mölltal – Kreuzeckgruppe

50 ausgewählte Touren

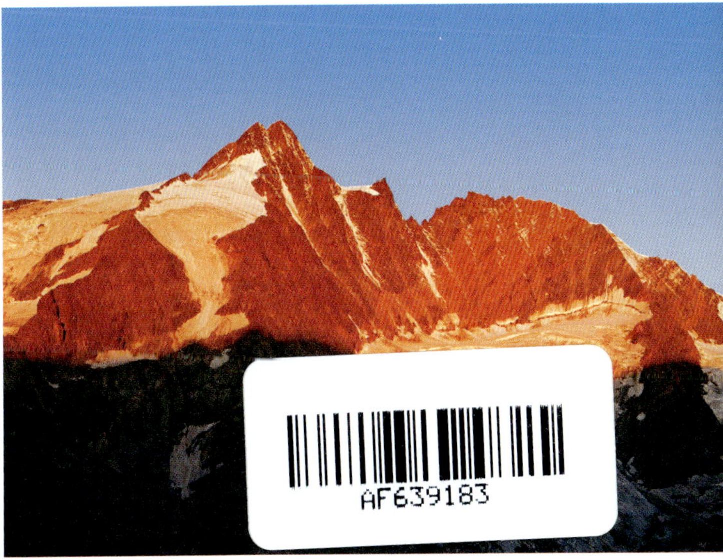

ROTHER
BERGVERLAG

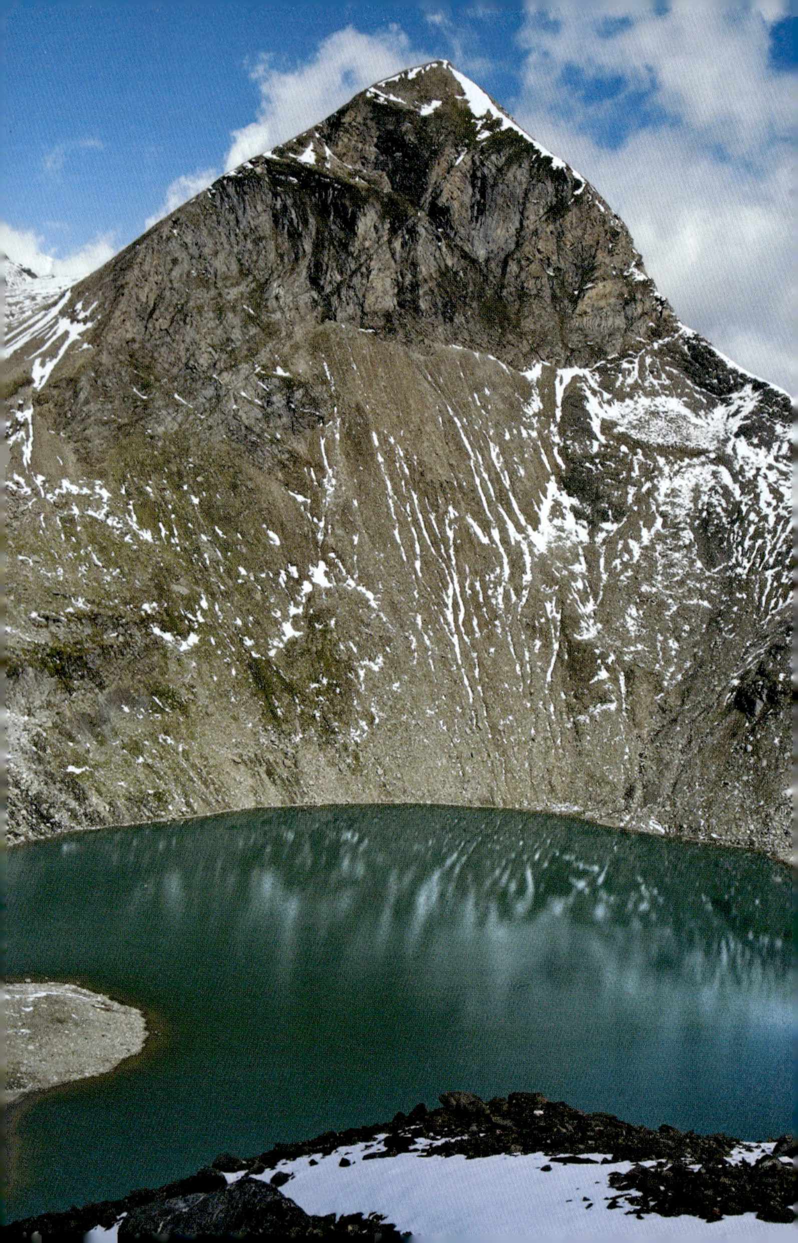

VORWORT

Der Wanderführer Glockner-Region begleitet in 6. Auflage in das Obere und Untere Mölltal im Westteil des Bundeslandes Kärnten. An der Südseite der Hohen Tauern lernen wir sechs sehr unterschiedliche Berggruppen – Glockner-, Schober-, Goldberg-, Ankogel-, Sadnig- und Kreuzeckgruppe – und ausgewählt schöne Landschaften kennen. Der Hauptkamm der Ostalpen mit seinen Hochgebirgsregionen und den tief eingeschnittenen Tälern dazwischen hat in den Hohen Tauern seine höchste und formenprächtigste Erhebung. Tal- und Bergwege führen zu Almen, bewirtschafteten Hütten und Schutzhäusern und weiter auf bedeutende Gipfel. Dies schließt vergletscherte Bereiche mit ein, wenngleich die derzeitige Vergletscherung vielerorts nur noch aus »Resten« der letzten Eiszeit (Würmeiszeit) besteht. Im Besonderen beeindruckt die Glocknergruppe mit ihren sie prägenden Gletschern und einem vielfach bewunderten Panorama.
Bewegte Bilder bieten die frei fließenden Bäche und brausenden Wasserfälle, wie wir sie im Oberen und Unteren Mölltal vorfinden. In den Karmulden liegen Seen, oft gleich einem Bergauge, dann wieder groß und blau den Himmel widerspiegelnd. Auch wirtschaftliche Interessen sind im Spiel, Bachableitungen da und dort, wo das Wasser hinter Staumauern zurückgehalten wird. Es sind jedoch die weiten Bereiche nahezu unberührter Natur, die uns wie ein Paradies erscheinen, abseits der unvermeidlichen Ballungsräume. Mit stets überraschender Vielfalt und einzigartiger Schönheit bezaubert die artenreiche Flora, den Höhenstufen angepasst. Wir begegnen Wildtieren, denen Gehege fremd sind und Ruhegebiete wichtig.
Fast alle 50 ausgewählte Touren und Wanderungen habe ich in den Jahren 2022/23 neu begangen, dazu wurden aktuelle Informationen vor Ort eingeholt. Die Schäden des Sturmtiefs Vaia aus dem Jahre 2018 sind inzwischen weitgehend behoben, allerdings macht sich mit dem Borkenkäfer eine weitere Bedrohung für die Region, vor allem für den Wald bemerkbar.
Möge der Wanderführer Glockner-Region, sorgfältig überarbeitet und mit einer Vielzahl neuer Bilder ausgestattet, allen Benützern ein verlässlicher Begleiter sein!

Lienz, im Frühjahr 2024 — Walter Mair

Der Pfandlschartensee, bewacht vom Schartenkopf (Tour 12).

INHALTSVERZEICHNIS

Unteres Möll- und Drautal – Sadnig-, Goldberg-, Ankogel- und Kreuzeckgruppe

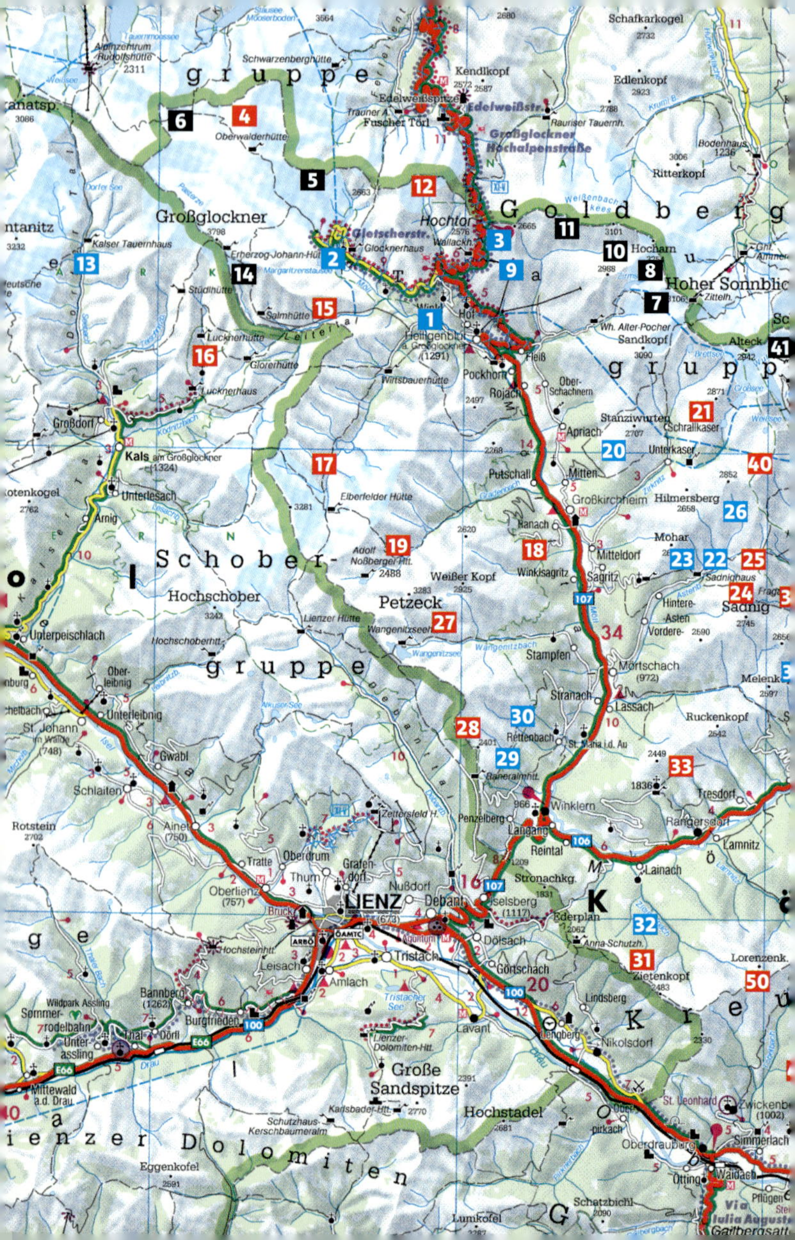

Großglockner
Schober-
gruppe
Goldberg
Hoher Sonnblick
Hochtor
Heiligenblut
Großglockner Hochalpenstraße
Edelweißstr.
Gletscherstr.
Fuscher Törl
Edelweißspitze
Kendlkopf
Schafkarkogel
Edlenkopf
Ritterkopf
Kalser Tauernhaus
Erzherzog-Johann-Hütte
Stüdlhütte
Salmhütte
Glocknerhaus
Lucknerhütte
Lucknerhaus
Glorerhütte
Wirtsbauerhütte
Elberfelder Hütte
Adolf Noßberger-Htt.
Hochschober
Petzeck
Lienzer Hütte
Hochschoberhtt.
Weißer Kopf
Kals am Großglockner
Großdorf
Unterlesach
Arnig
Unterpeischlach
Oberleibnig
Unterleibnig
St. Johann im Walde
Gwabl
Schlaiten
Ainet
Tratte
Oberdrum
Thurn
Grafendorf
Nußdorf
Debant
Oberlienz
LIENZ
Tristach
Amlach
Leisach
Burgfrieden
Thal
Unterassling
Mittewald a.d. Drau
Hochsteinhtt.
Rotstein
Große Sandspitze
Lienzer Dolomiten
Hochstadel
Eggenkofel
Lumkofel
Lavant
Dölsach
Görtschach
Lengberg
Nikolsdorf
Oberdrauburg
Zwickenberg
Simmerlach
Waidach
Irschen
Iselsberg
Stronachkg.
Winklern
Reintal
Rangersdorf
Lainach
Lamnitz
Tresdorf
Penzelberg
Rettenbach
St. Maria i.d. Au
Stranach
Lassach
Mörtschach
Stampfen
Sagritz
Mitteldorf
Winklsagritz
Ranach
Großkirchheim
Mitten
Putschall
Apriach
Rojach
Pockhorn
Fleiß
Hof
Ober-Schachnern
Stanziwurten
Schrallkaser
Unterkaser
Hilmersberg
Mohar
Sadnighaus
Sadnig
Hintere-Asten
Vordere-
Ruckenkopf
Ederplan
Anna-Schutzh.
Zietenkopf
Lorenzenk.
Alteck
Sandkopf
Wh. Alter-Pocher
Zittelh.
Hocharn
Rauriser Tauernh.
Bodenhaus
Schwarzenberghütte
Oberwalderhütte
Alpinzentrum Rudolfshütte
Wangenitzsee
Zettersfeld H.
Tristacher See
Kerschbaumeralm
Karlsbader Htt.
Wildpark Assling
Schatzbichl
Via Iulia Augusta

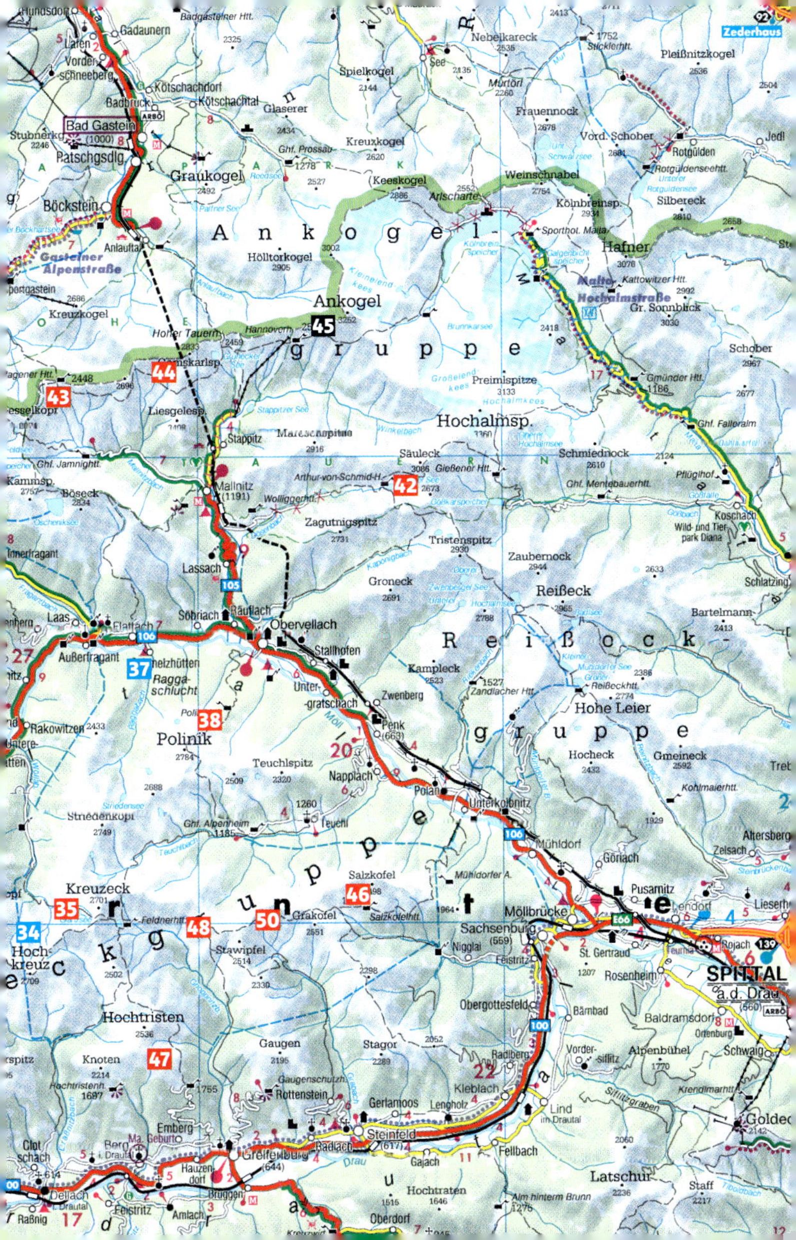

Bad Gastein
(1000)
Patschgsdlg.
Böckstein
Anlauftal
Gasteiner Alpenstraße
Kötschachdorf
Kötschachtal
Badbruck
Gadaunern
Laren
Vorder-schneeberg
Graukogel
Glaserer
Kreuxkogel
Spielkogel
Nebelkareck
Mürtörl
Frauennock
Vord. Schober
Pleißnitzkogel
Rotgülden
Rotgüldenseehtt.
Silbereck
Zederhaus
Keeskogel
Weinschnabel
Arlscharte
Kölnbreinsp.
Sporthot. Malta
Hafner
Kattowitzer Htt.
Malta-Hochalmstraße
Gr. Sonnblick
Ankogel
Ankogel-gruppe
Hölltorkogel
Kreuzkogel
Hoher Tauern
Hannoverh.
Preimlspitze
Hochalmsp.
Gmünder Htt.
Ghf. Falleralm
Schober
Liesgelesp.
Mareschnpitze
Stappitz
Säuleck
Gießener Htt.
Arthur-von-Schmid-H.
Schmiednock
Ghf. Jamnightt.
Kammsp.
Böseck
Mallnitz
(1191)
Wolliggerhtt.
Zagutnigspitz
Ghf. Mentebauerhtt.
Pflüglhof
Koschach
Wild- und Tierpark Diana
Innerfragant
Lassach
Tristenspitz
Zaubernock
Reißeck
Groneck
Schlatzing
Söbriach
Räuflach
Obervellach
Flattach
Laas
Außerfragant
Bartelmann
Reißeck-gruppe
Stallhofen
Kampleck
Zandlacher Htt.
Reißeckhtt.
Hohe Leier
Raggaschlucht
Polinik
Rakowitzen
Unter-gratschach
Zwenberg
Penk
(663)
Teuchlspitz
Napplach
Hocheck
Gmeineck
Kohlmaierhtt.
Polan
Unterkolbnitz
Striedenkopf
Ghf. Alpenheim
Teuchl
Mühldorf
Göriach
Altersberg
Zelsach
Salzkofel
Mühldorfer A.
Kreuzeck
Feldnerhtt.
Grakofel
Salzkofelhtt.
Möllbrücke
Pusarnitz
Lendorf
Lieserh.
Sachsenburg
(559)
Nigglai
Rojach
Hoch-kreuz
Stawipfel
Feistritz
St. Gertraud
Rosenheim
SPITTAL
a.d. Drau
(560)
Kreuzeck-gruppe
Obergottesfeld
Bärnbad
Baldramsdorf
Ortenburg
Hochtristen
Gaugen
Stagor
Radlberg
Vorder-sifflitz
Alpenbühel
Schwaig
Knoten
Hochtristenh.
Gaugenschutzh.
Rottenstein
Kleblach
Krendlmarhtt.
Goldeck
Gerlamoos
Lengholz
Lind im Drautal
Emberg
Berg i. Drautal
Ma. Geburt
Steinfeld
(617)
Radlach
Greifenburg
(644)
Fellbach
Latschur
Gajach
Clot-schach
Hauzendorf
Dellach i. Drautal
Feistritz
Bruggen
Amlach
Hochtraten
Alm hinterm Brunn
Staff
Oberdorf
Raßnig
Drau

TOP-TOUREN

Gletscherweg Pasterze
Abwechslungsreiche, unschwierige Wanderung im Vorfeld der Pasterze und zu Füßen des Großglockners. *(Tour 2, 3.15 Std.)*

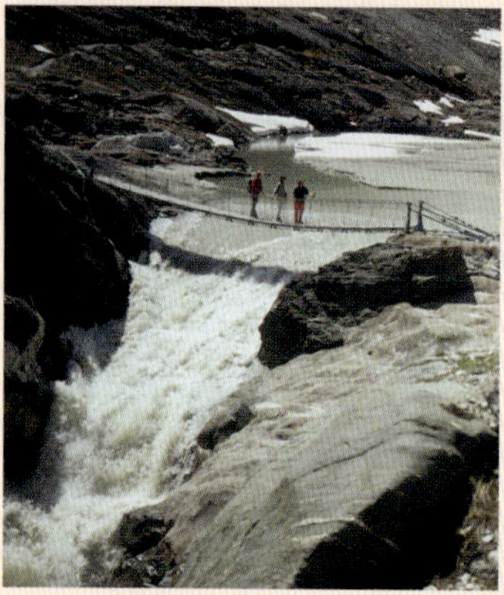

Geo-Trail »Tauernfenster«
Vom Schareck in einer geologisch vielfältig geprägten Landschaft unterwegs zum Tauernkamm. *(Tour 3, 2.45 Std.)*

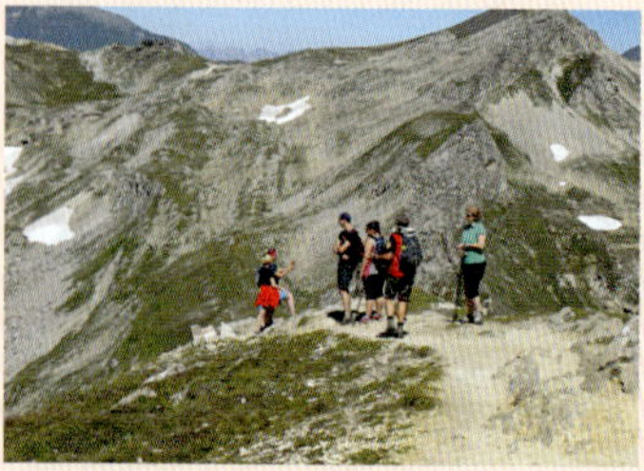

Spielmann – Hochtor
Gipfelgrate und malerische Bergseen werden uns vom Spielmann bis zum Hochtor an der Großglockner Hochalpenstraße vertraut. *(Tour 12, 5.15 Std.)*

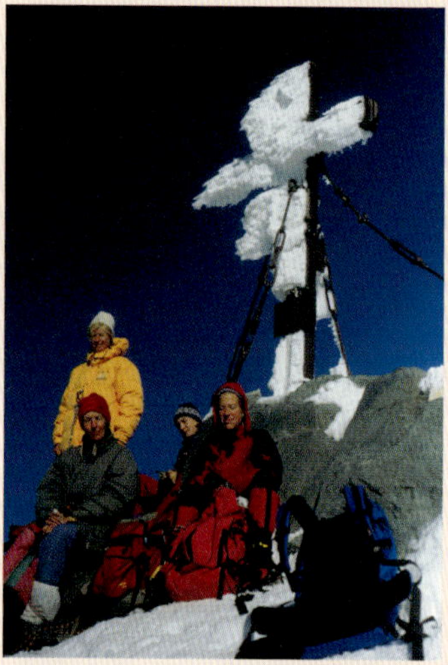

Adlersruhe und Großglockner
Auf historischer Route zu legendären Schutzhütten im Leitertal und auf der Adlersruhe bis zum Kaiserkreuz am Großglockner. *(Tour 14, 2 Tage)*

Schutzhütten im Ködnitztal
Im Angesicht des Großglockners zu den Schutzhütten im Ködnitztal. Am Johann-Stüdl-Weg im Osttiroler Teil des Nationalpark Hohe Tauern unterwegs. *(Tour 16, 6.45 Std.)*

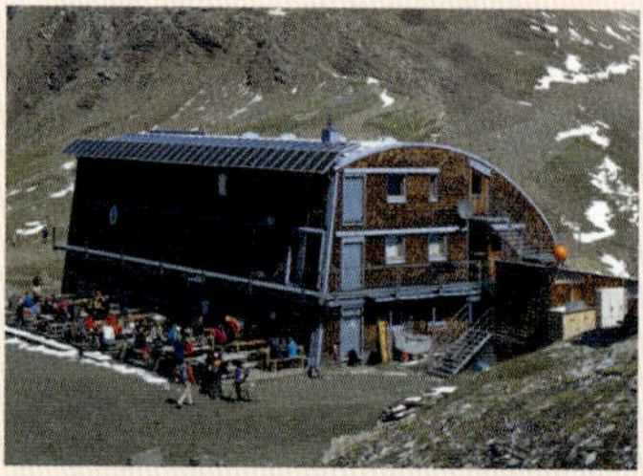

Gradental und Keeskopf
Im Gradental zu den Wasserfällen im Gradenmoos und auf abenteuerlichen Steigen zur Adolf-Noßberger-Hütte und auf den Keeskopf. *(Tour 19, 8.30 Std.)*

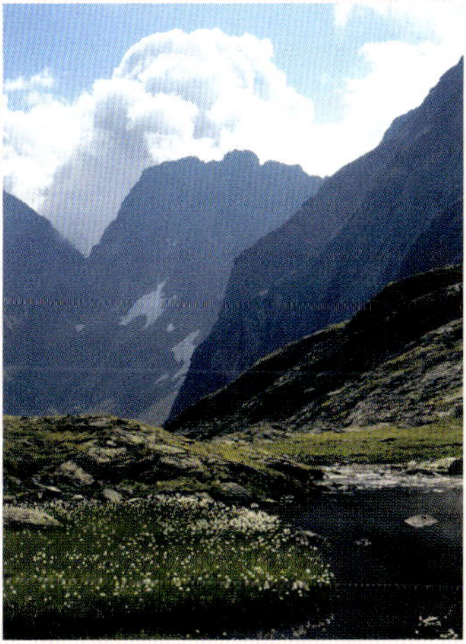

Wangenitzseehütte und Petzeck
Das landschaftlich eindrucksvolle Wangenitztal führt vom Mölltal her zur Wangenitzseehütte und zu den größten Bergseen der Schobergruppe. Das Petzeck, als höchster Gipfel in diesem Gebietsteil, lädt zu einer Ersteigung ein. *(Tour 27, 2 Tage)*

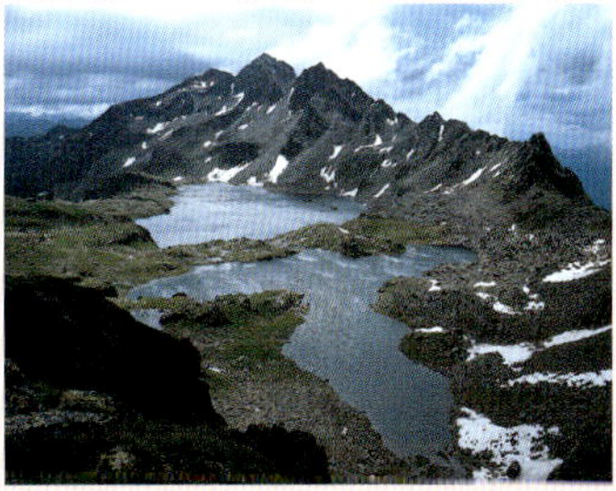

Wasserschaupfad Raggaschlucht
Auf einem kühnen Wasserschaupfad erleben wir den entfesselten Wildbach in der romantischen Raggaschlucht. Ein Naturschauspiel, das sich für alle Altersstufen empfiehlt. *(Tour 37, 1.30 Std.)*

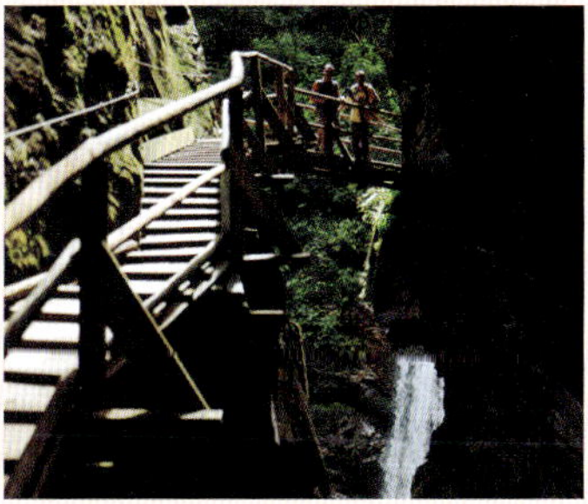

Sadnig-Höhenweg
Vom Mölltaler Gletschergebiet ausgehend, begegnen wir tiefblauen Bergseen und weiten Almenlandschaften in der Kleinfragant. Im Bereich der Fraganter Hütte durchwandern wir ehemalige Kupfer- und Goldbergbaustätten. *(Tour 40, 7.00 Std.)*

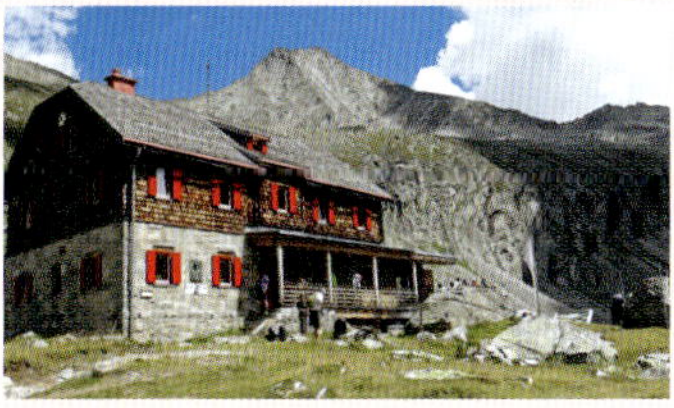

Arthur-von-Schmid-Haus – Säuleck
Im Dösener Tal wandern wir zum Arthur-von-Schmid-Haus am überraschend großen Dösener See. Ein sehenswerter Blockgletscher lagert westlich der Mallnitzer Scharte, und nördlich davon ragt das Säuleck als unschwieriger Dreitausender auf. *(Tour 42, 2 Tage)*

WICHTIGE HINWEISE FÜR UNTERWEGS

Gehzeiten

Die angegebenen reinen Gehzeiten gelten als Richtwerte für durchschnittlich trainierte Wanderer. In der Regel sind 300 bis 350 Hm im Aufstieg und 400 bis 500 Hm im Abstieg pro Stunde bemessen. Die Gehzeiten sind aber stark von der persönlichen Verfassung, erforderlichen Pausen, den Wetterverhältnissen und jahreszeitlichen Gegebenheiten abhängig.

Anforderungen

Unter diesem Schlagwort finden Sie Hinweise auf die Schwierigkeit der jeweiligen Tour. Da die einzelnen Tourenbeschreibungen vom Großglockner im Norden durch das Obere und Untere Mölltal bis an den östlichsten Punkt der Kreuzeckgruppe führen und insgesamt fünf unterschiedliche Berggruppen berühren, ist der Charakter der hier vorgestellten Wanderwege und Steige sehr unterschiedlich. Das Spektrum reicht von leicht begehbaren Forst- und Güterwegen über markierte Steige bis hin zu unbezeichneten Routen auf Pfaden oder Pfadspuren. Ein Teil der Touren führt in hochalpines Gelände, wo entsprechende Ausrüstung (siehe dazu auch Seite 12) und Erfahrung notwendig sind. Pfade im steilen, abschüssigen Gelände setzen Trittsicherheit voraus.

Flankensteig ab der Stockerscharte zur Salmhütte (Tour 15).

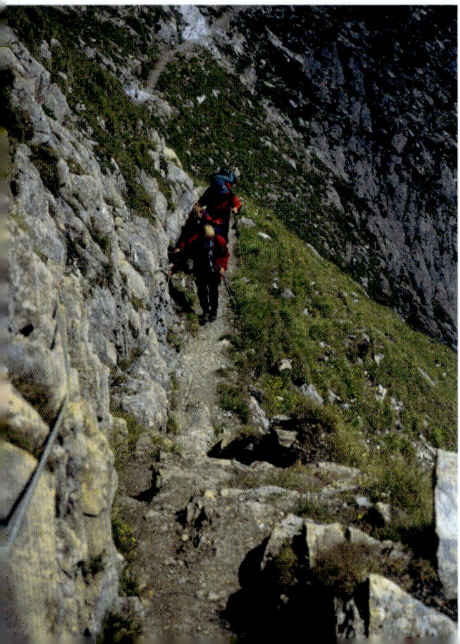

Vorbei am Tauernkreuz zur Hagener Hütte (Tour 43).

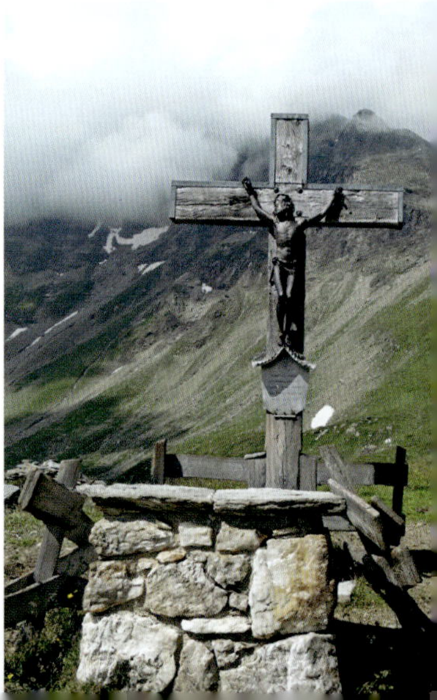

SCHWIERIGKEITSKATEGORIEN

■ = Leicht

Touren für Wanderer auf zumeist gut bezeichneten Wegen und Steigen mit ausreichender Markierung und Beschilderung. Keine ausgesetzten Passagen. Mit Ausnahme sehr langer Touren auch für ältere Bergsteiger oder für Kinder empfehlenswert. In der Regel gilt aber auch bei diesen Routen Umsicht und gute Tourenplanung, insbesondere bei unsicherer Witterung.

■ = Mittel

Touren für geübte Bergwanderer, denen es auf mittelsteilen bis sehr steilen Aufschwüngen an Ausdauer und Trittsicherheit nicht mangelt. Alpine Erfahrung ist bei einsetzendem Schlechtwetter unerlässlich. Etappen im Schrofengelände sind überwiegend frei von Kletterpassagen, auch die Zuhilfenahme der Hände ist nur selten nötig. Abgesehen von ausgedehnten Touren können »rote« Vorschläge bei entsprechender Vorsicht auch für Kinder geeignet sein, gegebenenfalls unter Verwendung von entsprechender Sicherungsausrüstung.

■ = Schwierig

Diese Steige sind zwar meist ausreichend markiert, können aber schmal und über weite Abschnitte steil angelegt sein. Stellenweise können sie sehr ausgesetzt sein. Diese Steige sollten daher nur von absolut trittsicheren, konditionsstarken und alpin erfahrenen Bergwanderern mit geeigneter Ausrüstung begangen werden. Bei hochalpinen Touren ist eine auch im Sommer schneebedeckte Route entsprechend einzuschätzen.

Die Schwierigkeit der Routen ist mit den Farben Blau, Rot und Schwarz bei den Tournummern ausgewiesen. Diese Farben haben aber nichts mit Markierungen im Gelände zu tun und können auch von den Schwierigkeitsangaben auf den gelben Alpenvereins-Wegweisern abweichen.

Gefahren

Gefährliche Situationen entstehen im Gebirge meistens durch das Zusammentreffen von subjektiven Gefahren (Unwissenheit, Leichtsinn, mangelnde Ausrüstung und fehlendes Training) und objektiven Gefahren (von der Natur ausgehend, wie Nebel, Kälte, Gewitter, Steinschlag u.a.). Erstere lassen sich sehr gut, Letztere nur auf ein gewisses Maß beschränken.
Bei Regen oder Schneegestöber kann auch ein steiler Rasenhang gefährlich werden. Bei herannahendem Gewitter ist es unumgänglich, Gipfel, Grate oder andere exponierte Stellen so rasch wie möglich zu verlassen. Drahtseile, Eisengeländer oder einzeln frei stehende Bäume sind bei Gewittergefahr zu meiden.

SYMBOLE

	Symbole im Tourenkopf		Standseil- bzw. Stollenbahnstation
	Mit Bahn/Bus erreichbar		Berg- oder Talstation Sessellift
	Einkehrmöglichkeit unterwegs		Fahrt mit Seilbahn
	für Kinder geeignet		Fahrt mit Stollenbahn
	Symbole im Höhenprofil	†	Gipfel
	Ort mit Einkehrmöglichkeit	)(	Pass, Sattel
	Gasthaus, bewirtschaftete Hütte	)(	Brücke
	unbewirtschaftete Hütte, Unterstand, Biwak		Kirche, Kapelle
		†	Wegkreuz, Marterl, Bildstock
P	eingerichteter Parkplatz		Picknickplatz
	Bushaltestelle		Quelle
	Seilbahnstation		Wasserfall

Markierungen

Fast alle der ausgewählten Routen und Wege sind markiert und beschildert. Unabhängig von den Farben Blau, Rot und Schwarz zur Schwierigkeitsbeurteilung ist im freien Gelände überwiegend in Rot-Weiß oder Rot-Weiß-Rot markiert. Neben der Markierung auf Steinen sind bemalte Pflöcke, vor allem im Rasengelände, üblich. Die allerorts verwendeten Wegtafeln können sehr unterschiedlich sein, mit Beschriftung auf Holz oder Blech bzw. auf den am häufigsten verwendeten gelben Alpenvereinstafeln.

Ausrüstung

Neben dem Rucksack und geeigneten Bergschuhen ist auch auf eine zweckmäßige Kleidung zu achten, auch in Hinblick auf mögliche Wetterumschwünge, die im Hochgebirge oft Schneefall bringen (Reservewäsche). Handschuhe, Mütze und Sonnenbrille mit hochwertigem UV-Lichtschutz, Sonnencreme, Lippenschutz und eine Trinkflasche ergänzen die Grundausrüstung. Auf Bergtouren sind Skistöcke zur Gelenkentlastung sehr empfehlenswert. Eine Taschenlampe kann auch auf der Hütte nützlich sein. Bei misslichen Wettersituationen bewährt sich ein Biwaksack. Ein Erste-Hilfe-Paket ist auch bei kleinen Verletzungen unentbehrlich. In schwierigen Situationen und bei Unfällen kann ein Handy hilfreich sein.
Hochalpine Touren verlangen eine entsprechende Ausrüstung (Seil, Pickel und Steigeisen)!

Jahreszeit

Viele der hier vorgestellten Wanderungen lassen sich schon im Frühsommer ohne Probleme begehen. Mehrheitlich empfehlen sich die Touren jedoch etwa von Mitte Juni bis Anfang Oktober. Sehr früh oder spät im Sommer sollte man sich über die Öffnungszeiten der Hütten informieren. Im Herbst ist bei einsetzendem Frost besonders schattseitig mit vereisten Passagen zu rechnen.

Durch die romantische Daberklamm führt der Weg von Kals ins Dorfer Tal und zum Kalser Tauernhaus (Tour 13).

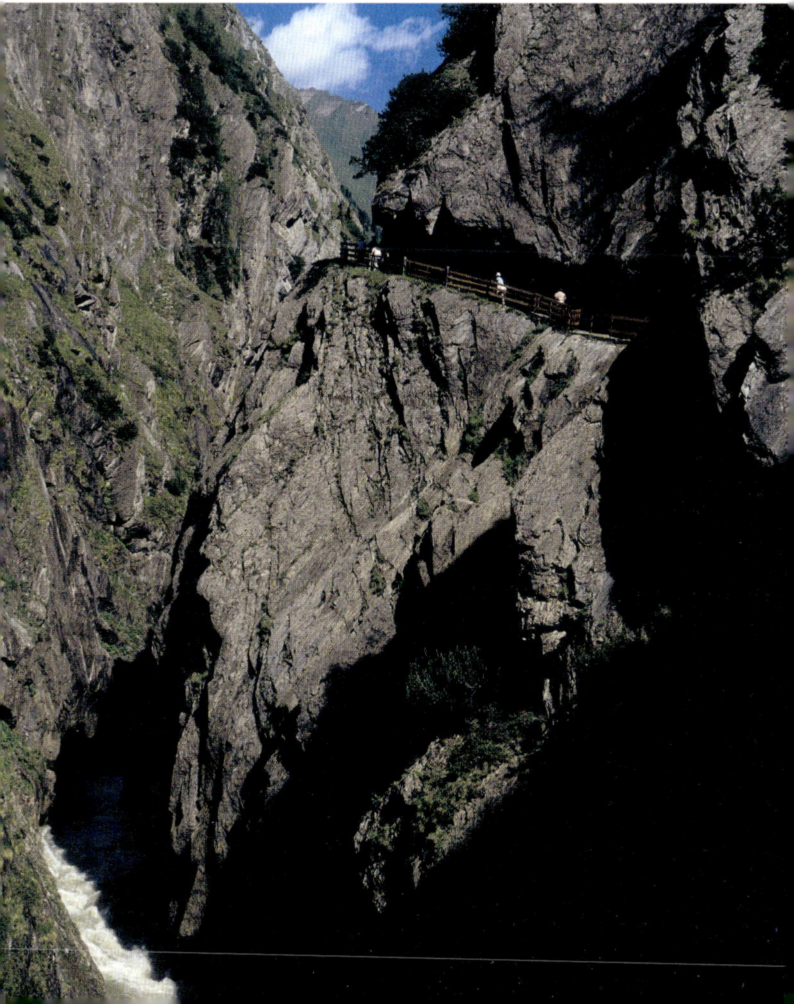

Der Umwelt zuliebe ...

Auch beim Wandern hinterlassen wir einen ökologischen Fußabdruck, aber im Einklang mit der Natur unterwegs zu sein, ist gar nicht so schwer!

VORBEREITUNG UND ANFAHRT

- Sich vorab informieren, worauf in Bezug auf Natur und Umwelt in der jeweiligen Wanderregion besonders zu achten ist.
- Soweit möglich mit Bahn und Bus anreisen, Wander- und Rufbusse nutzen.
- Ist eine Anfahrt mit dem Auto nötig, Fahrgemeinschaften bilden.
- Bei weiten Anfahrten Mehrtagestouren planen oder von einem Quartier vor Ort aus mehrere Touren absolvieren.
- Flugreisen möglichst reduzieren und durch Beiträge zu Klimaschutzprojekten kompensieren.

KLEIDUNG UND AUSRÜSTUNG

- Beim Kauf von Outdoor-Kleidung auf umweltfreundliche und faire Herstellung achten und Kleidungsstücke möglichst viele Jahre nutzen.
- Ausrüstung kann man eventuell auch gebraucht kaufen oder ausleihen.
- Reparieren statt neu kaufen.

VERPFLEGUNG

- Beim Einkauf Bio-Ware, regionale und saisonale Erzeugnisse bevorzugen.
- Hütten und Gasthäuser auswählen, die regionale Produkte verwenden.
- Auf Einwegflaschen und Plastikverpackungen verzichten, stattdessen wiederverwendbare Trinkflaschen und Brotzeitboxen benutzen.

ÜBERNACHTUNG

- Bei lokalen Anbietern buchen, damit Menschen vor Ort profitieren.
- Auf Hütten und in anderen Unterkünften Strom und Wasser sparen.

UNTERWEGS

- Wege benutzen und Abkürzer vermeiden.
- Sperrungen von Wegen und Schutzgebieten respektieren.
- Keine Blumen pflücken und keine Pflanzen entnehmen.
- Waldbrandgefahr beachten.
- Müll wieder mit nach Hause nehmen und dort entsorgen.
- Toilettengänge in freier Natur möglichst vermeiden.
- Lärm vermeiden.
- Hunde an die Leine nehmen.

ROTHER
BERGVERLAG

GPS-TRACKS UND KOORDINATEN DER AUSGANGSPUNKTE

Auf **gps.rother.de** stehen zu diesem Wanderführer GPS-Tracks und die Koordinaten der Ausgangspunkte zum kostenlosen Download bereit. Dieser QR-Code führt direkt zum Download.
6. Auflage, Passwort: **431706mur**
Die GPS-Tracks können in die **Rother App** importiert werden. In der App kann man unterwegs stets sehen, wo man gerade ist und wo es langgeht. **Anleitungen dazu: rother.de/gps**
Trotz sorgfältiger Prüfung können wir Fehler und zwischenzeitliche Veränderungen nicht ausschließen. Verlassen Sie sich für die Orientierung niemals einzig und allein auf die GPS-Daten, sondern beurteilen Sie die Verhältnisse vor Ort.

Landkarten und Literatur

Für die Begehung der Touren sind die Wanderkärtchen mit eingezeichnete Route ausreichend. Die Kartenausschnitte wurden folgenden Freytag & Berndt-Wanderkarten entnommen; sie sind für den Wanderer ein zuverlässiges Hilfsmittel (Maßstab 1:50.000):

- WK 120 Großglockner – Sonnblick – Kaprun – Zell am See
- WK 181 Kals – Heiligenblut – Matrei – Lienz
- WK 225 Mölltal – Kreuzeckgruppe – Drautal

Genauer sind die Alpenvereinskarten im Maßstab 1:25.000:

- Nr. 40 Glocknergruppe
- Nr. 41 Schobergruppe
- Nr. 42 Sonnblick

Interessant sind die Naturkundlichen Führer aus der ÖAV-Reihe: Gletscherweg Pasterze, Familienwanderweg Winklerner Alm, Asten, Gradental. Bestellung: ÖAV-Versandabteilung, Olympiastraße 37, A-6020 Innsbruck, Tel. +43 512 59547-18, alpenverein.at, oder vor Ort in den Nationalparkhäusern.

Mit Kindern unterwegs

Ob sich Touren für Kinder eignen, hängt nicht nur von der Länge des Weges, sondern vielmehr vom Abwechslungsreichtum einer Wanderung ab. Routen auf abenteuerlichen Waldpfaden und kurzweiligen Lehrwanderstrecken zu Tobeln, Seen, Ruinen und Aussichtsfelsen finden immer große Akzeptanz. Wichtig sind stets ausgiebige Rasten mit längerem Verbleib bei spannenden, von Fauna und Flora belebten Plätzen.
Besonders geeignete Ziele für Kinder in diesem Führer sind das Kachlmoor (Tour 1), der Gletscherweg Pasterze (Tour 2), der Geo-Trail (Tour 3), das Gartltal, Kleine Runde (Tour 18), das Astner Moos (Tour 22), Moharkreuz und Mohar (Tour 23), die Winklerner Alm (Tour 29) oder die Raggaschlucht (Tour 37).

WANDERN IN DER GLOCKNER-REGION

Das Mölltal, ein mit Fleiß über Jahrhunderte gestalteter Lebensraum für ein Dutzend Gemeinden, teilt sich in das in Nord-Süd-Richtung verlaufende Obere und das von West nach Ost gerichtete Untere Mölltal. Das Tal ist der nordwestlichste Teil des Bundeslandes Kärnten. Gebietsweise gehört es zum Nationalpark Hohe Tauern.

Sechs mächtige und formschöne Gebirge begrenzen und überbauen beidseitig das insgesamt von Heiligenblut bis Lurnfeld ca. 60 Kilometer lange und auf einer durchschnittlichen Seehöhe von 1000 Metern gelegene Mölltal. Saubere Dörfer und aufgeräumte Höfe prägen die sonnige Talschaft. Die einheimische, traditionsbewusste Bevölkerung lebt bis hinauf zu den Weilern und entlegenen Einschichthöfen in einer für sich kleinen Welt mit einst archaischer Selbstversorgerwirtschaft.

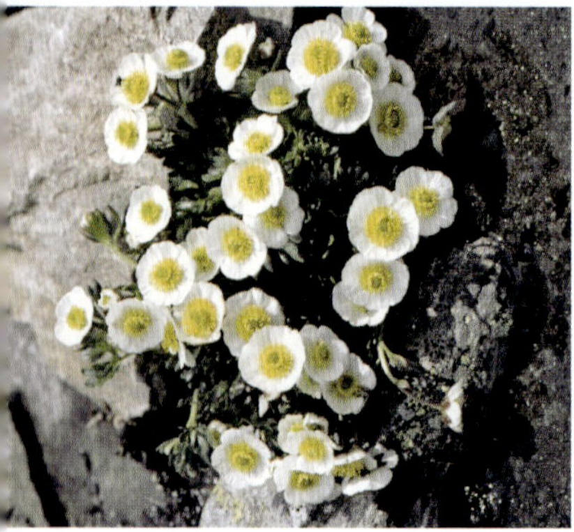

Der Gletscher-Hahnenfuß geht mit uns auf alle Höhen.

Im Quellgebiet der Möll halten die mit Eis und Schnee bedeckten Gipfel der Glocknergruppe die rauen Tauernwinde oft ab. Hoch über dem breiten Waldgürtel mit hellen Lärchen und dunklen Zirben ragen die Gipfel auf. Dorthin, über Almtröge und blühende Bergwiesen, begleitet der Wanderführer. Auch Österreichs höchstes Dach, der eisgepanzerte Großglockner – der »Tauernkönig« – wird aufgrund seiner Bedeutung vorgestellt. Die Tour dort hinauf ist jedoch keine Bergwanderung, sondern eine anspruchsvolle Hochtour für klettererfahrene Alpinisten. Die Gletscher der Hohen Tauern ziehen sich seit etwa 1850 zurück, besonders stark in den letzten Jahren – in Eisnähe unterscheiden sich das Gelände und (veraltete) Karten daher oft.

In diesem Führer besuchen wir auch namhafte, dem Glockner benachbarte Gipfel, wie den Hohen Sonnblick, den Hocharn oder den Ankogel sowie die im Windschatten des Tauernkammes sich anschmiegende Goldberggruppe mit fundreichen Zonen edler Erze und ehemaligen Bergbaustätten.

Mit scharfen Graten und tief eingeschnittenen Tälern begrenzt die Schobergruppe das Obere Mölltal im Westen. Diese Berge weisen ein besonders charakteristisches Relief auf und überraschen mit Ursprünglichkeit und überaus vielfältigem Formenreichtum. Neben Bächen und tosenden Wasserfällen steigen wir zu den Schutzhütten in den obersten Taltrögen auf, mit Seen, in denen sich der tiefblaue Hochgebirgshimmel und die Gipfel aus Glimmerschiefer und matt leuchtendem Granit spiegeln.

Die östliche Talflanke des Oberen Mölltales öffnet mit der romantischen Schönheit von Klammen und schmalen Taleinschnitten den Zugang in die Sadniggruppe, mit prächtigen Blütenteppichen auf schier endlosen Almböden. Aus mühsam gerodeten Waldlichtungen und vielerorts auch von weit oberhalb der Waldgrenze schauen gepflegte Almen ins Tal, überragt von den in ihren Konturen weicheren Gipfeln und Kuppen.

Winklern liegt am »Mölltalknie«, von wo aus das Untere Mölltal östlich abbiegt. Damit führt die Tourenauswahl in die Kreuzeckgruppe, deren weit vorgelagerter Kammfuß talgestaltend wirkt. Die Kreuzeckgruppe besitzt teils Mittelgebirgscharakter, teils ähnelt sie dem Hochgebirge. Mehr als 60 Bergseen verleihen der von Hochtälern zerfurchten Landschaft einen besonderen Reiz, wenngleich hier einiges durch den Eingriff der Kelag (Kärntner Elektrizitäts-Wirtschaft) spürbar verändert wurde.

Im Bereich des Ankogels berührt der Wanderführer die Reißeckgruppe, ehe sich bei Möllbrücke, im breiten Lurnfeld, die Möll mit der Drau vereint. Die Drau und mit ihr das gleichnamige Tal begrenzen die Kreuzeckgruppe im Süden. Auch von hier kann man das Bergland und seinen Schatz unverbrauchter Natur entdecken.

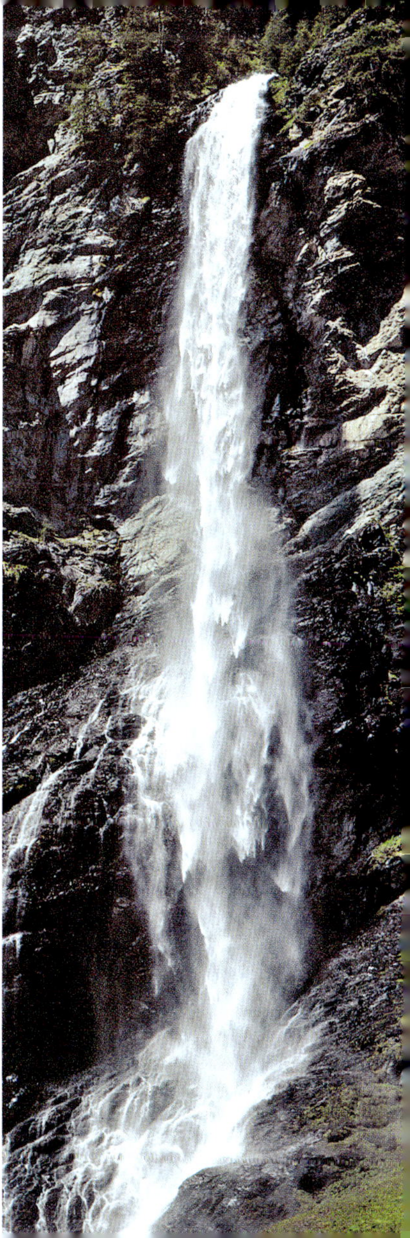

Der ins Obere Mölltal stürzende Jungfernsprung kommt aus dem Zopenitzental (östliche Schobergruppe).

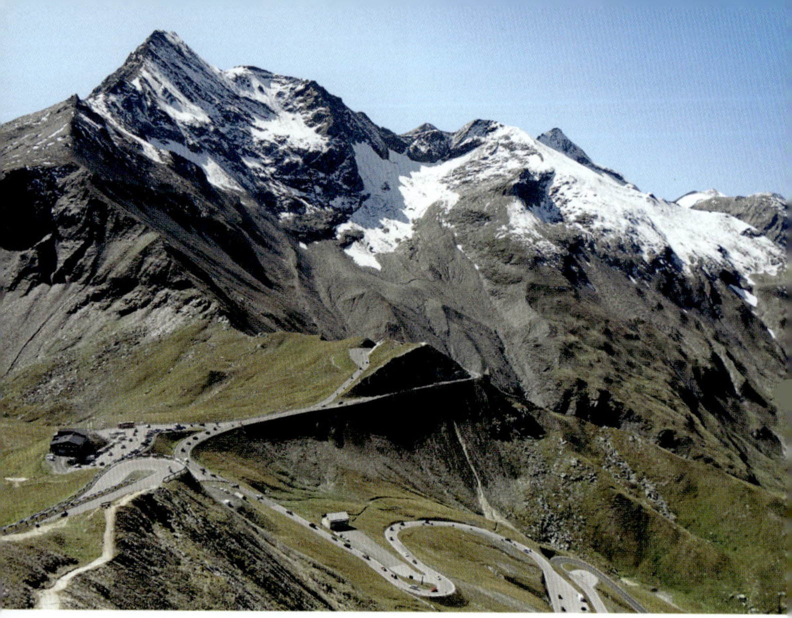

Die Großglockner Hochalpenstraße am Fuscher Törl, überragt vom Brennkogel.

Nationalpark Hohe Tauern und Großglockner Hochalpenstraße

Mit 1856 km² ist der **Nationalpark Hohe Tauern** Mitteleuropas und des gesamten Alpenraumes größter Nationalpark, mit Zonen unterschiedlicher Schutzintensität. Den Grundstein für den heutigen Nationalpark legte der weitblickende Villacher Visionär Albert Wirth (1874–1957). Begeistert vom Yellowstone- und Yosemite-Nationalpark erwarb er 1918 eine Fläche von 40 km² im Glocknergebiet mit der Absicht, ein großes Schutzgebiet zu schaffen. Gemeint ist die Pasterze mit Großglockner, Johannisberg und dem anschließenden Bergkranz. Wirth und seine beiden Schwägerinnen Dorothea von Aichenegg und Sidone Heller überließen diese unvergleichlich schöne Berglandschaft kostenfrei dem DÖAV mit der ausdrücklichen Widmung, sie »für alle Zeit« als Naturschutzgebiet zu erhalten. Das Land Kärnten erklärte am 15. September 1981 ca. 195 km² zum Nationalpark. Am 19. Oktober 1983 folgte Salzburg, Tirol erst am 9. Oktober 1991. So entstand ein länderübergreifender Nationalpark mit nahezu perfekter Harmonie aus Natur und Kultur.

■ Information: hohetauern.at; nationalpark-hohetauern.at

Großglockner Hochalpenstraße: vom Kelten-, Säumer- und Römerweg zur Ausflugs-Panoramastraße. Die Kärnten mit Salzburg verbindende Hochalpenstraße wurde in Zeiten einer Weltwirtschaftskrise erbaut. Tausende

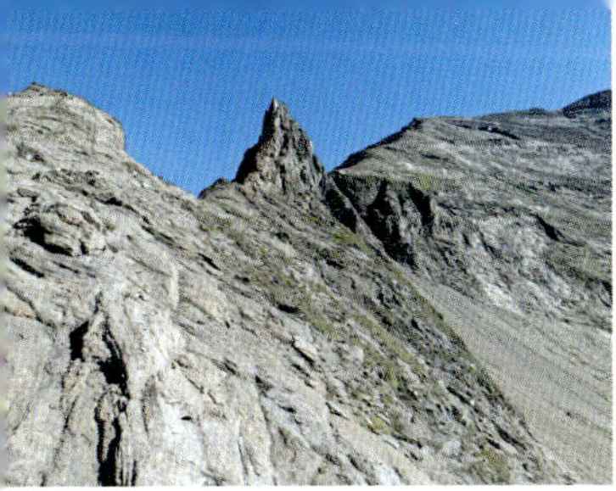

Südgrat des Fuscher Karkopfs (Tour 5).

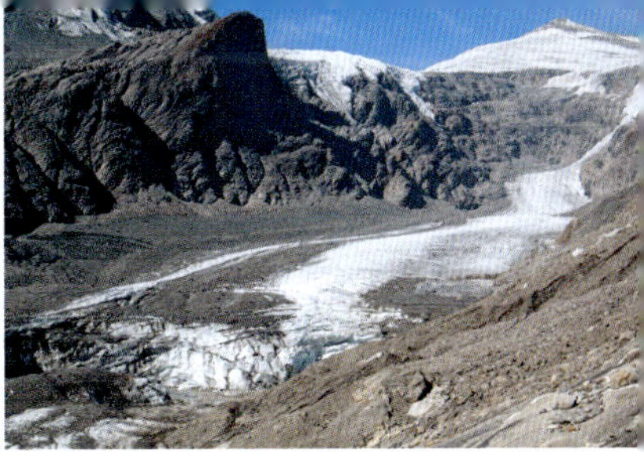

Pasterzen-Gletscherzunge (Stand 2023).

arbeitssuchende Menschen, sie galten umgangssprachlich als »Glocknerbaraber«, fanden in dieser schwierigen Zeit ein bescheidenes Einkommen. Unter Führung von Dipl. Ing. Franz Wallack als Planer und dem Salzburger Landeshauptmann Dr. Franz Rehrl als Initiator gelang dieses gewagte Projekt in den Jahren 1930 bis 1935.

Die von Heiligenblut übers Hochtor und Fuscher Törl bis Bruck Fusch im Unterpinzgau reichende Großglockner Hochalpenstraße misst 48 km und weist 36 Kehren auf. Scheitelstelle ist der 311 m lange Hochtortunnel mit einem Shop und der Ausstellung »Passheiligtum Hochtor«, in deren Zentrum die bekannte römische Herkules-Statue steht. Bei der Guttalkehre zweigt die 8,2 km lange Gletscherstraße zur Kaiser-Franz-Josefs-Höhe ab.

■ Mautgebühr, Öffnungszeiten und sonstige Infos: grossglockner.at

Das Hofmannskees, oben die Adlersruhe, und das Glocknerleitl gipfelwärts.

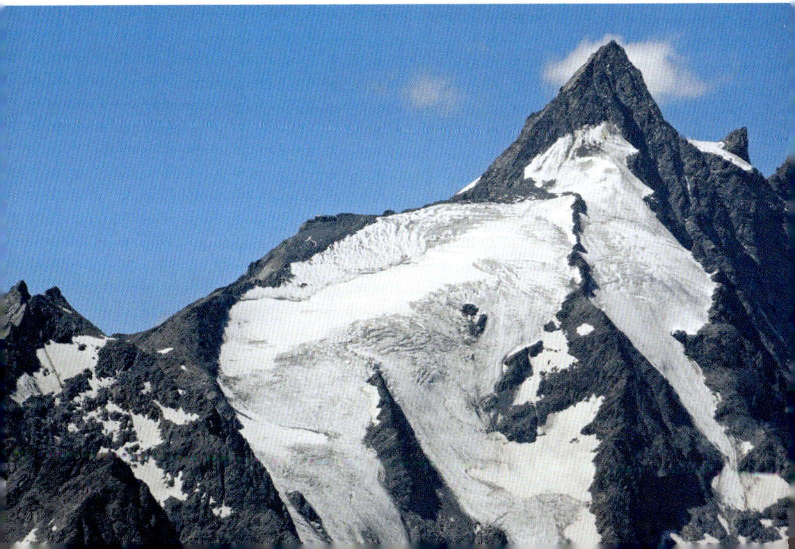

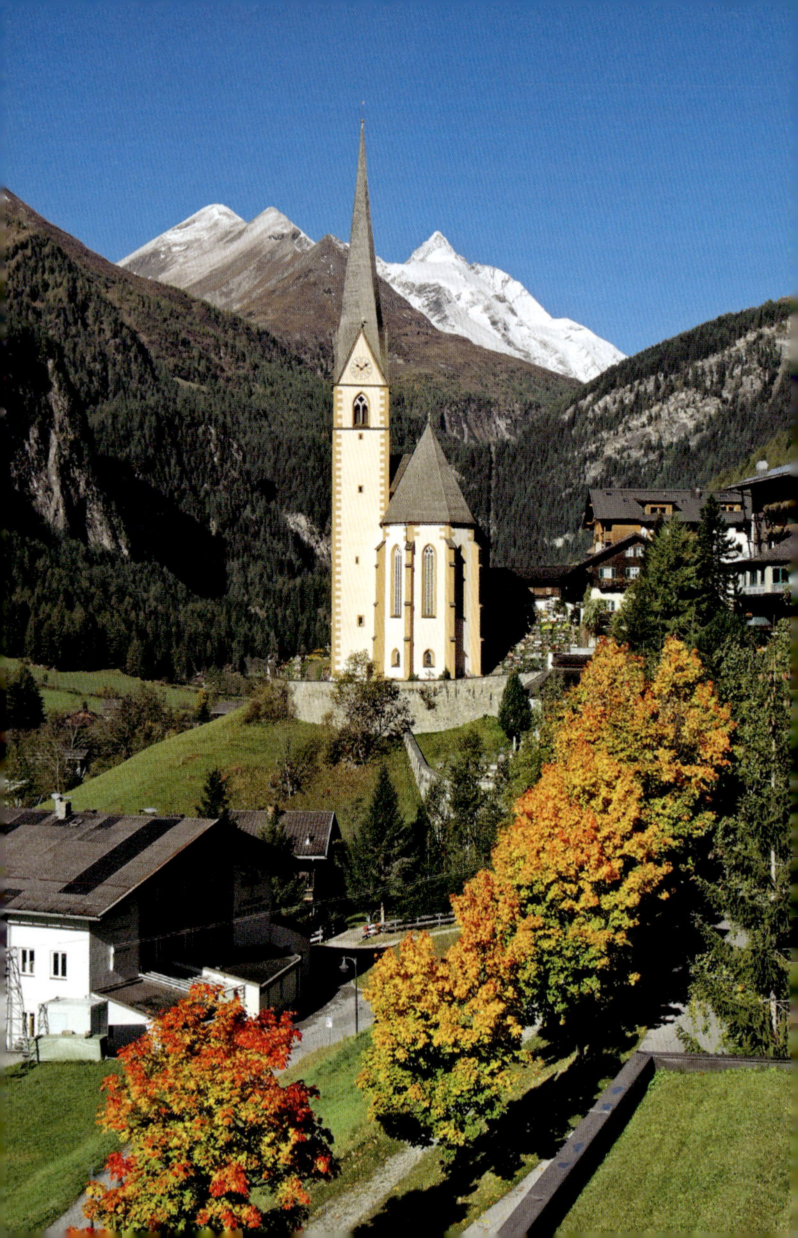

TALORTE

Flattach, 696 m

Mit Außer- und Innerfragant am Fuße des Mölltaler Gletschers gelegen. Aktivurlaub mit vielen sportlichen Möglichkeiten und Ausflugszielen (Goldgräberstätten); Mölltaler Gletscherexpress, mit 4796 m Länge die längste unterirdische Standseilbahn der Welt (Sommer- und Winterbetrieb, Tel. +43 4785 8110, moelltaler-gletscher.at); Lifte und Seilbahnen bis auf den Schareckgipfel; Raggaschlucht (s. Tour 37).

- Postbusverbindungen nach Spittal und Innerfragant
- Information: A-9831 Flattach 99, Tel. +43 4785 615, flattach.at

Greifenburg, 645 m

Idealer Ausgangspunkt für Wanderungen und Bergtouren in die Kreuzeckgruppe und Gailtaler Alpen. Wasserweg-Lehrpfad östlich des Gnoppnitzbaches (Maubach), Erlebniswelt in der Gnoppnitzklamm im westlichen Ortszentrum; Badesee am Ortsrand; Busse zum Weißensee.

- Bahnverbindung nach Lienz und Spittal
- Information: A-9761 Markt Greifenburg, Tel. +43 4712 216-14, greifenburg.gv.at/tourismus

Großkirchheim, 1013 m

Döllach, der Hauptort der Nationalpark-Gemeinde Großkirchheim, war im Mittelalter das Zentrum des Goldbergbaues in den Hohen Tauern. Mountainbiker, Bergsteiger und Wanderer folgen den Spuren der Goldgräber. Freizeitanlage mit Kletterturm, Freibad und Sportplatz neben der ruhig fließenden Möll. Das Schloss Großkirchheim vermittelt einen Einblick in den Goldbergbau (Juni–Sept.). Neues Nationalparkhaus Alte Schmelz; Tauerngoldausstellung im Putzenhof. Beliebte Wanderungen zum Gartlwasserfall (Tour 18), zur Zirknitzgrotte und zu den Neun-Brunnen-Schleierwasserfällen. Filialkirche zum hl. Andreas in Döllach, Filialkirche Maria Dornach in Mitteldorf, Pfarrkirche zum hl. Georg in Sagritz; Kriegerdenkmal im Ortszentrum von Döllach.

- Postbusverbindungen nach Lienz und Heiligenblut
- Information: A-9843 Nationalpark-Gemeinde Großkirchheim, Tel. +43 4825 521-21, grosskirchheim.gv.at

Heiligenblut, 1288 m

Die Nationalpark-Gemeinde Heiligenblut liegt zu Füßen von Österreichs höchstem Berg, dem Großglockner. Heiligenblut bietet für Gäste aller Altersstufen ein ausgewogenes Natur- und Bergerlebnis zwischen bäuerlicher Kultur und schroffer Bergwelt mit 40 Dreitausendern. Bergsteigen,

Die Heiligenbluter Wallfahrtskirche St. Vinzenz mit Leiterköpfen und Großglockner.

geführte Wanderungen und Touren, Klettern, Gletscherexkursionen, kulturgeschichtliche Wanderungen, Wildtierbeobachtungen, Hüttentrekking oder Goldwaschen am Kleinen Fleißbach (Goldgräbercamp und Goldgräberdorf von Juni bis September). Mit dem Bergführerverein Heiligenblut ist auch die Faszination Großglockner verwirklichbar. Die Großglockner-Bergbahnen (15 Seilbahnen und Skilifte) führen im Sommer und Winter bis fast in die 3000-m-Zone. Glockner-Radweg von Heiligenblut bis Stall; Hallenbad. Gotische Wallfahrtskirche St. Vinzenz (14. Jh.), im Friedhof das Bergsteigerdenkmal, Gräber des Markgrafen Pallavicini und Kalser Bergführer; am Dorfplatz der Bergkristallbrunnen; Steinbockhaus mit Ausstellungen (eröffnet im Oktober 2019). Gößnitzfall mit Kachlmoor, Wasserfall Jungfernsprung (130 m Fallhöhe) mit Aussichtsplattform und Rundweg (45 Min.). Kaiser-Franz-Josefs-Höhe mit Swarovski-Beobachtungswarte, historischer Gletscherbahn (144 Höhenmeter) hinunter zum Pasterzengletscherstand 1960; Apriacher Stockmühlen; Goldgräberdorf beim »Alten Pocher«; Bergführerdenkmal am Beginn der alten Glocknerstraße.

- Postbusverbindungen nach Lienz, zur Kaiser-Franz-Josefs-Höhe und zur Fleißkehre, Tel. +43 4824 24612
- Wandertaxi auf Abruf: Taxi Fleißner, Tel. +43 664 3836311, taxi-fleissner.info
- Information: Tourismusverband Heiligenblut, Tel. +43 4824 2700-20, heiligenblut.at

Großglockner und Glocknerwand mit Teischnitzkees links und Ködnitzkees rechts (Tour 16).

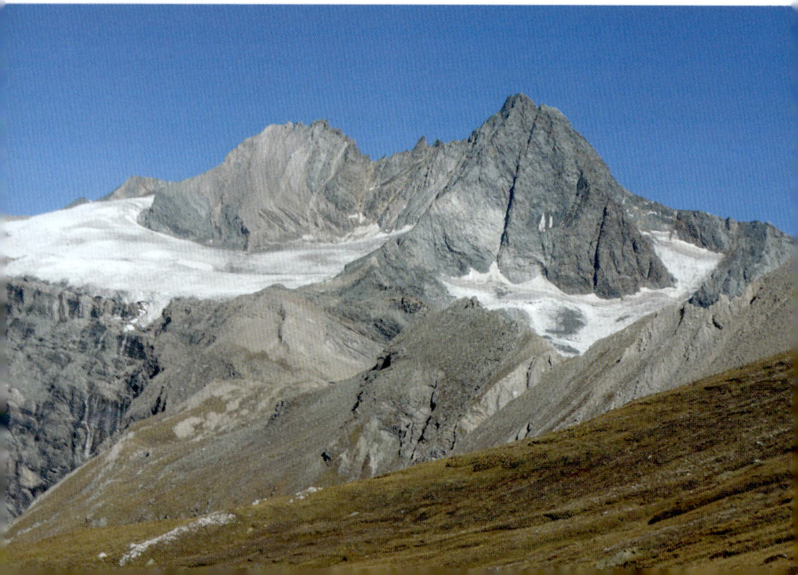

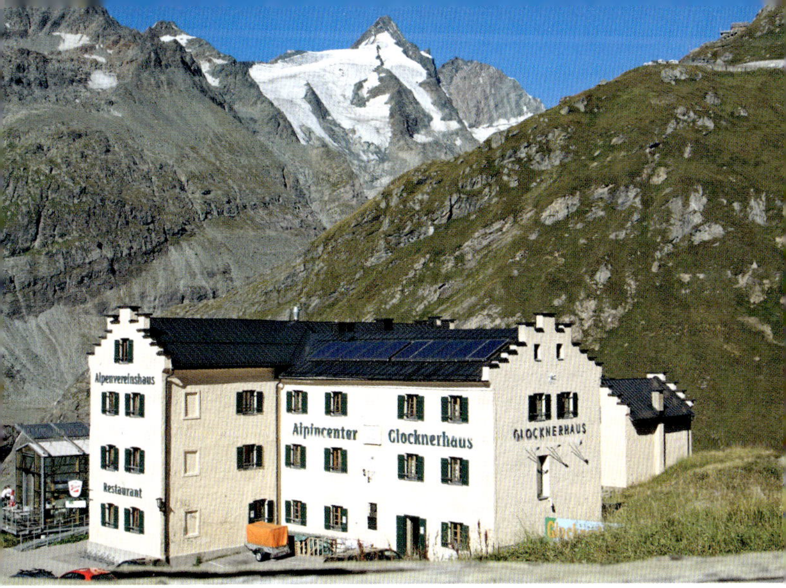

Das Alpincenter Glocknerhaus an der Gletscherstraße (Touren 2 und 12).

Irschen, 804 m

Irschen ist als Natur- und Kräuterdorf bekannt und besteht aus 15 Ortsteilen. Kräutergarten geöffnet von Juli bis August. Beliebte Wanderungen in die Dobelklamm, zum Modritschbachfall und zu den Sonnseitalmen. Bäuerle-Mühle am Schörstadter Bach; Pfarrkirche zum hl. Dionis, Rittersdorfer Kirchl zum hl. Andreas, Anna-Kapelle in Simmerlach.

- Bahnverbindung mit Lienz und Spittal
- Information: A-9773 Irschen, Tel. +43 4710 2377-2, irschen.gv.at

Iselsberg-Stronach, 1118 m

Schutzengelkirche im Dorfzentrum von Iselsberg. Zu den Sehenswürdigkeiten zählt die Lourdeskapelle in Stronach. An der Außenwand erinnert eine Gedenktafel an den Maler Franz v. Defregger, dessen Geburtshaus in unmittelbarer Nähe steht. Am Abhang des Stronachkogels die Burgruine Walchenstein, 970 m. Die Stronacher Erdpyramiden entstanden durch Erosion von Gletscherablagerungen aus der Eiszeit. Naturdenkmal Feuchtgebiet »Zwischenbergen Lacke« am Zwischenbergensattel; Bärenhöhle am Stronachkogel, Pfadfinderkreuz auf dem Gipfel.

- Postbusverbindungen nach Lienz und ins Mölltal
- Information: A-9991 Nationalpark-Gemeinde Iselsberg-Stronach 172, mit Nationalpark Infostelle, Tel. +43 4852 641-17, iselsberg-stronach.at

Kals am Großglockner, 1326 m

In Ködnitz, dem Hauptort der Gemeinde Kals, wurde 1439 die Pfarrkirche St. Rupert geweiht; das älteste kirchliche Baudenkmal St. Georg geht auf das Jahr 1366 zurück. Im Glocknerhaus residiert der Tourismusverband. Kalser Gondelbahn zur Adler Lounge, 2406 m, mit Restaurant (Glockner-Resort Kals-Matrei). Das Feriendorf Gradonna Mountain-Resort befindet sich im Ortsteil Großdorf. Erwähnenswert sind auch die Kalser Glockner-Ausstellung, das historische Widum, das moderne Kulturhaus mit Johann-Stüdl-Saal (Architekturpreis) und der neu gestaltete Glockner-Friedhof. Das Kalser Bergsteigerdorf überragt der Großglockner, 3798 m. Er ist Österreichs höchster Gipfel und liegt im Herzen des Nationalparks Hohe Tauern. Die Erstersteigung erfolgte am 27. 7. 1800. Das Kaiserkreuz am Gipfel feiert 2021 sein 50-jähriges Bestehen und wird vom Österreichischen Alpenclub betreut.

- Postbusverbindungen Lienz–Kals
- Glocknertaxi, Tel. +43 664 5219089
- Bergführerbüro: Tel. +43 664 416 1289
- Information: TVB im Glocknerhaus, Tel. +43 50 212540, kals.at

Lurnfeld, 600 m

Das Radlerparadies Lurnfeld (Drauradweg R1, Glocknerradweg R5) liegt umgeben von Wiesen, Wäldern, Seen und Bergen. Erlebnisbad Möllbrücke, Möllcamping; Ruinen Feldsberg und Hohenburg; Wallfahrtskirche Maria Hohenburg, gotische Wehrkirche St. Leonhard.

- Bahnverbindung nach Lienz und Spittal
- Information: A-9813 Marktgemeinde Lurnfeld (Möllbrücke), Tel. +43 4769 2406 oder 2211, lurnfeld.gv.at

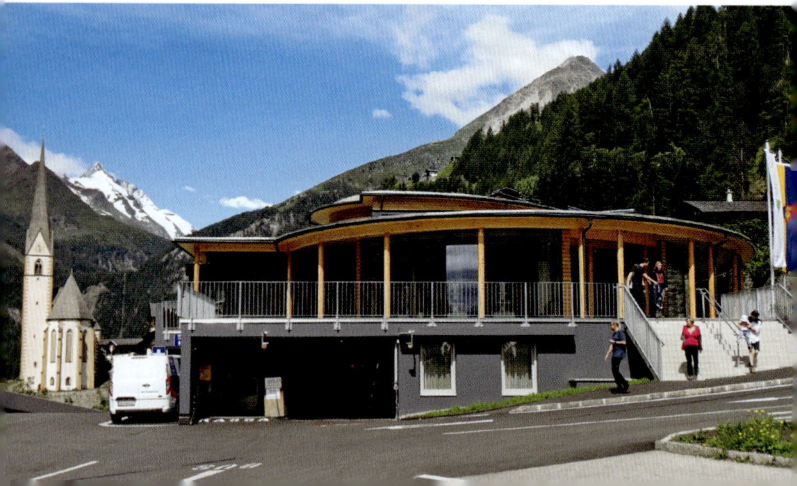

Mallnitz, 1191 m

Romantisches Dorf in außergewöhnlicher Lage mit der höchstgelegenen Bahnstation an jener Strecke, die die Nordseite des Alpenhauptkamms mit der Südseite verbindet. Alle Intercityzüge machen hier Halt. Die Autos nimmt der Zug huckepack durch den 8,6 km langen Tunnel bis Böckstein. Badgastein ist in 20 Min. per Zug erreichbar. Mallnitz, ein heilklimatischer Höhenluftkurort, ist mit dem Ankogel und dessen Hochgebirgsbahnen ein bekanntes Sommerwander- und Winterskigebiet (s. Tour 45). Erlebniswelt BIOS im Nationalpark-Zentrum Mallnitz, Tauernerlebnisbad; 22 km ebene Wanderwege in Hochgebirgstälern; Mallnitzer Stockmühlen am Tauernbach; Rabisch- und Groppensteinschlucht. Der grün umbettete Stappitzer See und das naturbelassene Seebachtal gelten als Kerngebiete des Nationalparks.

- Busse zur Ankogelbahn bzw. zum Stappitzer See mit Sommerbetrieb
- Ankogelbahn (Baujahr 1963/66), geöffnet 27.6.–11.10. täglich 8.30–16 Uhr.
- Information: A-9822 Nationalpark-Gemeinde Mallnitz, Tel. +43 4784 290, mallnitz.at

Mörtschach, 950 m

Die kleinste aller Nationalpark-Gemeinden und reizvolles Bergdorf. In der Gemeinde befindet sich Kärntens höchstgelegene Dauersiedlung, »die Asten«. Die Gehöfte stehen auf ca. 1600 m Seehöhe. Erst 1966 wurde ein Güterweg in die Asten eröffnet, seit 1980 ist sie telefonisch erreichbar. Auf acht bewirtschafteten Höfen leben derzeit ca. 30 Personen und nicht wenige Häuser dienen Auswärtigen als Feriendomizil. Das Astner Moos wurde als seltener Landschaftstyp 1979 zum Naturdenkmal erklärt (s. Tour 22). Regionalverein mit Sitz im Schmutzerhaus im Dorfzentrum, mit altem Kunsthandwerk, Wollwerkstätte, Bauern- und Handwerksladen. Veranstaltungszentrum Kultbox im Ort.

- Postbusverbindungen mit Lienz und Heiligenblut
- Information: A-9842 Nationalpark-Gemeinde Mörtschach 42, Tel. +43 4826 701, moertschach.gv.at

Obervellach, 685 m

Obervellach ist Luft- und Schrothkurort sowie Europagemeinde und unterhält acht Städte-Partnerschaften. Die Freizeitangebote umfassen ein Erlebnisfreibad, ein Hallenbad und eine Tennishalle. Wildwasserwochen und Kanurafting versprechen Abenteuer auf der Möll, einem Eldorado für Fliegenfischer. Obervellach bietet auch Kräuterwanderungen an. Von besonderem Interesse sind der Oberkärntner Dreischluchtenweg und der schnelle Zugang zu den Ankogel-Hochgebirgsbahnen. Sehenswert sind die gotische Pfarrkirche St. Martin mit Hochaltar, einem Meisterwerk des

Das besuchenswerte, Ende 2019 eröffnete Steinbockhaus in Heiligenblut.

Barock, Oberkärntens einziger Wehrfriedhof, die mittelalterlichen Burgen Falkenstein und Groppenstein, wie auch das ruhmvolle Schloss Trabuschgen. Eindrucksvoll sind die Rabisch- und Groppensteinschlucht sowie allen voran die bekannte Raggaschlucht (s. Tour 37).

- Postbus- und Bahnverbindungen mit Mallnitz, Böckstein, Klagenfurt
- Information: A-9821 Obervellach 21, Tel. +43 4782 2510 und 2700-30, obervellach-reisseck.at

Rangersdorf/Bad Lainach, 864 m

Feriengemeinde zwischen Kreuzeck- und Sadniggruppe, inmitten einer herrlichen Naturkulisse gelegen. Die landschaftliche Schönheit und Vielfalt offenbaren bereits Erlebniswanderungen im Halbstock der Berge, wie z.B. der Steig- und Fahrweg zur Ronehütte oder die Bergstraße zu Österreichs höchstgelegener Wallfahrtskirche Marterle, 1849 m, einem Wahrzeichen der Gemeinde (s. Tour 33). Museum die »Zeitfabrik« (Hotel Mölltalerhof); Wellnessanlage (Hotel Margarethenbad).

- Postbusverbindungen nach Lienz, Mallnitz, Spittal
- Information: A-9833 Rangersdorf/Lainach, Tel. +43 4823 255-13, rangersdorf.at

Reißeck, 613 m

Das Gemeindegebiet am Fuße des Danielsberges liegt eingebettet zwischen der Reißeckgruppe im Norden und der Kreuzeckgruppe im Süden. Kreuzeckbahn (Schrägaufzug) mit Talstationen in Kolbnitz. Besonders erwähnenswert ist der sich aus dem Tal erhebende, geschichtsträchtige Danielsberg mit 5000 Jahre alter Kulturstätte. Dort lädt auch der Gasthof Herkuleshof zur Rast und Besichtigung ein.

- Postbusverbindungen nach Spittal, Heiligenblut und Lienz
- Information: A-9815 Gemeinde Reißeck, Tel. +43 4783 2050 und 2700-30, obervellach-reisseck.at

Sachsenburg, 559 m

Vom historischen Marktplatz aus der Ortsmitte verlaufen Mountainbike- und Radwege an der Drau entlang, die mit Sandbuchten auch ein Eldorado für Bootsfahrer und Flößer ist. Eine beliebte Wanderung führt in das Nigglaital zur Salzkofelhütte (s. Tour 46). Am Festungsberg von Sachsenburg wurden um das Jahr 1200 zwei Burgen erbaut, worauf auch der Name des typischen Straßendorfes beruht. Kalvarienberganlage, Pfarrkirche St. Margareth in Sachsenburg, Rupertikirchlein in Obergottesfeld; Naturlehrpfad, Burgenwanderweg; Sachsenburger Theateraufführungen von Laienspielgruppen.

- Bahn- und Postbusverbindungen mit Lienz und Spittal
- Information: A-9751 Markt Sachsenburg, Tel. +43 4769 2925-14, sachsenburg.at/tourismus.html

Stall, 870 m

Die Feriengemeinde Stall liegt eingebettet zwischen Gebirgsmassiven in der Mitte des Mölltales. Wanderwege bis in die Alm- und Hochgebirgsregionen, Mölltal-Radweg, Badespaß im Gößnitzsee, Fischerparadies. Schluchtenwanderungen vermitteln Romantik in natürlich gebliebenen Bergtälern. Bevorzugte Touren führen auf das Hochkreuz oder das Kreuzeck (s. Tour 34 und 35). Canyoning in der Erlebnisschlucht Wölla direkt am Gößnitzsee (Anmeldung unter Tel. +43 664 2005682). Ruine Wildegg; Pfarrkirche in Stall (1336 urkundlich erwähnt, nach Brandkatastrophen 1831 neu aufgebaut). Südlich der Pfarrkirche das Kriegerdenkmal, das, aus einem einzigen Granitblock geschaffen, mit 16 Pferden aus dem Wöllatal zum jetzigen Standplatz gebracht wurde. Kreuzweg-Kalvarienberg. Die Gedächtnisschule Steinwand wurde dem Dichter Johann Fercher von Steinwand geweiht (Museum in der Volksschule).

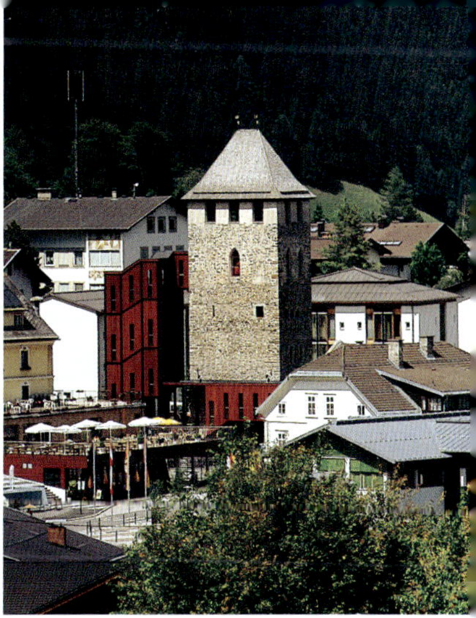

Der Mautturm, ein Wahrzeichen der Nationalpark-Gemeinde Winklern.

- Postbusverbindungen mit Lienz, Mallnitz, Spittal an der Drau
- Information: A-9832 Stall, Tel. +43 4823 8100, gemeinde-stall.at

Winklern, 966 m

Die Marktgemeinde Winklern (Klimabündnisgemeinde) liegt am Möllknie und am Fuß des Iselsberges. Winklern war über Jahrhunderte ein wichtiger Rast- und Zollplatz für den Handelsverkehr über die Alpen. Davon zeugt der eindrucksvolle Mautturm als Wahrzeichen im Ortszentrum. Im Jahre 1995 wurde der beliebte Nationalpark-Kulturlandschaftsweg errichtet und 1999 mit Schaumühlen und einem Spielplatz zum Thema Wasser erweitert. Sehenswert ist die Venezianersäge oberhalb des St.-Benedikt-Kirchleins, welches 1670 von Jakob Lerckhammer »zur Abwehr der Wötter« erbaut wurde. Beim Kircheneingang befindet sich der Propeller eines 1938 notgelandeten italienischen Flugzeuges (Gedenktafel). Besuchenswert ist die Pfarrkirche St. Laurentius und St. Martin. Das Schober Kirchl auf Rettenbach wurde 1848 den Schutzheiligen Peter und Paul geweiht.

- Postbusverbindungen mit Mallnitz und Lienz
- Information: A-9841 Mrktgemeinde Winklern, Tel. +43 4822 227-20, winklern.gv.at

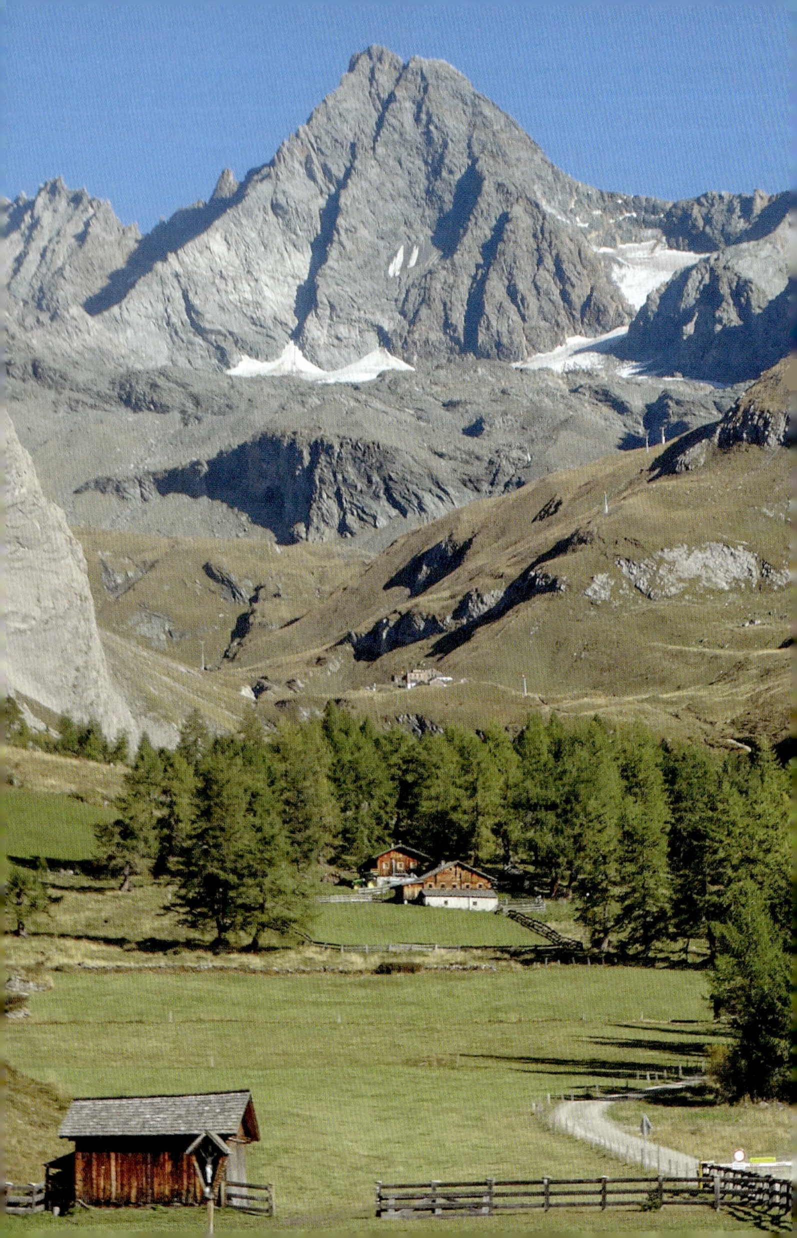

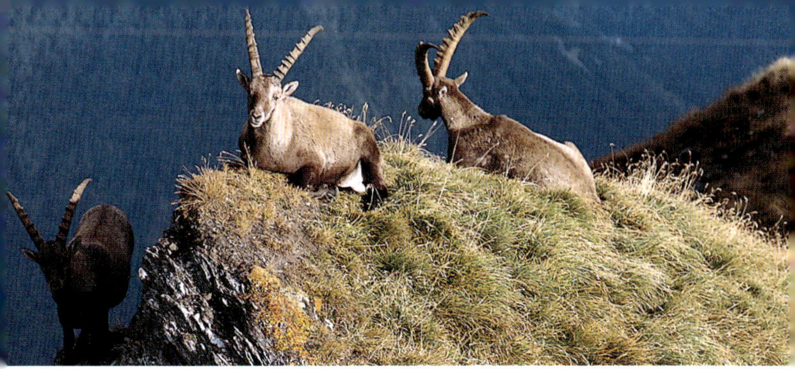

INFORMATIONEN

Bergbahnen

- Heiligenblut: Bergbahn Heiligenblut-Schareck, Betriebszeiten: Juni und September jeweils Di, Fr, So; Juli und August täglich 9.30–16 Uhr; Tel. +43 4824 2640 oder 2288, skisport.com/Grossglockner/de/Bergsommer-am-Grossglockner. – Großglockner-Gletscherbahn, Tel. +43 4824 2288-2640 oder 2502, Juni–September, täglich 10–16 Uhr (bei Schönwetter). – Tunnelbahn Fleißalm
- Innerfragant/Flattach: Mölltaler Gletscherbahn, Tel. +43 4785 8110, moelltaler-gletscher.at
- Mallnitz: Ankogelbahn, Tel. +43 4784 632, ankogel-ski.at

Nationalpark-Wandertaxi

- Taxi Fleißner, Tel. +43 664 3836311, taxi-fleissner.info

Bergführer

- Heiligenblut: Tel. +43 4824 2700 oder 2001; Kals: Tel. +43 664 4161289

Wetter

- Alpenwetter: Tel. 0900 91 1566-80 (kostenpflichtiger Tonbanddienst; nur von Österreich aus anwählbar)
- Internet: z. B. alpenverein.at/portal/wetter; meteoblue.com

Notruf

- Bergrettung 140; Ärztenotdienst 141, Rettung 144, Gendarmerie 133
- Internationaler Notruf für Mobiltelefone 112
- ÖAMTC-Pannenhilfe 120 (9900 Lienz, Tiroler Straße 19a).

Links: Die Kalser Glockneransicht vom Glocknerwinkel beim Lucknerhaus mit der höher gelegenen Lucknerhütte (Tour 16).
Oben: Steinböcke wurden 1956 wieder im Nationalpark angesiedelt.

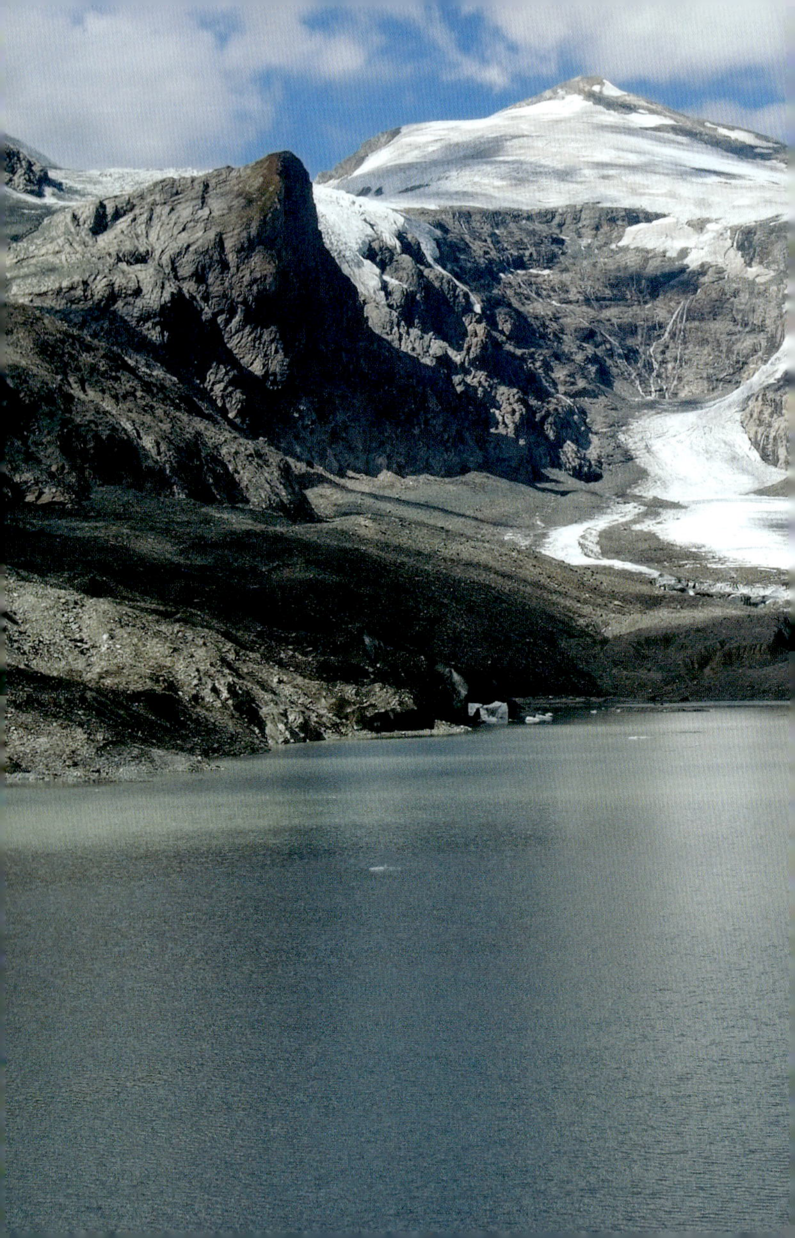

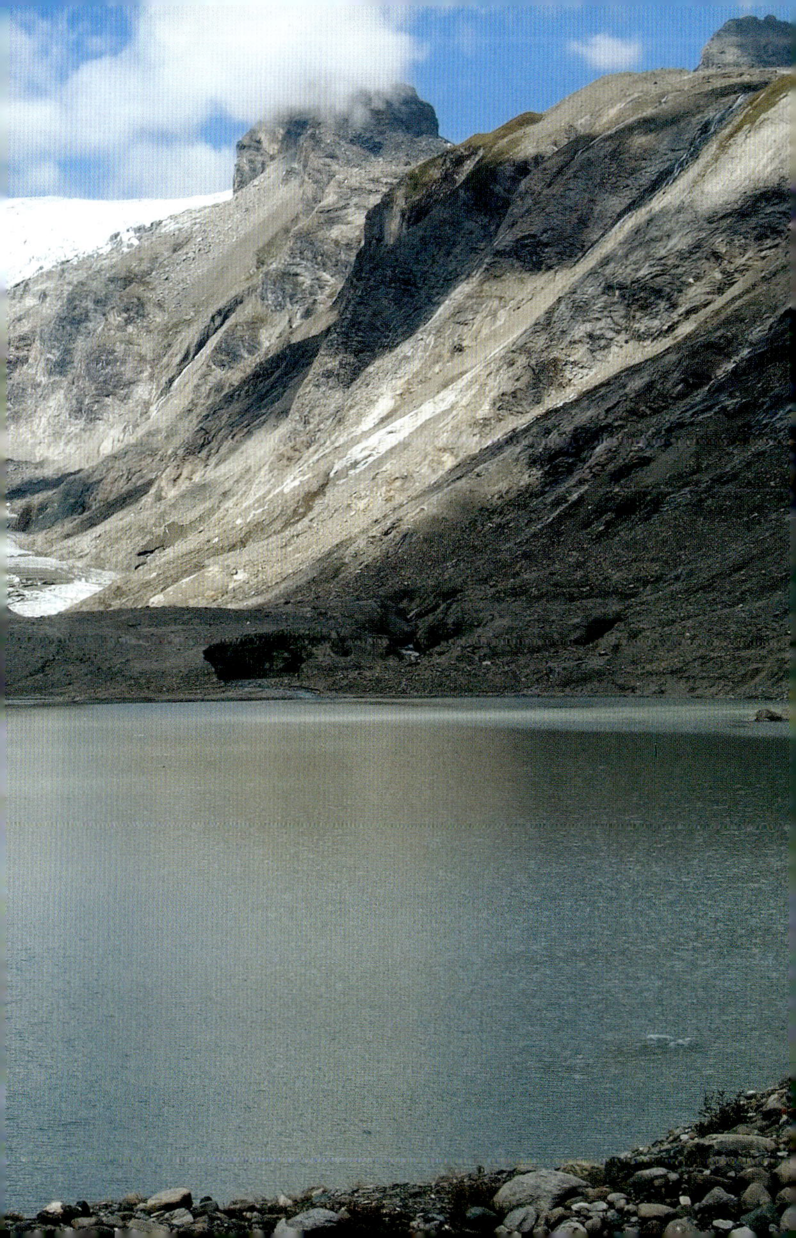

↗ 140 m | ↘ 140 m | 3.4 km

1 Kachlmoor und Gößnitzfall

1.45 h

Fauna, Flora und ein beeindruckender Wasserfall (Natura mystica)

Eine auch für Kinder erlebnisreiche Rundwanderung. Sie führt nordwestlich von Heiligenblut auf einem Naturlehrpfad in den ökologisch vielfältigen Bereich Kachlmoor mit Bergsturzwald und Schluchtvegetation und steuert auf die eindrucksvolle Erosionsschlucht mit dem tosenden Gößnitzfall zu (Naturdenkmal). Das eigentliche, teils verlandende Kachlmoor lässt sich auch auf einem kleinen Rundgang umschreiten. Zweisprachige Infotafeln geben die Geheimnisse des unberührten Beckenmoores preis, des vor rund 7000 Jahren zum heutigen Erscheinungsbild gewachsenen Natur- und Kulturerbes.

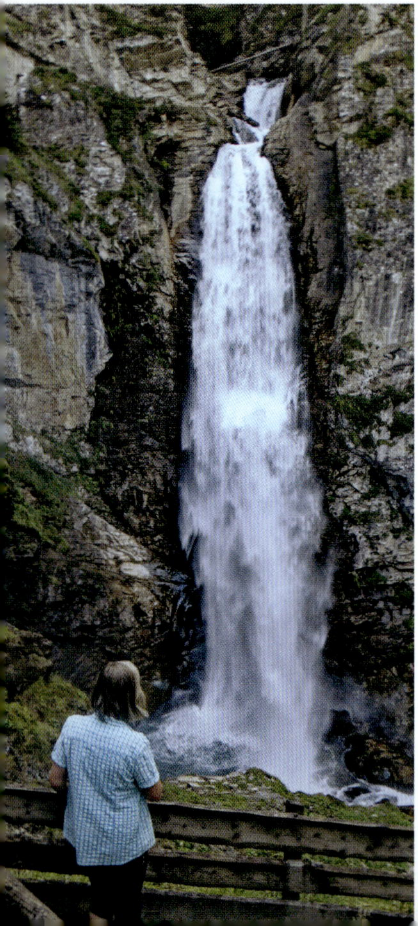

Ausgangspunkt: Retschitzbrücke, 1200 m (Parkplatz, Nationalpark-Infotafeln) oder Parkplatz Zasch (ca. 2 km ab Heiligenblut talein). Zufahrt von Heiligenblut (Zentrum) in den Ortsteil Winkl (Hadergasse), über die Möllbrücke und am Bauhof vorbei (großes Wegkreuz). NP-Wandertaxi Fleißner, Tel. +43 664 3836311, taxi-fleissner.info.
Anforderungen: Eine spannende, leichte und ortsnahe markierte Talwanderung für Jung und Alt.
Einkehr: Keine.

Der kraftvoll donnernde Gößnitzfall, ein Gegensatz zum lautlosen Kachlmoor.

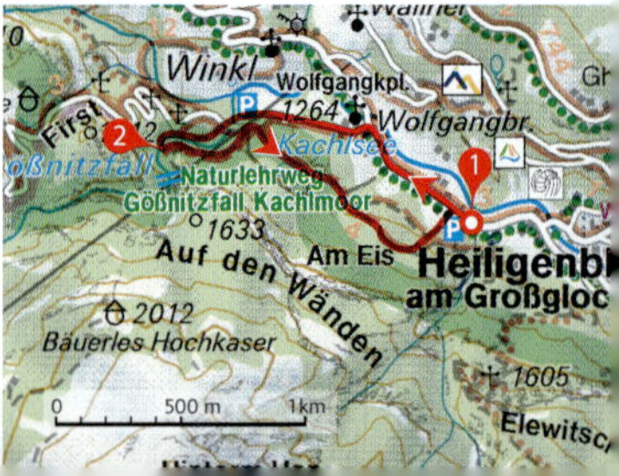

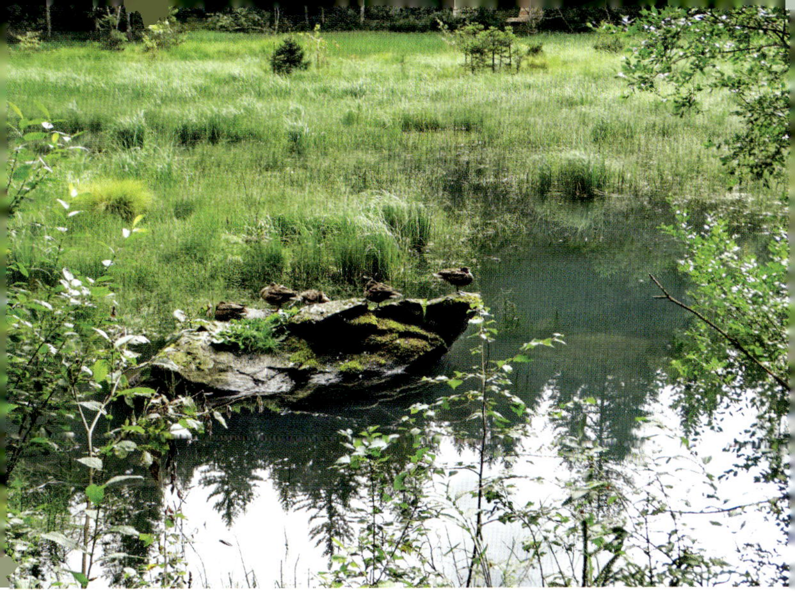

Das Kachlmoor, ein Ruhepol mit informativem Rundwanderweg.

Ab den Nationalpark-Infotafeln (Labyrinth) im Bereich **Retschitzbrücke** 1 führt der markierte Steig (Bricciusweg) ein kurzes Stück durch den Wald und an sehenswerten Felsformungen vorbei, die die einst hier vorbeifließende Möll geschaffen hat. Vor 12.000 Jahren war das Tal von mächtigen Eismassen bedeckt. Wahrscheinlich haben die Grünschieferfelsen im Bereich der Wolfgangkapelle die Möll hierher abgedrängt. Der romantische Steig führt ein Stück seilversichert in ein Grauerlenwäldchen, wo die Rundwanderung beginnt (Tafeln, Pfeile). Höhepunkt ist das **Kachlmoor** als bedeutender Laichplatz für Amphibien und weitere, anderenorts bedrohte Tierarten. Bei einer Rastbank (Tafel) führt ein Kehrensteig hinauf zur gischtumsprühten Aussichtskanzel mit Blick auf den spektakulären **Gößnitzfall** 2. Der etwa zwölfminütige Abstecher lohnt sich!

Am Bricciusweg überschreiten wir auf einer schmalen Brücke den Gößnitzbach, kommen dann an wasserführenden Holzrinnen (Kendeln) vorbei zur Kohnmühle (Stockmühle). Kurz danach erreichen wir den Parkplatz Zasch. Der Rückweg erfolgt am Fahrweg zur Wolfgangkapelle, anschließend an einigen Wohnhäusern vorbei zurück zur **Retschitzbrücke** 1.

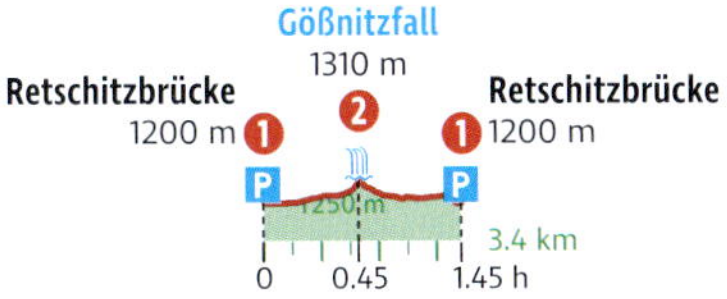

TOP

2 Gletscherweg Pasterze

↗ 500 m | ↘ 500 m | 7.3 km

3.15 h

Unterwegs in der Glockner-Eiswelt

Der beliebte und naturkundlich interessante Gletscherweg Pasterze führt vom Glocknerhaus zur Kaiser-Franz-Josefs-Höhe. Nach dem Margaritzen-Stausee bzw. dem Elisabethfelsen und nach dem Sandersee überrascht der sich jährlich vergrößernde Pasterzensee und die weit zurückgezogene Pasterze. Gletscherstandmarken zeigen unterwegs vergangene Eisstände an. Bei der am tiefsten liegenden Marke 1985 zweigt der Gamsgrube-Klettersteig ab.

Ausgangspunkte: Glocknerhaus, 2136 m; alternativ das Pasterzenhaus, 2112 m, und die Kaiser-Franz-Josefs-Höhe, 2369 m. Zufahrt von Heiligenblut auf der Großglockner-Hochalpenstraße zum Guttal-Kreisverkehr und von dort auf der 8,2 km langen Gletscherstraße Richtung Kaiser-Franz-Josefs-Höhe. Postbus-Verbindung ab Heiligenblut. Wandertaxi Fleißner, Tel. +43 664 3836311, taxi-fleissner.info.
Anforderungen: Unschwierige Wanderung auf gut markierter Steiganlage (Tafeln), kann in beiden Richtungen begangen werden. Festes Schuhwerk nötig. Beste Bedingungen Juni bis September.

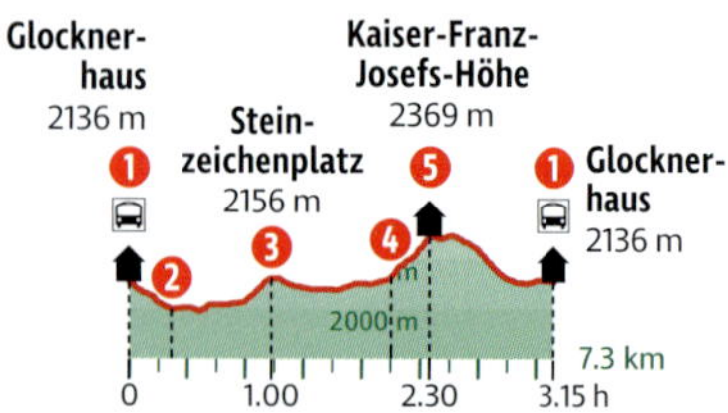

Einkehr/Unterkunft: Glocknerhaus, 2136 m, Anf. Mai–Ende Okt., Tel. +43 4824 24666, glocknerhaus.net. Karl-Volkert-Haus, 2150 m, Anf. Mai–Ende Okt., karl-volkert-haus.at. Gaststätten auf der Kaiser-Franz-Josefs-Höhe, 2369 m.
Tipps: Im Besucherzentrum der Kaiser-Franz-Josefs-Höhe Nationalpark-Infocenter, Glocknerkino, Wilhelm-Swarovski-Aussichtswarte am Kaiser-Panoramaweg (15 Min.), Gletscherbaum in der Bergstation der Gletscherbahn, Automobilausstellung im Parkhaus u. a.
Variante: Bei der Gletscherstandmarke 1985 (Tafeln) Abzweig zur Erzherzog-Johann-Hütte und zum Gamsgrube-Klettersteig. Der markierte Weg führt nahe dem Pasterzensee Richtung Gletschertor. An der Wegtafel (1 Std., Hinweis »Für Geübte«!) steigen wir auf einem Moränenscheitel an und folgen der teils versicherten Route (kurze Stellen Schwierigkeit 3) hinauf zum ehemaligen Standplatz der Hofmannshütte (1 Std.) und am Gamsgrubenweg zur Kaiser-Franz-Josefs-Höhe (30 Min.); gesamt 2.30 Std.

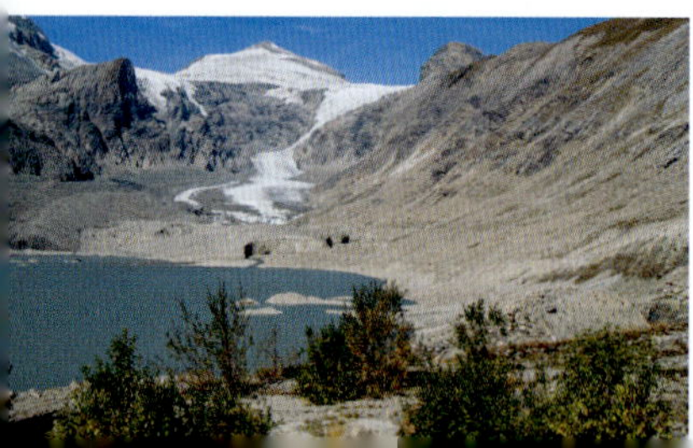

Rechts: Der Gletscherweg Pasterze führt über den brausenden Möllsturz zum Sandersee. Den Hintergrund beherrscht der Johannisberg.
Links: Die Pasterze weicht immer weiter zurück, dafür rücken der Pasterzensee und Erlengebüsch nach.

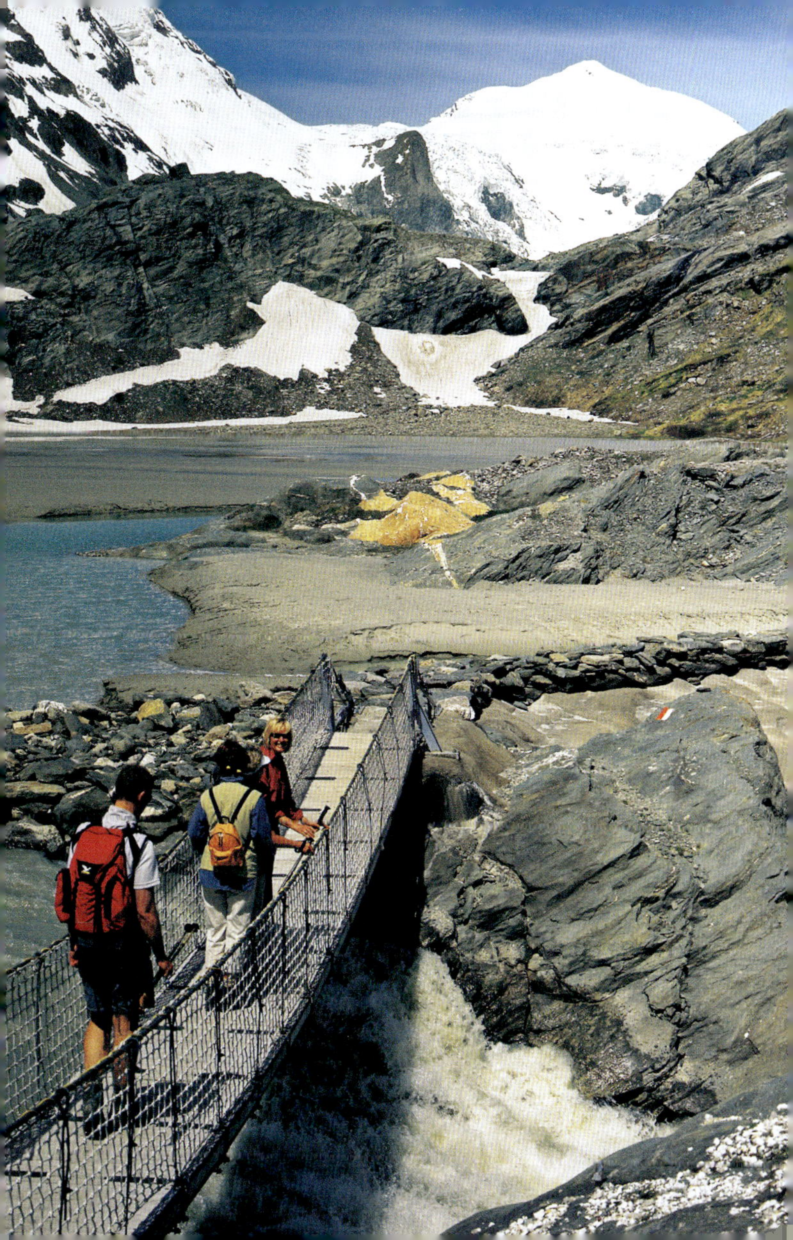

Unsere naturkundliche Wanderung beginnt beim **Glocknerhaus** ❶ mit dem Abstieg zum **Margaritzen-Stausee** ❷, 2000 m. Bevor der Steig erstmals eine zum Stausee führende Fahrstraße erreicht, verläuft er ein kurzes Stück über einen stark bewachsenen Moränenwall (Eisstand von 1856). Wir überschreiten die jeweils 93 m hohe Mooser- und Drossensperre, die den Abfluss der Pasterze auffangen, nachdem er die im Kalkglimmerschiefer tief eingeschnittene, mit schönen Auskolkungen versehene Möllschlucht passiert hat.
Wegtafeln lenken zum Südufer des Margaritzen-Stausees, wo der Leiterbach durch Stollen zugeleitet wird, und weiter zu den letzten Vorposten zäh wachsender Lärchen. Diese begleiten uns fast bis zum Sattel zwischen Elisabethfelsen und hoher Talseite am sogenannten **Steinzeichenplatz** ❸, 2156 m, mit zahlreichen Steinmandln (1 Std.). Nur noch Zwergsträucher halten hier aus, wind- und wettererprobte Pioniere, u.a. die Gämsheide als typischer »Windecken-Anzeiger«. Ab 1959 wurde der Talboden oberhalb des Elisabethfelsens eisfrei, vergrößerte sich rasch und wird heute vom verlandeten Sandersee bedeckt.
Der Gletscherweg führt auf einer **Hängebrücke** über die in die Zlöpfschlucht stürzende **Möll**. Wir umschreiten den Sandersee ost- und nordseitig und gelangen über felsige Absätze in das Pasterzenvorfeld, wo sich ab 2018 ein wahrer »Pasterzensee« gebildet hat. Am rechten Ufer geht es über sandig abgeflachte Moränen und am Steig in Richtung Talstation der 1963 errichteten Gletscherbahn. Mit ihr oder auf weiteren Steigkehren (teils Treppen) empor. Bei der Gletscherstandmarke 1985 ❹ (Tafel; Abzweig zur Erzherzog-Johann-Hütte und zum Einstieg in den Gamsgrube-Klettersteig, siehe Variante). Wir bleiben in Richtung Gletscherbahn (verkehrt im Sommer täglich). Der Aufstieg teils auf Treppen endet beim mächtigen Parkhaus Freiwandeck (30 Min.; gesamt 2.30 Std.). Zur Postbus-Haltestelle **Kaiser-Franz-Josefs-Höhe** ❺, 2369 m, gehen wir 400 m in südöstlicher Richtung.

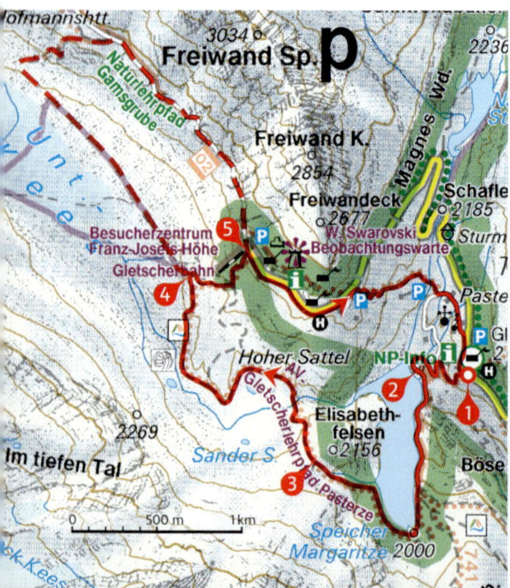

Von der Haltestelle mit dem Bus zurück zum Glocknerhaus oder zu Fuß vom knapp unterhalb gelegenen Parkplatz »Hoher Sattel« (Tafel unweit der großen Freiwandgalerie. Dort auf einem Kehrensteig hinab zum Pasterzenhaus und entlang der Großglockner Hochalpenstraße zum nahen **Glocknerhaus** ❶ (45 Min.).

↗ 320 m | ↘ 320 m | 6.1 km

2.45 h

TOP **3**

Geo-Trail »Tauernfenster«

Geologischer Lehrweg vom Schareck zum Tauernkamm

Der Geo-Trail schließt unmittelbar an die Kernzone des Nationalparks auf der Salzburger Seite an. Die auch für Kinder interessante naturkundliche Wanderung weist 15 wissensvermittelnde Haltepunkte auf. Das mit verschiedenen Karstphänomenen ausgestattete Gelände bietet den Blick in das weit offene Große Fleißtal. Der Geo-Trail lässt sich als Rundtour planen oder man beendet ihn beim Hochtor-Sattel bzw. Hochtor-Tunnel.

Am Geo-Trail wandern wir dem Hauptkamm entgegen.

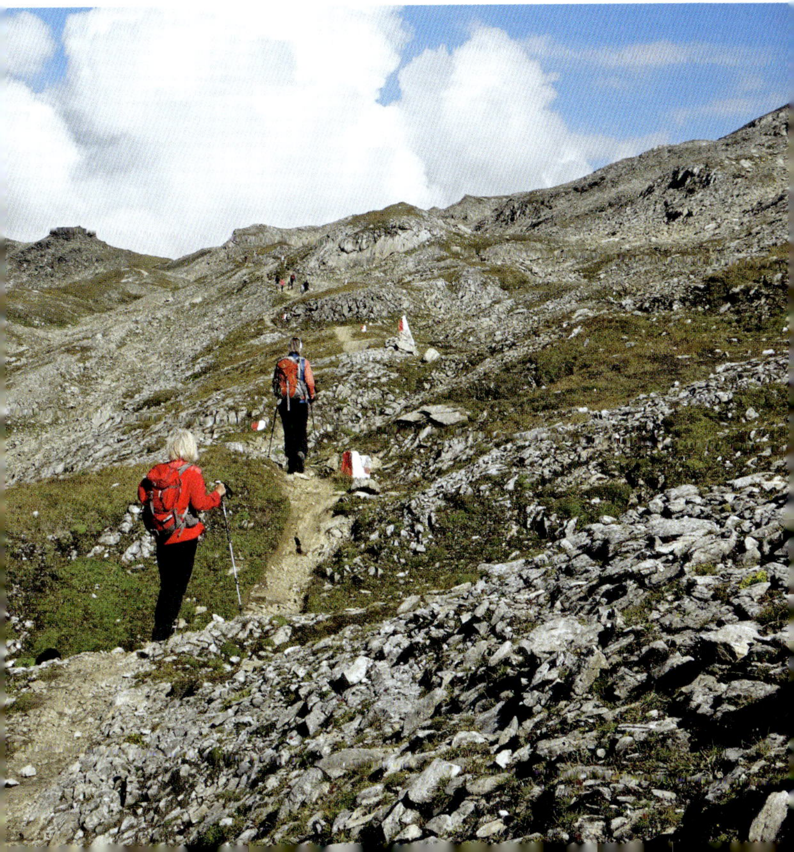

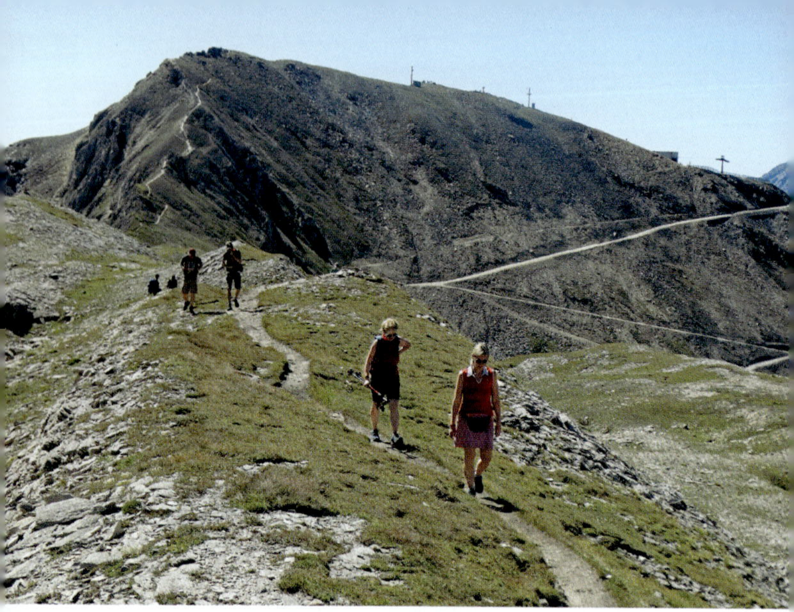

Vom Schareck absteigend am Geo-Trail unterwegs.

Ausgangspunkte: Talstation der Schareck-Bergbahn im Ortszentrum von Heiligenblut, 1288 m. Bergstation, 2552 m.
Anforderungen: Unschwierige Höhenwanderung mit prachtvoller Aussicht; markiert. Festes Schuhwerk, Wind- und Wetterschutz nötig. Der Geo-Trail ist in beiden Richtungen gleich gut begehbar.

Einkehr: Panorama-Restaurant am Schareck, 2552 m.
Variante: Man kann auch den Tauernkogel 5 überschreiten und zum Hochtor-Sattel, 2575 m, und von dort weiter zum Südportal des Hochtor-Tunnels absteigen (30–45 Min.). Für die Rückfahrt sollte man einen Abholdienst reservieren.

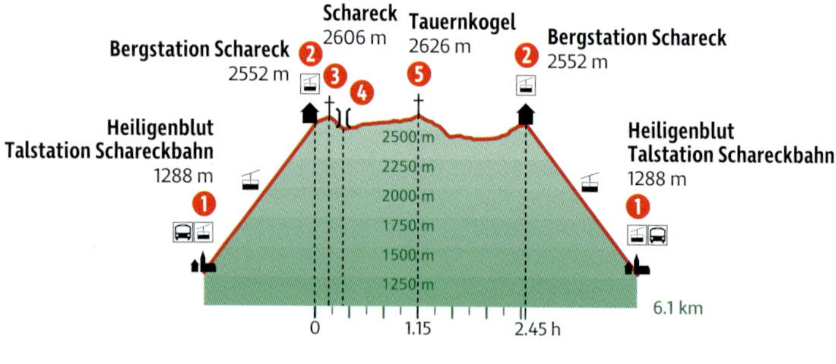

Von der **Talstation der Schareckbahn** ❶ geht es mit der Gondel hinauf zur **Bergstation Schareck** ❷. Dort folgen wir den Richtungspfeilen zum nahen Gipfelkreuz des **Scharecks** ❸, 2606 m (8 Min.; Nationalpark-Infotafeln, bedeutende Aussichtswarte). Am nordnordwestlich ausgerichteten Kammsteig steigen wir auf Treppen (Geländerseile) und auf kalkweißem Erdgemisch auf gut gesichertem Steig hinab in einen Rasensattel und weiter zum tiefsten Kammpunkt, der ausreichend versicherten **Mauskarscharte** ❹, 2507 m, nördlich des Scharecks.

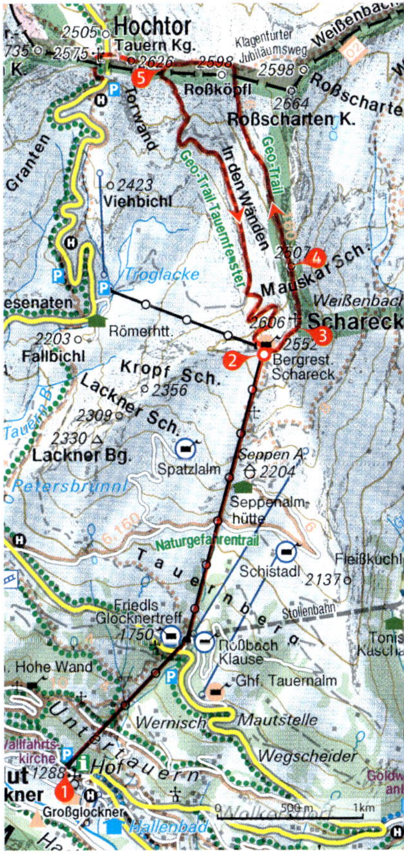

Daran schließt die Wanderung entlang schmaler Hangleisten in den sogenannten »Wänden« an, wo in einer von Karst geprägten Landschaft aus Dolomit, Kalkmarmor und Rauwacken Höhlen und Dolinen unser Interesse wecken (nicht zu nahe an die kessel- oder schachtförmigen Hohlräume treten!). Besonders auffällig sind unterhalb der bezeichneten Route die **Obere** und **Untere Roßkopfhöhle**.

Wir nähern uns dem Tauernkamm und treffen auf den in Ost-West-Richtung verlaufenden **Klagenfurter Jubiläumsweg**. In Richtung Hochtor wandern wir zum Roßköpfl, 2598 m, das sich durch seinen völlig anderen Gesteinsaufbau von der unmittelbaren Umgebung abhebt (Serizit-Quarzit und -Phyllit). Ein geologischer Höhepunkt der Tour sind die vor 100 Millionen Jahren stark deformierten Gesteine beim **Faltenköpfl**. Unübersehbar ist hier der mit Gips angeschwemmte Boden, ein mehlig-weißes, leicht zu zerreibendes Material.

Vor dem letzten Aufstieg zum **Tauernkogel** ❺, 2626 m, wird der Rückweg am Geo-Trail in südöstlicher Richtung angezeigt. So gelangen wir auf schmalen Hangterrassen und abschließend auf drei spitzen Wegkehren hinauf zur **Bergstation Schareck** ❷ und mit der Gondel hinab zur **Talstation der Schareckbahn** ❶.

↗ 1020 m | ↘ 1020 m | 16.2 km

4 Oberwalderhütte und Mittlerer Bärenkopf, 3356 m

7.00 h

Am Naturlehrweg Gamsgrubenweg ins Herz der Alpen wandern

Die Oberwalderhütte befindet sich auf dem Felsscheitel des sagenumwobenen Großen Burgstall. Das Schutzhaus ist nach Thomas Oberwalder benannt, der am 3. März 1906 auf der Pasterze von einer Lawine verschüttet wurde. Der 1936 erbaute und wiederholt sanierte Gamsgrubenweg schenkt uns bei müheloser Wanderung die großartige, vom Großglockner angeführte Gletscher-Gipfelschau in einer der Kernzonen des Nationalparks Hohe Tauern und bereichert als naturkundlich gerühmter Erlebnisweg. Bis zum Rastplatz Wasserfallwinkel ist der Weg auch für Kinder (bei entsprechender Aufsicht) geeignet. Am Ende des Wegs (10 Min.) erinnert das »Oberwalderbankl« an Thomas Oberwalder, den Erbauer der Oberwalderhütte.

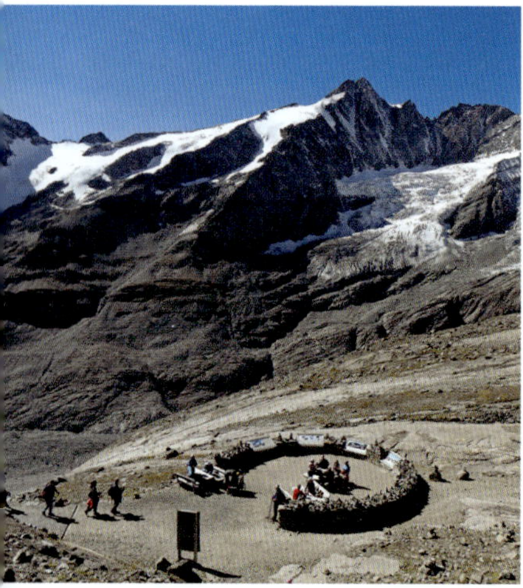

»Österreichs schönstes Jausenplatzl« im Wasserfallwinkel.

Ausgangspunkt: Kaiser-Franz-Josefs-Höhe, 2369 m, Parkplatz Freiwandeck (Postbus-Haltestelle), Parkhaus. Zufahrt von Heiligenblut auf der Großglockner Hochalpenstraße bis Guttal (Kreisverkehr), dort weiter auf der Gletscherstraße.
Anforderungen: Zur Oberwalderhütte ab Wasserfallwinkel der markierten Route (Steinmänner, Stangen) folgen; Steig und Felsbänke wechseln. Schlussanstieg zur Hütte steil, teilweise versichert. Weiter zum Mittleren Bärenkopf bei guten Bedingungen und entsprechender Trittsicherheit mäßigschwierig, trotzdem Steigeisen ratsam; Bergerfahrung nötig!
Einkehr/Unterkunft: Gaststätten auf der Kaiser-Franz-Josefs-Höhe. Oberwalderhütte, 2972 m, ÖAV-Sektion Austria, errichtet 1910, Generalsanierung 1982/83, Ende Mai–Ende Sept., 105 Schlafplätze, Winterraum, Tel. +43 4824 2546, oberwalderhuette.at.

Wir beginnen unsere Tour auf der **Kaiser-Franz-Josefs-Höhe** ❶ beim großen Eingangstor der Informationszentrale, ehe wir in den Tunnel – vorerst in die Sagen- und Mythenwelt des sogenannten Schatztunnels – eintauchen. Die unterirdische Ausstellung ist auf sechs Tunnels aufgeteilt (Gesamtlänge 857 m) und den Themen »Wasser«, »Gold« und »Bergkristall« sowie der Pasterzensage auch akustisch gewidmet. Dieser Streckenabschnitt wurde in

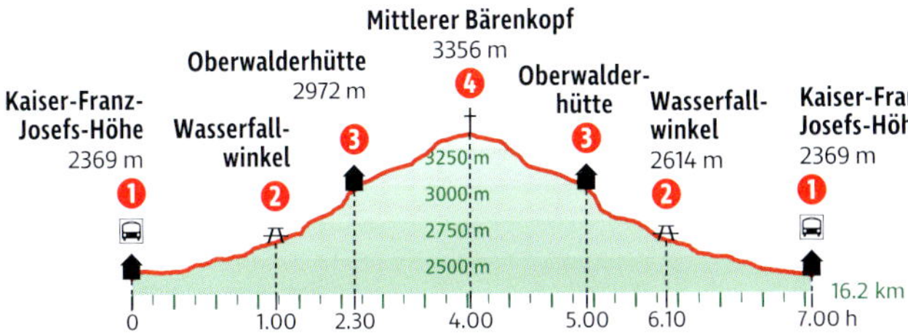

dreijähriger Bauzeit erneuert und am 26. Juni 2004 offiziell eröffnet. 2013 wurden die einzelnen Tunnels durch Galerien verbunden.

Der Gamsgrubenweg (erbaut 1936) überrascht als »Naturlehrweg« mit informativen Thementafeln. Er führt durch das Sonderschutzgebiet Gamsgrube bis hin zum **Wasserfallwinkel** 2, 2614 m, einem von Steinmäuerchen halb umschlossenen Rastplatz mit Bänken und Infotafeln. Er wird etwas euphorisch als »Österreichs schönstes Jausenplatzl« bezeichnet; mit einem Gedenkstein für Albert Wirth (1874–1957), Grundsteinleger des heutigen Nationalparks Hohe Tauern.

Oberwalderhütte am Großen Burgstall. Im Hintergrund der Mittlere Bärenkopf, links der Vordere Bärenkopf.

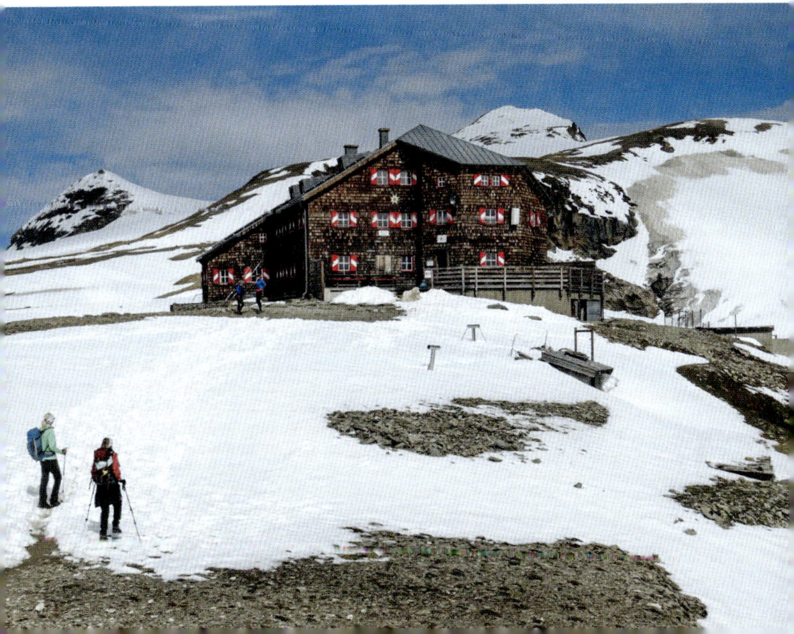

Der weitere Anstieg zu unserem Hüttenziel wurde auf die mittlerweile weitgehend eisfreie Zone neben dem **Bockkarkees** verlegt. Ab dem Wasserfallwinkel führt noch ein Sand-/Kiesweg etwa 12 Min. nordwärts und wendet sich dann zur Brücke des Gletscherbaches im Abflussbereich des großflächigen Schmelzwassersees. Ein sich zwischen Blöcken windender Steig stößt bald an gletschergeschliffene Felsparkette, wo wir der Markierung und den auf Steinen aufgesetzten Stangen folgen. Aus kleinen Tümpeln äugt blau der gespiegelte

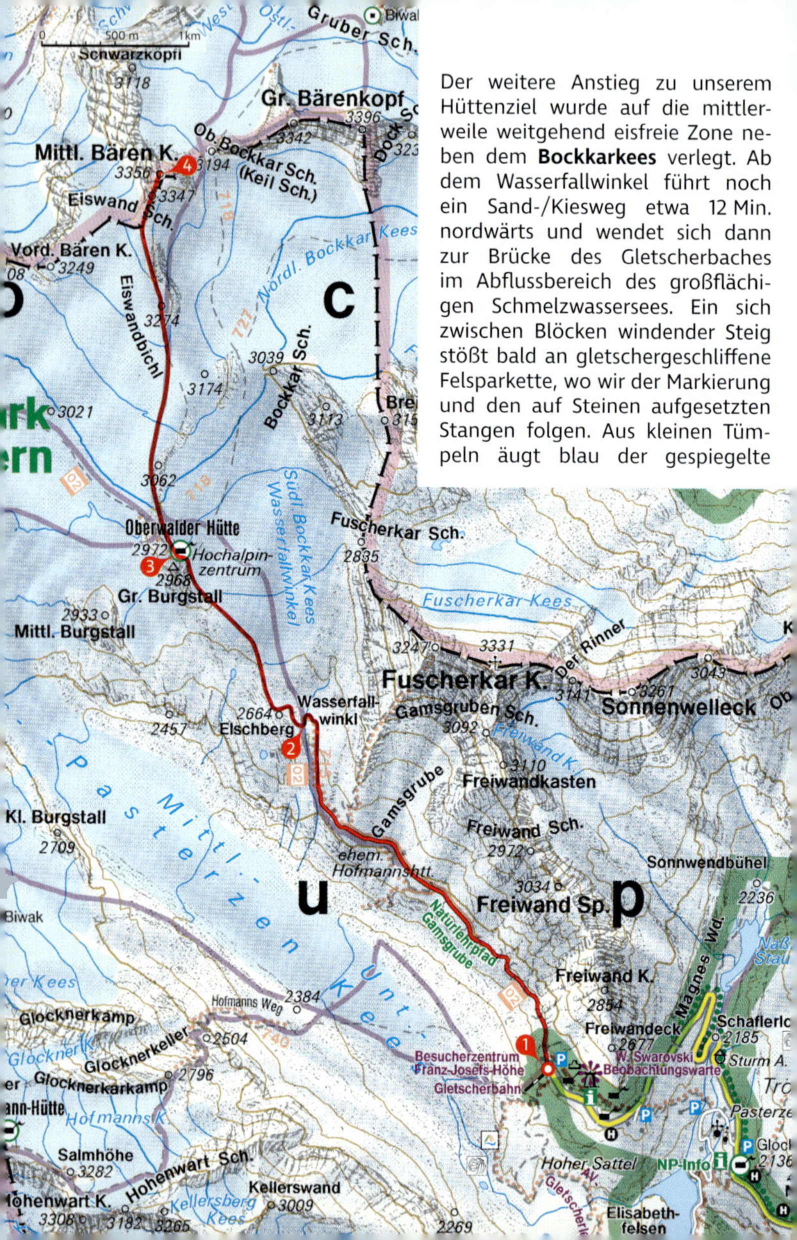

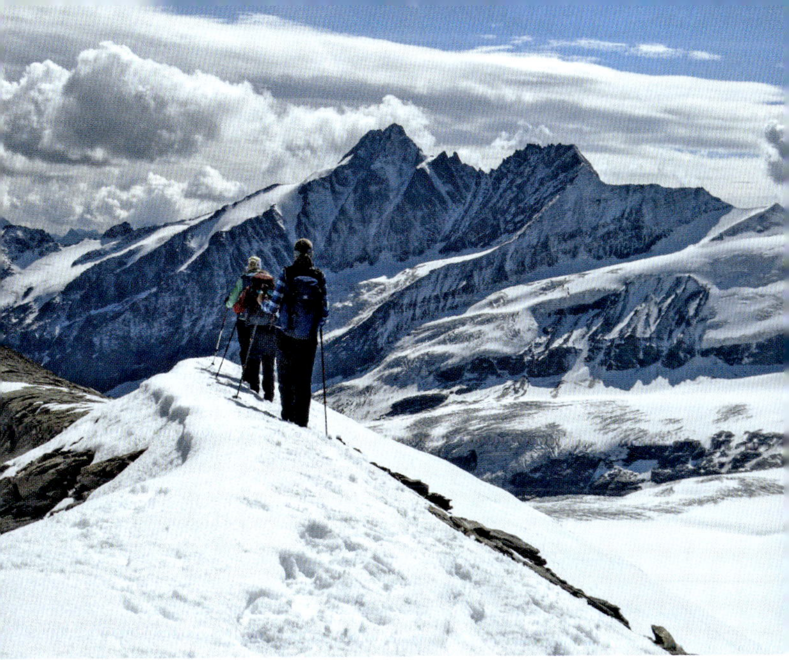

Am Mittleren Bärenkopf schauen wir zum Großglockner mit Glocknerwand.

Himmel, während an höherer Stelle ein von Blöcken umfasster See links umgangen wird.
Wir nähern uns einer kleinen Eiszunge des südlichen Bockkarkeeses, überschreiten sie an günstiger Stelle (15 m) und steigen weiterhin im Blockgelände an. Ein Haldensteig führt zum Felsfuß des Großen Burgstall mit teils im festen Fels verankerten Seilversicherungen und Eisenbügeln. Dann auf abschließenden Steigkehren empor auf das sanft geneigte »Gipfeldach« des Großen Burgstall mit Fahne und zur **Oberwalderhütte** ❸ an ausgesucht schöner Stelle (1.30 Std. ab Wasserfallwinkel).
Der Mittlere Bärenkopf ist nördlich der Oberwalderhütte sichtbar und unschwierig über den Eiswandbichl zugänglich. Im Wechsel von Schnee und feinplattigem Schutt steigen wir in nördlicher Richtung am Eiswandbichl, 3274 m, mäßig steil aufwärts. Dann überschreiten wir ein schwach geneigtes Schneefeld und steigen unschwierig zum Südgipfel an (1.15 Std.). Vom fast gleich hohen Nordgipfel des **Mittleren Bärenkopfs** ❹ (Steinmann), 3356 m, trennen uns noch 15 Min. Bei guten Bedingungen ein überaus lohnendes Bergabenteuer!
Abstieg wie Aufstieg.

↗ 1000 m | ↘ 1000 m | 9.3 km

5 Fuscher Karkopf, 3331 m

6.30 h

Ein Dreitausender-Erlebnis in der Eiswelt der Glocknergruppe

Der Fuscher Karkopf hütet die streng geschützte Gamsgrube mit einer Vielzahl seltener Pflanzengemeinschaften. Zu den besonderen Raritäten zählt das Alpen-Breitschötchen mit zart rosa Blüten. Das Sonderschutzgebiet begrenzt der Südsüdwest-Grat, der als bevorzugte Route auf den Fuscher Karkopf gilt, seit durch den Gletscherschwund der Anstieg zur Fuscher Karscharte komplizierter geworden ist.

Ausgangspunkt: Kaiser-Franz-Josefs-Höhe, 2369 m, Parkplatz Freiwandeck (Postbus-Haltestelle), Parkhaus, Nationalpark-Infotafeln. Zufahrt von Heiligenblut auf der Großglockner Hochalpenstraße bis Guttal (Kreisverkehr), dort weiter auf der 8,2 km langen Gletscherstraße.
An**forderungen:** Hochalpines Gelände, Bergerfahrung und ab Westgipfel Schwindelfreiheit erforderlich. Im Hochsommer meist schneefrei; bei guten Bedingungen für erfahrende Bergsteiger eine großartige Tour. Südsüdwest-Grat teils versichert.
Einkehr/Unterkunft: Gaststätten auf der Kaiser-Franz-Josefs-Höhe, 2369 m.

Fuscher Karkopf mit Nordwestgrat, ausgehend von der stark ausgeaperten Fuscher Karscharte. Die Nordwand ist schon längst eisfrei.

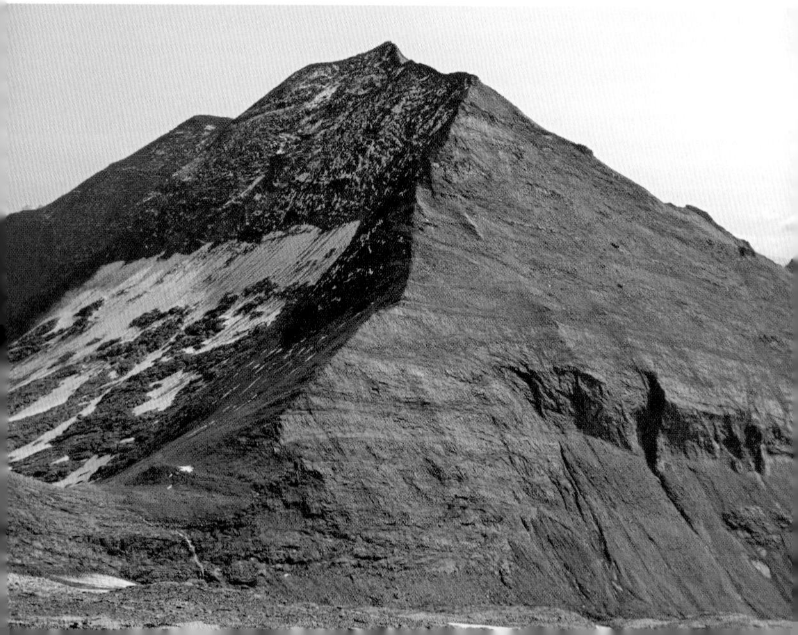

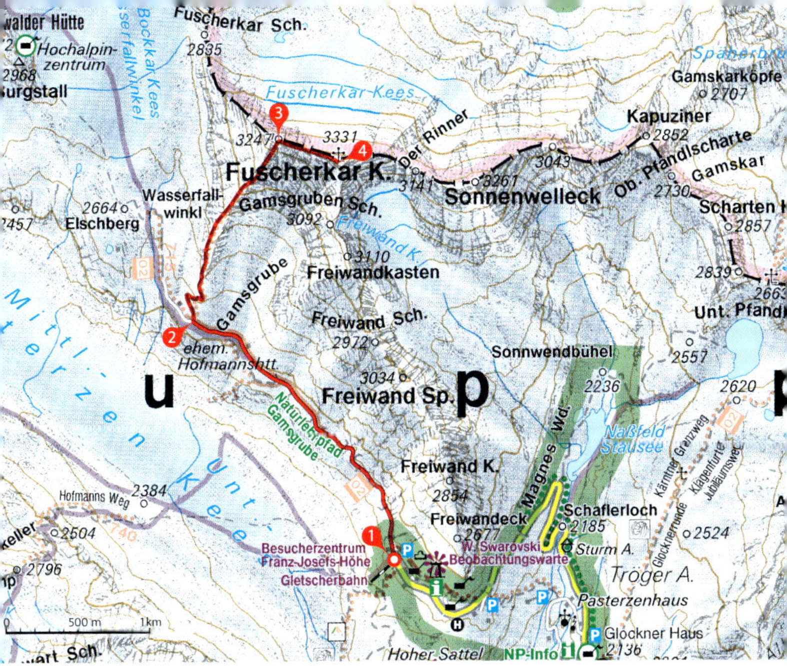

Von der **Kaiser-Franz-Josefs-Höhe** ❶ führt der als Promenade- und Naturlehrweg viel begangene **Gamsgrubenweg** in das Sonderschutzgebiet Gamsgrube. Auf dem stark verwitterten, ortsüblich als »Bratschen« bezeichneten Gelände, das eine morsche, feinsandige Gesteinsoberfläche mit Triebsand aufweist, herrscht durch den hohen Kalkgehalt im Boden ein überwiegend seltener Pflanzenbewuchs vor. Mit einer vom Großglockner bis zum Johannisberg reichenden prachtvollen Gipfelschau führt der Gamsgrubenweg hoch über der Pasterze bis zum Wasserfallwinkl, 2548 m, 2,8 km (Schautafeln).

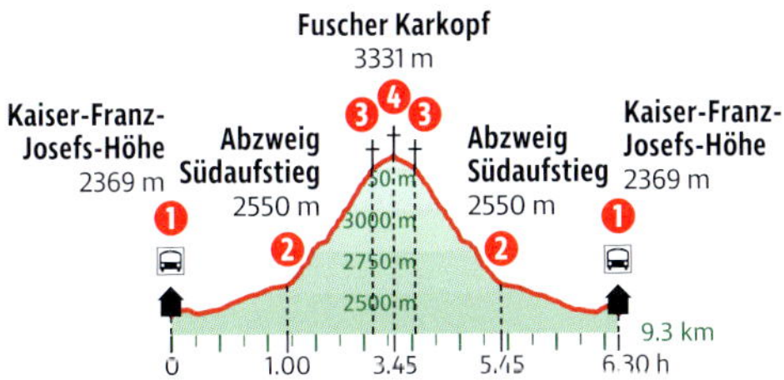

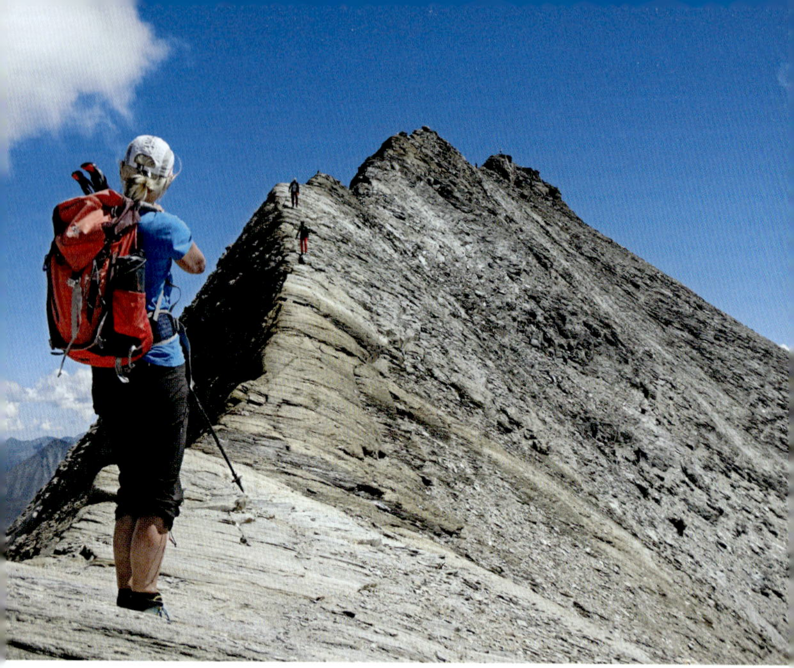

Vom Westgipfel geht es luftig und schön zum Fuscher Karkopf.

Zum Fuscher Karkopf weist bereits ca. 250 m vor den Rastbänken im Wasserfallwinkl eine Tafel auf den **Abzweig zum Südaufstieg** ❷ hin. Diese Route wählen wir als Auf- und Abstieg, wobei für den gesamten Gipfelanstieg vom Abzweig 2.45–3.00 Std. einzuplanen sind.
Zu Beginn führt ein Steig auf mittelsteilen Rasenhängen empor und mit seilgesicherten Kehren felsdurchsetzt weiter. Grattürme werden auf teils versichertem Kehrensteig auf der relativ steil nordwestlich abfallenden Hangseite umgangen. Einem kleinen Schärtchen folgt an höherer Stelle eine markante Scharte, die ebenfalls versichert ist; dort versucht eine Tafel das Betreten der Gamsgrube zu verhindern. Weiterhin links des Grates hinauf (Steinmänner) und ohne viel Abwechslung auf offener Stein- und Geröllflanke empor.
Mit prachtvoller Sicht auf die Eiswelt um den Johannisberg erreichen wir den **Westgipfel** ❸, 3247 m (mindestens 2.15 Std. ab Abzweigung Gamsgrubenweg). Der nun folgende schönste Teil der Tour führt auf leicht geneigten Felsplatten und teils etwas rechts vom Grat über drei dem Gipfelkreuz am **Fuscher Karkopf** ❹ vorgelagerte Gratköpfe (30 Min.).
Abstieg auf derselben Route.

↗ 1160 m | ↘ 1160 m | 18.3 km

8.00 h

Oberwalderhütte und Johannisberg, 3453 m

6

Zu Besuch auf einem bekannten und formschönen Alpengipfel

Die Pasterze und der nordwestlich hoch über ihr aufragende Johannisberg bieten die meist fotografierte Ansicht für unzählige Schaulustige am Parkplatz Freiwandeck und am Gamsgrubenweg. Der einst als »Herzoghut« bekannte Gipfel wurde zu Ehren von Erzherzog Johann in »Johannisberg« umgetauft.

Ausgangspunkt: Kaiser-Franz-Josefs-Höhe, 2369 m, Parkplatz Freiwandeck (Postbus-Haltestelle), Parkhaus. Zufahrt von Heiligenblut auf der Großglockner Hochalpenstraße bis Guttal (Kreisverkehr), dort weiter auf der Gletscherstraße.
Anforderungen: Hochalpine Bergtour, Schnee- und Eisbedingungen beachten! Hochtourenausrüstung (Seil, Steigeisen) wegen Spalten am Pasterzenboden nötig.
Einkehr/Unterkunft: Mehrere Gaststätten auf der Kaiser-Franz-Josefs-Höhe, 2369 m. Oberwalderhütte, 2972 m, ÖAV-Sektion Austria, errichtet 1910, Generalsanierung 1982/83, Ende Mai–Ende Sept., 105 Schlafplätze, Winterraum, Tel. +43 4824 2546, oberwalderhuette.at.
Variante: Für besonders Geübte ist auch der Nordwestgrat ab der Oberen Ödenwinkelscharte, 3228 m, möglich (230 Hm, 1 Std.), Zugang dorthin ab P. 3021 über das Rifflwinkelkees (Vorsicht: Spalten!). Abstieg auf der Hauptroute zur Oberwalderhütte.

Vom großen Eingangstor der Informationszentrale auf der **Kaiser-Franz-Josefs-Höhe** ❶ folgen wir dem Gamsgrubenweg, einem »Naturlehrweg« mit informativen Thementafeln. Er führt durch das Sonderschutzgebiet Gamsgrube zum **Wasserfallwinkel** ❷, 2614 m, einem von Steinmäuerchen halb umschlossenen Rastplatz mit Bänken und Infotafeln. Er wird etwas euphorisch als »Österreichs schönstes Jausenplatzl« bezeichnet.
Der weitere Anstieg wurde auf die mittlerweile weitgehend eisfreie Zone neben dem **Bockkarkees** verlegt. Ab dem Wasserfallwinkel führt noch ein Sand-/Kiesweg etwa 12 Min. nordwärts und wendet sich dann zur Brücke des Gletscherbaches im Abflussbereich des großflächigen Schmelzwasser-

Am Gamsgrubenweg mit Blick zum Johannisberg.

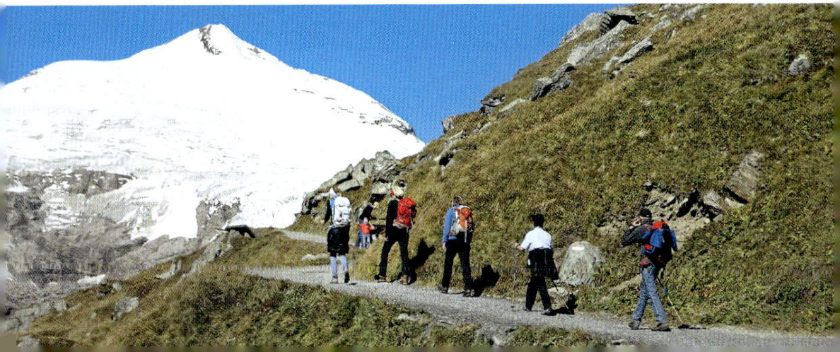

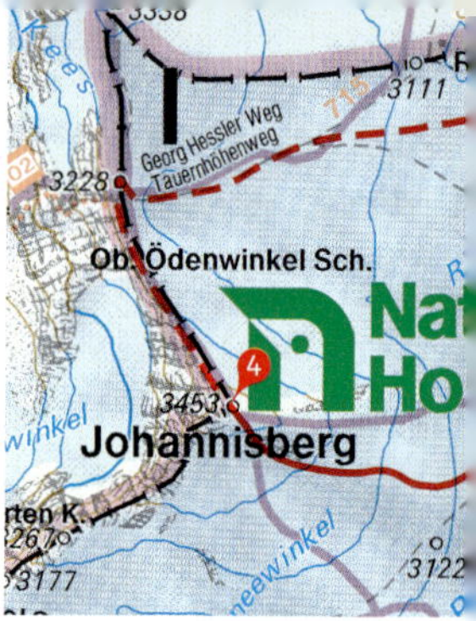

sees. Ein sich zwischen Blöcken windender Steig stößt bald an gletschergeschliffene Felsparkette, wo wir der Markierung und den auf Steinen aufgesetzten Stangen folgen. Ein von Blöcken umfasster See links umgangen wird. Wir nähern uns einer kleinen Eiszunge des südlichen Bockkarkeeses, überschreiten sie an günstiger Stelle (15 m) und steigen weiterhin im Blockgelände an. Ein Haldensteig führt zum Felsfuß des Großen Burgstall mit teils im festen Fels verankerten Seilversicherungen und Eisenbügeln. Dann auf abschließenden Steigkehren empor auf das sanft geneigte »Gipfeldach« des Großen Burgstall mit Fahne und zur **Oberwalderhütte** ❸ (1.30 Std. ab Wasserfallwinkel). Von der Hütte gehen wir am Obersten Pasterzenboden mit anfänglich leichtem Gefälle in nordwestliche Richtung. Bald umfängt uns die breite Gletscherfläche, auf der wir dem eindrucksvollen, pyramidal aufgebauten Johannisberg näherkommen. Dies erfolgt bei guter Schneebedeckung links des zeitweise ausgeaperten Ostgrates, wo nicht selten Rutschspuren Absteigender die Südostflanke durchpflügen. Im oberen Teil etwas steiler und dennoch nur mäßig schwierig zum relativ geräumigen Gipfel des **Johannisbergs** ❹, 3453 m.
Der Abstieg zurück zur **Oberwalderhütte** ❸, und zur **Kaiser-Franz-Josefs-Höhe** ❶ erfolgt auf dem Aufstiegsweg oder für Ortskundige über die Obere Ödenwinkelscharte (siehe Variante).

Die Morgensonne am Johannisberg verspricht einen schönen Tag.

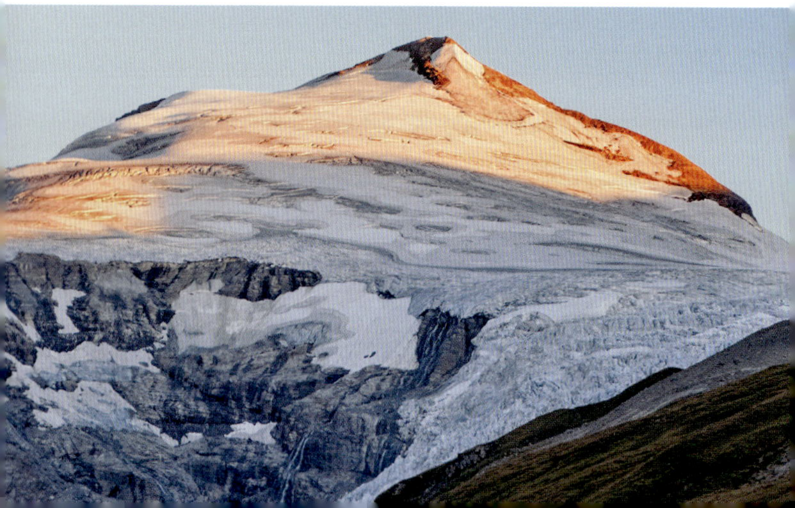

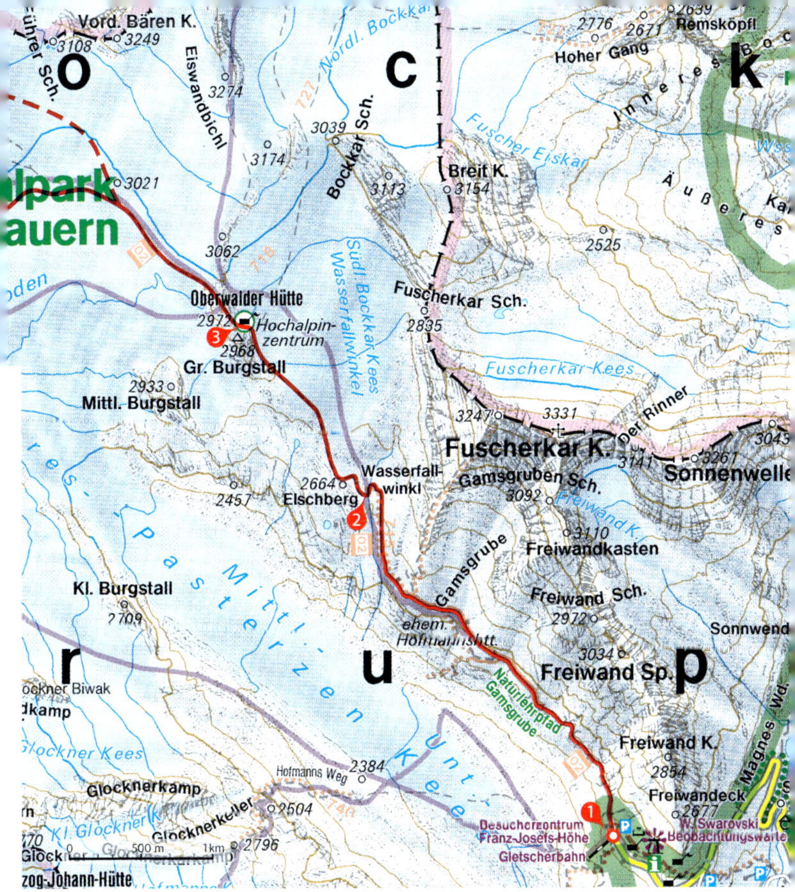
Vord. Bären K.
3108
3249
Eiswandbichl
3274
Nördl. Bockkar
3174
3039
Bockkar Sch.
3113
3021
3062
Breit K.
3154
Fuscher Eiskar
2776
2671
Remsköpfl
Hoher Gang
Inneres
Äußeres
2525
Oberwalder Hütte
2972
Hochalpin-
zentrum
2968
Gr. Burgstall
Südl. Bockkar Kees
Wasserfallwinkel
Fuscherkar Sch.
2835
Fuscherkar Kees
2933
Mittl. Burgstall
3247
3331
Der Rinner
Fuscherkar K.
3141
3261
3043
Sonnenwelle
Wasserfall-
winkl
2664
Elschberg
2457
Gamsgruben Sch.
3092
Freiwand K.
3110
Freiwandkasten
Gamsgrube
Freiwand Sch.
2972
Kl. Burgstall
2709
Mittl. Pasterzen
ehem.
Hofmannshtt.
3034
Freiwand Sp.
Sonnwend
Naturlehrpfad
Gamsgrube
Freiwand K.
2854
Freiwandeck
2677
Magnes Wd.
Glockner Kees
Glocknerkamp
Hofmanns Weg
2384
Unt. Kees
Glocknerkeller
2504
Kl. Glockner K.
Besucherzentrum
Franz-Josefs-Höhe
W. Swarovski
Beobachtungswarte
Gletscherbahn
0
500 m
1km
2796

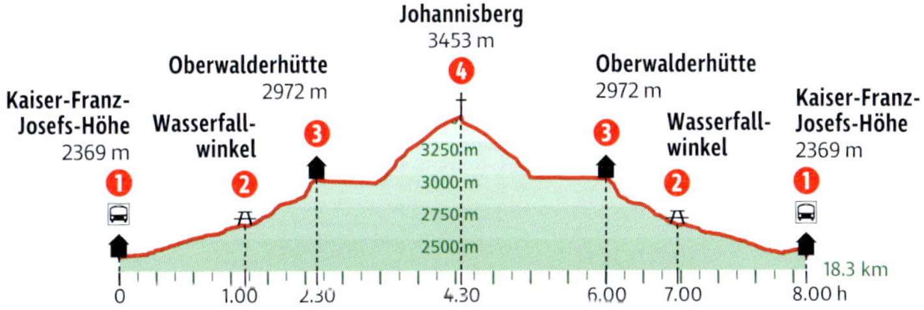
Johannisberg
3453 m
Oberwalderhütte
2972 m
Kaiser-Franz-
Josefs-Höhe
2369 m
Wasserfall-
winkel
3250 m
3000 m
2750 m
2500 m
18.3 km
0
1.00
2.30
4.30
6.00
7.00
8.00 h

↗ 1420 m | ↘ 1420 m | 14.3 km

7 Hoher Sonnblick, 3106 m

8.00 h

Vom Goldgräberdorf zum Zittelhaus und zum Observatorium

Der Hohe Sonnblick zählt zu den bekanntesten Gipfeln der Goldberggruppe und wird fast ganzjährig rege besucht. Am Gipfel befindet sich seit 1886 Europas höchstgelegenes Observatorium, das auch an Ignaz Rojacher aus Rauris (1844–1891) erinnert, den Wegbereiter der Wetterstation am Hohen Sonnblick. Ab dem Alten Pocher steigt das Kleine Fleißtal steil an. Der Weg führt durch mehrere Vegetationsstufen und erreicht am Kleinen Fleißkees hochalpines Gelände. Eine Tour auf den Hohen Sonnblick kann auch mit einer Besteigung der Goldbergspitze verbunden werden.

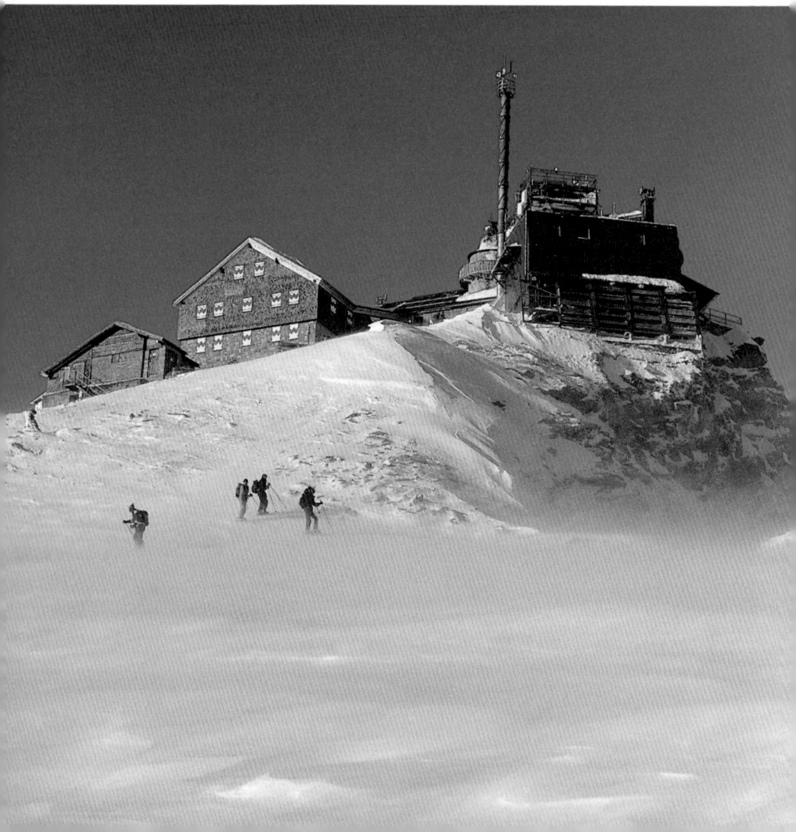

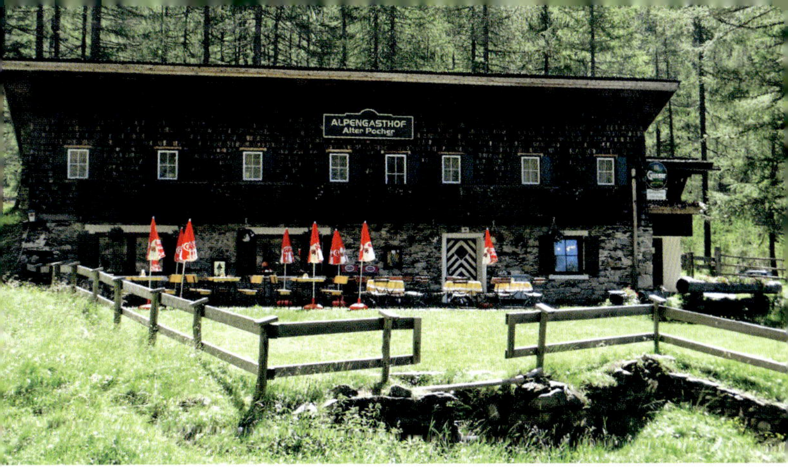

Der geschichtsträchtige Alpengasthof Alter Pocher mit Bergbauvergangenheit.

Ausgangspunkt: Alpengasthof Alter Pocher, 1807 m, im Kleinen Fleißtal, Zufahrt gestattet, Parkmöglichkeit. Zufahrt ab Heiligenblut auf der Großglockner Hochalpenstraße 3,5 km zur Fleißkehre (Kehre 27, 1514 m, Postbus-Haltestelle). Von hier in das Kleine Fleißtal zum Bauernhof Pfeifer und zur nahen Straßengabelung (Brücke, Mühle). Nach rechts zweigt die Apriacher Höhenstraße ab. Links auf der kehrenreichen Bergstraße hinauf, ehe nach 1,5 km die Abzweigung in das Große Fleißtal gut bezeichnet ist (Tafeln). Wir setzen die Fahrt im Kleinen Fleißtal fort und erreichen orografisch links vom Kleinen Fleißbach den von Lärchen umschatteten Alten Pocher ca. 3 km von der Fleißkehre an der Glockner Hochalpenstraße. Die Anfahrt ist auch mit dem Wandertaxi Fleißner möglich, Tel. +43 664 3836311, taxi-fleissner.info.
Anforderungen: Kondition erfordernde, markierte Bergtour. Am hart gefrorenen Kleinen Fleißkees sind am frühen Morgen Steigeisen hilfreich. Sicherste Route am linken Rand des Kleinen Fleißkeeses. Schmale, quer laufende Spalten!

Einkehr/Unterkunft: Alpengasthof Alter Pocher, Mai–Okt., 20 Schlafplätze in komfortablen Zimmern, Tel. +43 4824 20315, alterpocher.at. Zittelhaus am Sonnblickgipfel, erbaut 1886 vom ÖAV-DAV, erworben von der Sektion Halle an der Saale 1925 unter Dr. Karl Alfred von Zittel (1. Präsident), 1984 von der ÖAV-Sektion Rauris übernommen, 92 Schlafplätze, März–Okt., Tel. +43 6544 6412, zittelhaus.at.
Tipp: Das im Stil des 16. Jh. nachgebaute Goldgräberdorf beim Alten Pocher sowie das zugehörige Freilichtmuseum erläutern die Geschichte des Bergbaus einschließlich der Produktion des Tauerngoldes. Besucher können sich im Goldwaschen versuchen (Leihausrüstung am Kleinen Fleißbach mit der NP-Kärntencard kostenlos, anderenfalls 9 € pro Person). Juni und Sept. tgl. 11–16 Uhr, Juli und Aug. 10–17 Uhr, goldgraeberdorf-heiligenblut.at.
Varianten: Besteigung der Goldbergspitze, 3072 m, 0.45–1 Std. Aufstieg und Abstieg (siehe Tourentext). Außerdem Abstecher zum Zirmsee.

Die Wetterstation und das Zittelhaus am Hohen Sonnblick.

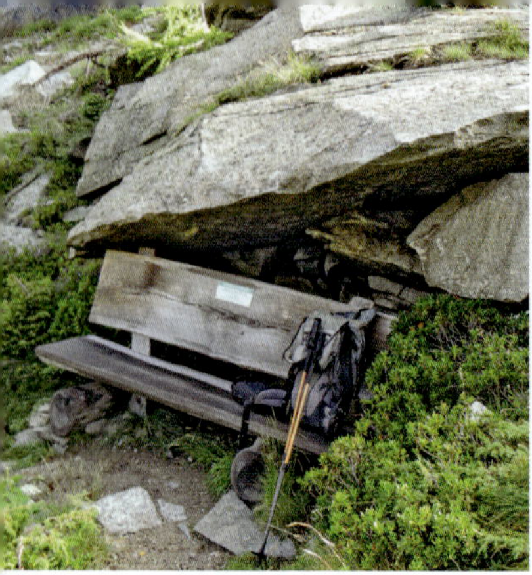
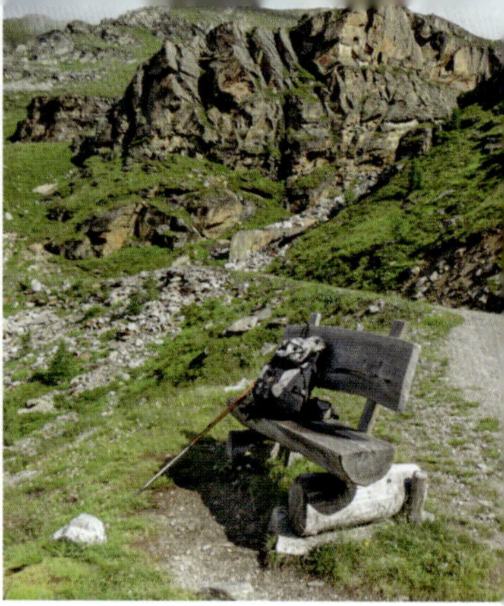

Für ausreichend Ruhepausen ist gesorgt: zunächst am »Sonnblickbankl« (links), später beim Erreichen der Werksstraße.

Zum Hohen Sonnblick gehen wir vom **Alten Pocher** ❶ zunächst entweder auf den 13 Wegschleifen der Werksstraße oder abkürzend auf dem Hans-Tritschl-Weg, der orografisch rechts vom Kleinen Fleißbach aufsteigt. Letzterer verläuft vorerst entlang der Berglehne im Wechsel von Rasenhang und Lärchenwald. Ab einer vordrängenden Felswand wird das Gelände steiler und bleibt weiterhin stark blockdurchsetzt. Wir überschreiten seitlich zufließende Bächlein und Rinnsale und schätzen zeitweise kurze Steintreppen. Wo ein markierter Pfeil nach links weist, passieren wir einige Bergsturztrümmer, ehe das von einem Felsen halb überbaute Sonnblickbankl eine Rast anbietet. Wir erreichen eine mit Junglärchen locker bewachsene, leicht abfallende Hangschulter. Dort weicht der Steig nach links aus und unterläuft infolge eine E-Leitung. Wenig später gelangen wir auf die **Werksstraße** ❷, 2232 m (Bank). Auf ihr gehen wir fünf Wegschleifen aufwärts (Wegtafeln, Abzweigung zum Zirmsee, 20 Min.). Wir bleiben am Weg, der in östlicher Richtung bis zur großen **Seitenmoräne** ❸ des einstigen Kleinen Fleißkeeses führt (Tafel zum Sonnblick, 2 Std.).

Wir steigen am Scheitel der 1850er-Moräne auf, die sich dem linken Berghang nähert. Blöcke, Gletscherschliffe und vereinzelt kleine Tümpel beherrschen das alpine Gelände (Ombrometer – Regenmesser). Schließlich erreichen wir das **Kleine Fleißkees** ❹. An seinem linken Rand geht es bergan, wobei Steigeisen bei Hartschnee oder Vereisung hilfreich sind. Im Bereich der Kleinen Fleißscharte gelangen wir zum höher stehenden Zittelhaus und zur meteorologischen Station am **Hohen Sonnblick** ❺, 3106 m.

Der **Abstieg** folgt der Aufstiegsroute, im letzten Teil entweder wieder auf dem Hans-Tritschl-Weg oder knieschonender durchgehend auf der Werksstraße bis zum **Alten Pocher** ❶.

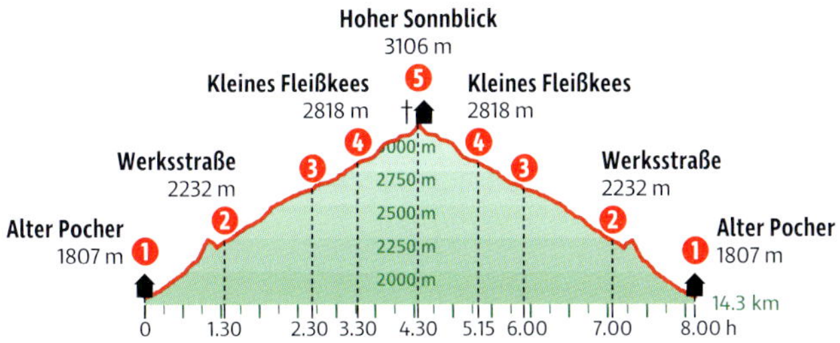

Varianten: Goldbergspitze, 3072 m
Aufstiegszeit vom Zittelhaus 0.45–1 Std. Vom Zittelhaus am **Hohen Sonnblick** 5 gehen wir nordwestlich hinab in die schneebedeckte Kleine Fleißscharte zwischen den genannten Gipfeln. Zur Goldbergspitze (Steinmann) steigen wir am Blockgrat in südwestlicher Richtung auf, wobei einige Passagen auch rechts des Grates umgangen werden können. Die Tour setzt lediglich Trittsicherheit voraus und bleibt bei schönem Wetter auch ohne Markierung übersichtlich.
Darüber hinaus lässt sich ein Abstecher zum Zirmsee einbauen. Er ist in 20 Min. von der höchsten Stelle der Werksstraße aus zu erreichen.

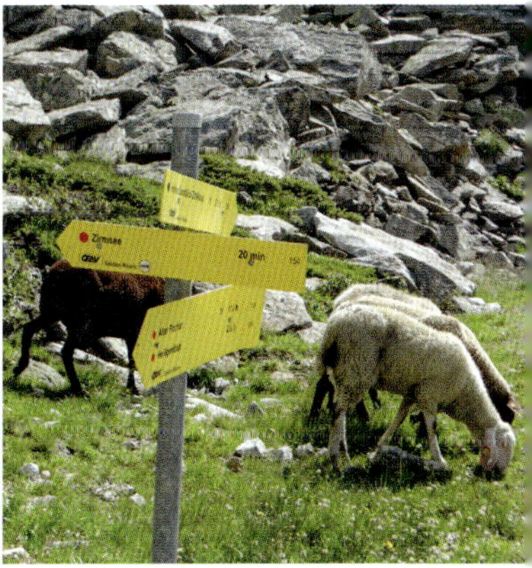

Dank Wegweiser nicht zu übersehen: der Abzweig zum Zirmsee.

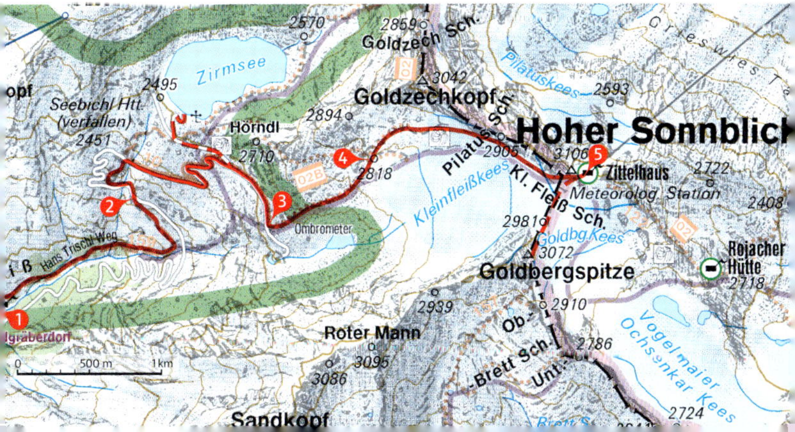

↗ 1840 m | ↘ 1840 m | 18.9 km

8 Hocharn, 3254 m, Goldzechkopf und Hoher Sonnblick, 3106 m

2 Tage

Der kühnste Abschnitt des Klagenfurter Jubiläumswegs

Hocharn und Hoher Sonnblick zählen zu den bedeutendsten Gipfeln im Bereich des Kleinen Fleißtales. Eine Überschreitung beider Gipfel gilt für geübte Bergsteiger als herausragende Tour. Gegen Norden brechen die Gipfel sehr steil ab, während die der Sonne zugekehrten Seiten gehfreundlicher sind. Dort wandern wir auf den Spuren historischer Bergbaustätten. Den Anstieg zur Goldzechscharte prägen alte, verfallene Bergbaustollen und gelbbraune Abraumhalden. Der ehemalige Goldbergbau in den Hohen Tauern erlebte eine Blüte bis etwa 1580. »Das Kalb ist heraußen, die Kuh ist noch drinnen« ist eine Redensart der Einheimischen, denn in 3000-jähriger Schürfzeit ist nur ein Fünftel des Tauerngoldes gewonnen worden. Der »goldene Rest« wird aufgrund der Gesetzeslage unentdeckt bleiben (8–10 Gramm Gold je Tonne Gestein).

Ausgangspunkt: Alpengasthof Alter Pocher, 1807 m, im Kleinen Fleißtal, Zufahrt gestattet, Parkmöglichkeit. Zufahrt ab Heiligenblut auf der Großglockner Hochalpenstraße 3,5 km zur Fleißkehre (Kehre 27, 1514 m, Postbus-Haltestelle). Von hier in das Kleine Fleißtal zum Bauernhof Pfeifer und zur nahen Straßengabelung (Brücke, Mühle). Nach rechts zweigt die Apriacher Höhenstraße ab. Links auf der kehrenreichen Bergstraße hinauf, ehe nach 1,5 km die Abzweigung in das Große Fleißtal gut bezeichnet ist (Tafeln). Wir setzen die Fahrt im Kleinen Fleißtal fort und erreichen orografisch links vom Kleinen Fleißbach den von Lärchen umschatteten Alten Pocher ca. 3 km von der Fleißkehre an der Glockner Hochalpenstraße. Die Anfahrt ist auch mit dem Wandertaxi Fleißner möglich, Tel. +43 664 3836311, taxi-fleissner.info.

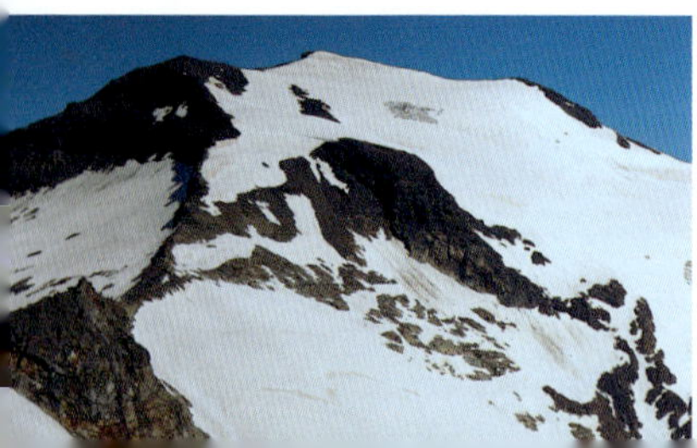

Anforderungen: Nur bei günstiger Witterung und guten Verhältnissen möglich (Juni–September). Vom Zirmsee bis zur Goldzechscharte großteils steiglos, nicht markiert, etwas mühsam. Zum Hocharn an einigen Stellen Trittsicherheit nötig. Gratüberschreitung Goldzechkopf – Kleines Fleißkees nur für Geübte; Steigeisen erforderlich.

Einkehr/Unterkunft: Zittelhaus am Sonnblickgipfel, erbaut 1886 vom ÖAV-DAV, erworben von der Sektion Halle an der Saale 1925 unter Dr. Karl Alfred von Zittel (1. Präsident), 1984 von der ÖAV-Sektion Rauris übernommen, 92 Schlafplätze, März–Okt., Tel. +43 6544 6412, zittelhaus.at.

Tipp: Aufgrund der konditionellen Anforderung dieser Tour empfiehlt sich die Nächtigung am Zittelhaus, die zudem einen wunderbaren Sonnenunter- und -aufgang bietet und sich mit der erlebnisreichen Führung durch das Observatorium verbinden lässt.

Variante: Kurzer Abstecher ans Ufer des Zirmsees möglich (gesamt 20 Min.).

Vom Goldzechkopf schauen wir über die Goldzechscharte zum Hocharn.

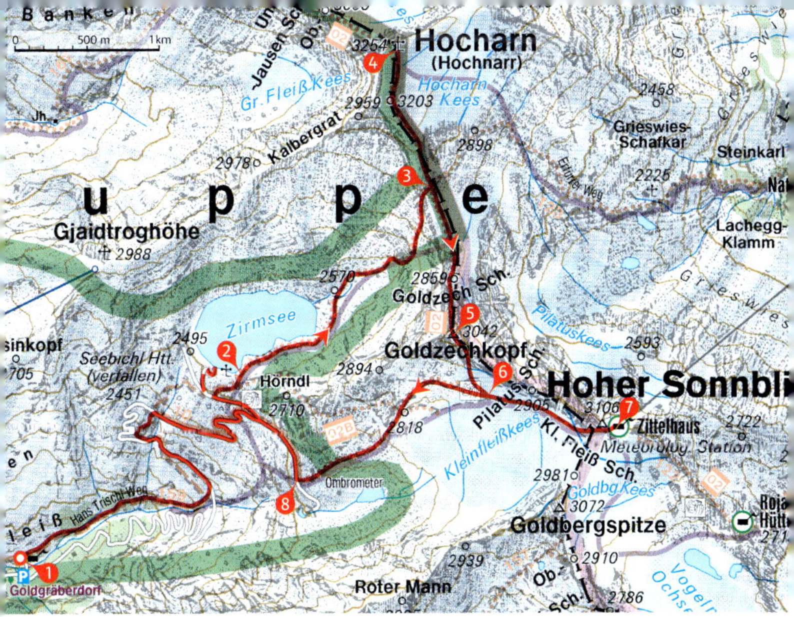

Vom **Alten Pocher** ❶ zunächst aufwärts auf dem Hans-Tritschl-Weg, der orografisch rechts vom Kleinen Fleißbach aufsteigt. Er verläuft vorerst entlang der Berglehne im Wechsel von Rasenhang und Lärchenwald. Ab einer vordrängenden Felswand wird das Gelände steiler und bleibt weiterhin stark blockdurchsetzt. Wir überschreiten mehrere Bächlein und Rinnsale und schätzen zeitweise kurze Steintreppen. Wo ein markierter Pfeil nach links weist, passieren wir einige Bergsturztrümmer. Bald darauf lädt das von einem Felsen halb überbaute Sonnblickbankl zur Rast. Wir

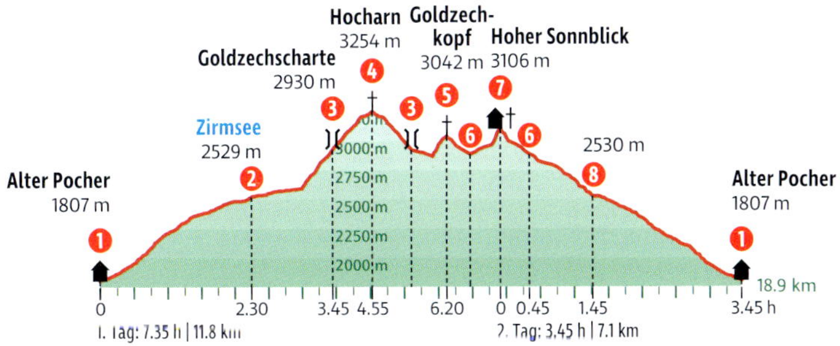

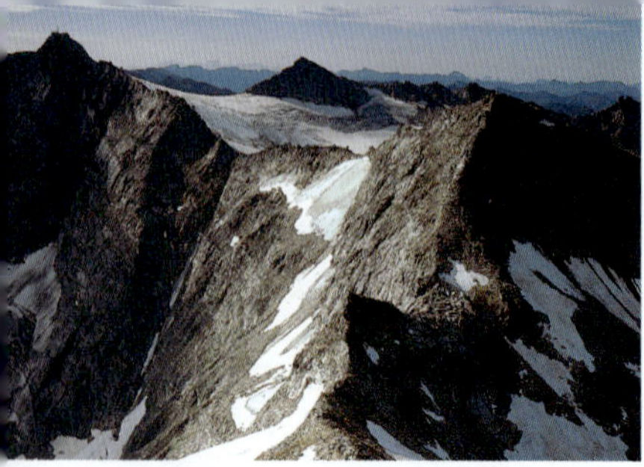

Hoher Sonnblick (links), Goldbergspitze und Goldzechkopf (rechts).

erreichen eine mit Junglärchen locker bewachsene, leicht abfallende Hangschulter. Dort weicht der Steig nach links aus und führt unter einer E-Leitung hindurch. Wenig später gelangen wir auf die Werkstraße, 2232 m, mit Rastbank. In der Folge überschreiten wir den Abfluss des Zirmsees (Seebach) nach links, folgen für 250 m der Werksstraße und nehmen den zwischen Rasen und Blöcken bergan führenden Steig. Bald darauf erreichen wir beim Seebichlbankl wiederum die Werksstraße, auf der wir noch fünf Wegschleifen ansteigen. An Ende des Ansteigs zeigen Wegtafeln zum Sonnblick und zum Zirmsee (20 Min.). Ihnen folgend steigend wir weiter auf und passieren wir Mauerreste der ehemaligen Seebichlhütte, 2451 m, und später das **Markuskreuz**, auf einem dem **Zirmsee** 2 vorgelagerten Geländehügel (2.30 Std. vom Alten Pocher).

Ein bequemer Schotterweg führt am rechten, südöstlichen Stauseeufer entlang und endet beim kleinen Zufluss im hinteren Talkessel. Dort über Blöcke zum Steilhang, der rechts des Baches und der schwefelbraunen Abraumhalden pfadlos und etwas mühsam zu bewältigen ist. Vorbei an Mauerresten und halb verfallenen Stollen zur **Nördlichen Goldzechscharte** 3, 2930 m, empor (1.15 Std. vom Zirmsee; Tafel »Kolm Saigurn«). Nun nordwärts Richtung Hocharn, auf dessen Westseite das Goldzechkees fast gänzlich und das Große Fleißkees sehr stark abgeschmolzen sind. In noch besserem Zustand ist das südostseitige Hocharnkees. Die rot-weiße Markierung nähert sich auf Blöcken einem dunklen Gratkopf mit Steinmann, wo eine etwa 4 m hohe Felsstufe vor allem beim Abklettern etwas Vorsicht verlangt. Danach unschwierig zum stark versandeten »Vorgipfel«, 3203 m, und weiterhin am linken Rand des Hocharnkeeses zum durch anhaltende Abschmelzung etwas labilen höchsten Punkt des **Hocharn** 4 mit kleinem Eisenkreuz und größerem Holzkreuz (Buch) der Österreichischen Rotkreuz-Jugend Rauris.

Zurück an der **Nördlichen Goldzechscharte** 3 wenden wir uns nun in südlicher Richtung dem Goldzechkopf zu (markiert). Das die Nördliche von der Südlichen Goldzechscharte trennende Gratstück begehen wir teilweise rechts, westlich. Auf die Markierung achten! Eine Turm- bzw. Zackenreihe wird rechts unterhalb umgangen (bis zu 40 m absteigen), ehe wir zur **Südlichen Goldzechscharte** gelangen. Zum **Goldzechkopf** 5 führt ein Schuttsteig knapp rechts des Nordkammes empor. Im gipfelnahen Bereich sind Drahtseile, einzelne Haken, ein Seilring und andere Behelfe angebracht, die bei günstigen Bedingungen kaum beansprucht werden. Ein Steinmann ziert neben wuchtigen Granit- und Gneisblöcken den Gipfel.

Vom Goldzechkopf windet sich ein dürftiger Steig zwischen grobem Gestein südöstlich hinab, ehe eine seilversicherte Steilstufe in eine seichte Gratscharte abbricht. Dort verlassen wir den Grat und steigen über Schutt südlich ab. Es folgt wiederum ein seilversichertes Steilstück (Haken als Trittshilfe) sowie ein fast senkrechter Plattenfels bis hinab zum oberen Schneerand des **Kleinen Fleißkeeses** ❻. Nun mit Steigeisen steil abwärts bis zur quer laufenden Trittspur, die am linken Rand des Kleinen Fleißkeeses hinauf zum **Zittelhaus** am **Hohen Sonnblick** ❼ führt, wo wir übernachten. Am nächsten Tag beginnt der Abstieg mit der Rückkehr zum **Kleinen Fleißkees** ❻. Ihm folgen wir entlang seinem nördlichen Rand abwärts. Später gibt die Seitenmoräne den Weg vor. An der **Werksstraße** ❽, 2530 m, wenden wir uns nach rechts. Bald darauf geht es in fünf Kurven abwärts. Wir erreichen den Anstiegsweg, dem wir bis zum **Alten Pocher** ❶ folgen.

Der Zirmsee, im Hintergrund das Petzeck (links) und der Große Hornkopf.

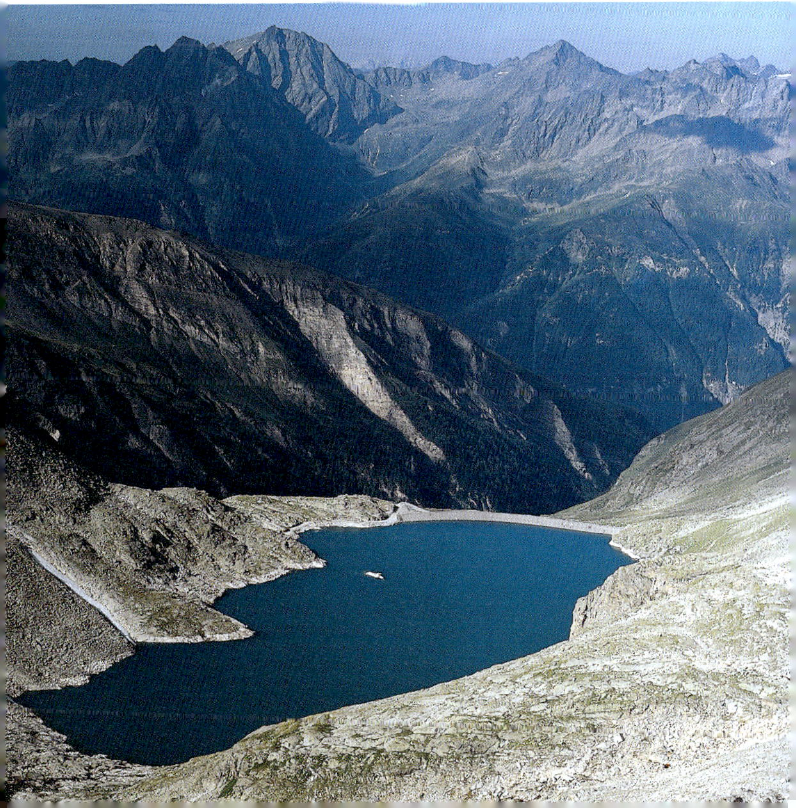

↗ 1020 m | ↘ 1420 m | 14.8 km

9 Durch das Große Fleißtal auf das Schareck, 2606 m

6.00 h

Den geschichtlich reichen Heiligenbluter Hausberg kennenlernen

Unterschiedlicher könnten die Eindrücke bei dieser Wanderung nicht sein. Bei den Bergbahnstationen und Skiliften im Großen Fleißtal herrscht auch im Sommer reges Treiben, während das anschließende Wildschutzgebiet den Ruhesuchenden vorbehalten bleibt. Zur Großen Fleißalm gelangen wir am Fahrweg oder am Tümpfenweg, der die Nähe des Großen Fleißbaches sucht. An mehreren Stellen bestaunen wir malerisch geformte Felsen, Kolke und bildhauerisch schöne, vom Wasser ausgehöhlte Vertiefungen. Der Abstieg vom Schareck erfolgt am sogenannten Naturgefahrenweg, ist aber auch mit der Bergbahn möglich.

Ausgangspunkt: Kleine Fleißalm, 1690 m, im Kleinen Fleißtal. Zufahrt ab Heiligenblut auf der Großglockner Hochalpenstraße 3,5 km zur Fleißkehre (Kehre 27, 1514 m, Postbus-Haltestelle). Von hier in das Kleine Fleißtal, bis nach 1,5 km die Kleine Fleißalm erreicht wird (Parkplatz 300 m taleinwärts); Weiterfahrt mit Pkw bis zur Großen Fleißalm erlaubt. Zufahrt bis zur Kleinen oder Großen Fleißalm auch mit Wandertaxi Fleißner, Tel. +43 664 3836311, taxi-fleissner.info.
Endpunkt: Heiligenblut, 1288 m; Rückkehr zum Startpunkt mit Wandertaxi Fleißner oder privatem Transport.
Anforderungen: Unschwierige Bergwanderung, die im Abstieg mit der Schareck-Bergbahn zeitlich gekürzt und erleichtert werden kann. Markiert, bez. 8, später bez. 6, Tafeln.
Einkehr/Unterkunft: Doris Fleißkuchl auf der Großen Fleißalm, 1735 m; Panoramarestaurant, 2552 m, knapp unterhalb des Schareckgipfels. Vermietung Seppenalm-Hütte, Tel. +43 4824 2092.
Variante: Zustieg von der stillgelegten Goldwaschanlage im Kleinen Fleißtal zur Großen Fleißalm über den Tümpfenweg (45 Min.); siehe Ende des Tourentextes.

Von der **Kleinen Fleißalm** ❶ bringt uns ein Fahrweg zur **Großen Fleißalm** ❷ (30 Gehminuten), einem belebten Sommer- und Wintertummelplatz mit Tunnelbahn-Bergstation (Kabinenbahn ab Schareckbahn-Mittelstation mit 10 Min. Fahrtdauer) und Schleppliften zur Gjaidtroghöhe.
Weiter hinein in das Große Fleißtal folgen wir dem nordwärts sanft ansteigenden Weg, der neben einzelnen Almhütten und Stadeln bis vor die etwas verbreiterte Talbiegung reicht (Jagdhütte, Gedenkkreuz). Knapp zuvor wird der Bach auf schmalem Holzsteg übersetzt. Hier, am sogenannten **Nassfeld** ❸ steigen wir links hangaufwärts an einer zerzausten Lärche vorbei und rund 30 Steigkehren am Rasenhang empor. Immer wieder erfreuen uns größere Bestände des himmelblauen Lungenenzians, die uns hoch über einem Schrofenabsatz bis zu Wegtafeln begleiten (1 Std. von den Bergbahnstationen, bez. 6).

Blick vom Großen Fleißtal auf den Großen Friedrichskopf in der Schobergruppe.

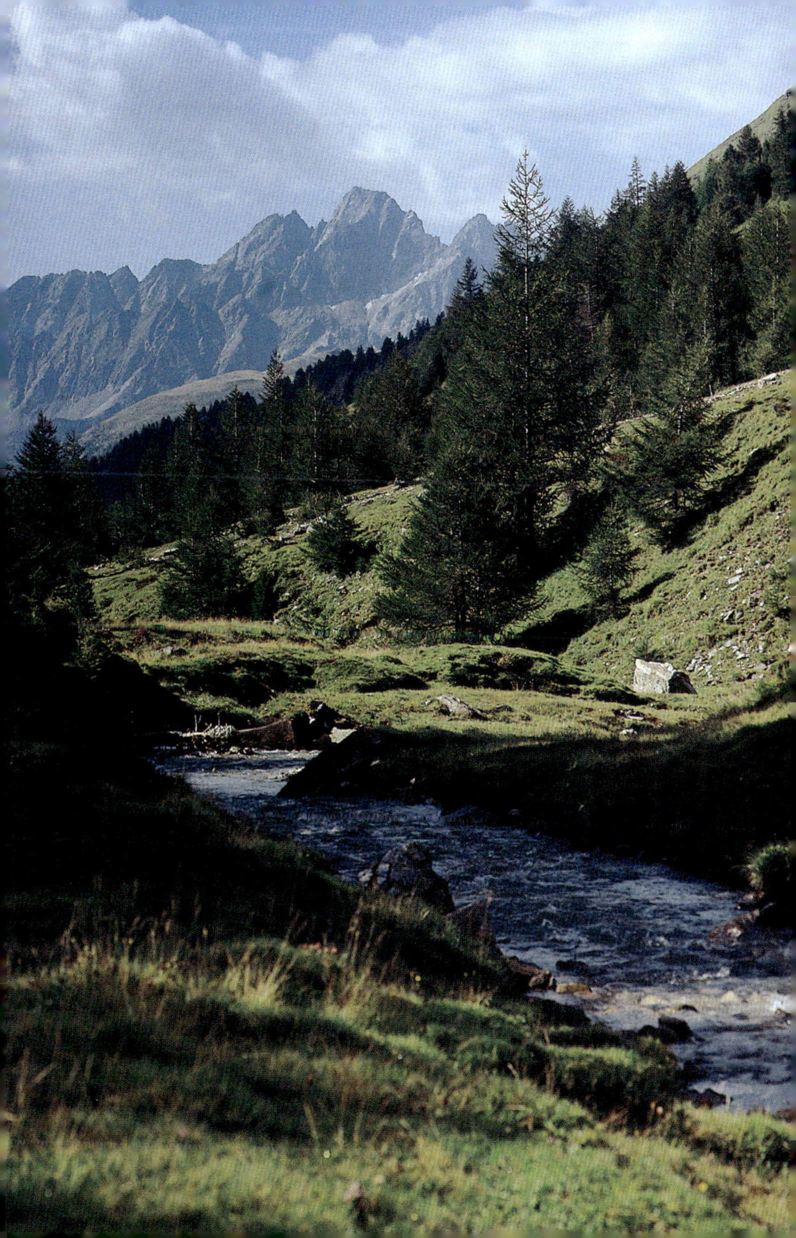

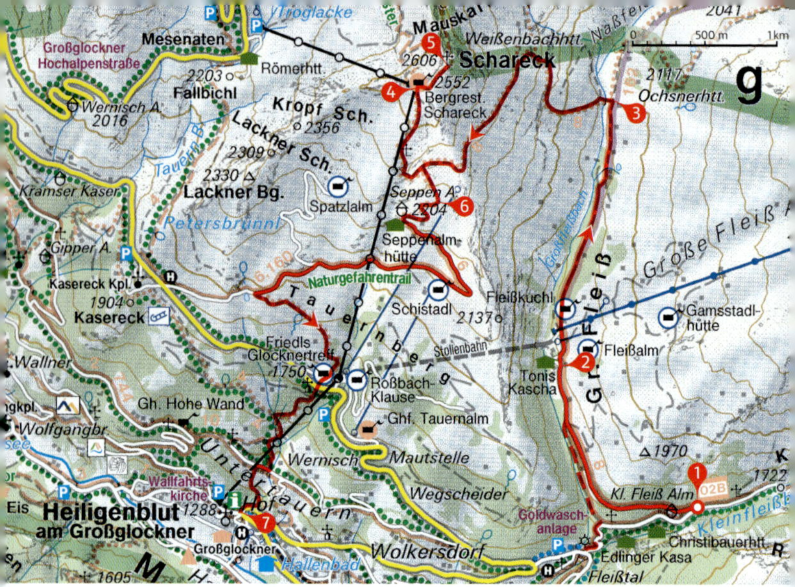

Auf weiter ansteigenden Kehren gewinnen wir neben einem Zäunchen jene Höhe, von der links schwenkend und weitgehend flach eine Bergkante mit Schleppliftttrassen erreicht werden kann. Wir queren unterhalb von Lawinenzäunen und eigentümlichen Rasenkegeln (Lawinenschutz) den Schareck-Südhang (Abzweigung zur Mittelstation). Auf einer Hangkante hinauf zu einem Kreuz und neben mächtigen Steinmännern zur **Schareck-Bergstation** ❹, 2552 m, der Großglockner-Bergbahnen. Zum Gipfel des **Schareck** ❺, 2606 m, in wenigen Minuten (Metallkreuz, Gedenktafel). Nationalpark-Infotafeln machen auf den Geo-Trail aufmerksam.

Der Abstieg erfolgt über den Themenweg »Naturgefahrenweg«. Dazu verlassen wir die Schareck-Bergstation in südlicher Richtung und steigen auf einer Hangkante (Steinkegel, kleines Holzkreuz) ab. Massive Lawinenverbauungen erinnern an das Lawinenunglück 1951. Wo rund ein Dutzend rasenüberzogene Erdhöcker (Rasenkegel) auffallen, die sich seit den Jahren 1951–1961 den Lawinen entgegenstellen, zweigt ein Steig in das Große Fleißtal ab, während wir nahe einer Schleppliftttrasse zur tiefer gelegenen **Seppenalm** ❻, 2204 m, gelangen (45 Min.).

Hier holt ein Almweg in einer weiten Kehre südöstlich aus und quert dann in der Gegenrichtung die weitläufigen Bergwiesenhänge vorerst bis zum Rossbach, wo sich eine Infotafel mit dem Quellgebiet des talwärts anschwellenden Rossbaches befasst. Bald darauf zweigt der Themenweg bei einem kleinen See (offene Schupfe, Jagdhütte) über Bergwiesen, später im

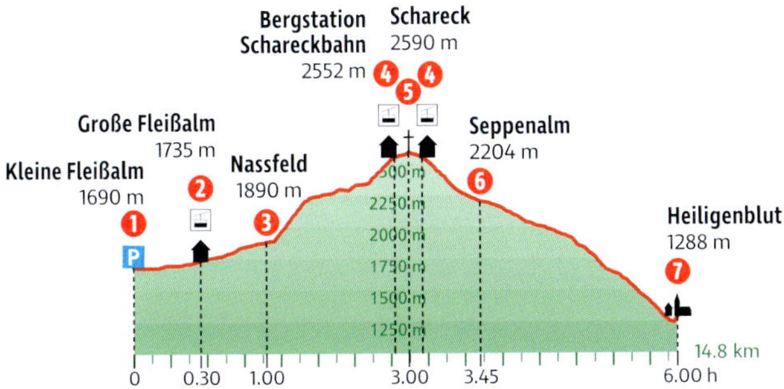

Fichtenwald zur Schareck-Mittelstation, 1750 m, links ab (1.15 Std.; Wasserspielplatz, Einkehr). Beim Parkplatz an der Großglockner Hochalpenstraße, 1724 m, verläuft ein Weg, dann der Steig im Bereich des Rossbaches abwärts zu Bauernanwesen und zum Gasthof Pension Lacknerhof. Abschließend führen Steig und Weg zur Glockner Hochalpenstraße, 300 m östlich vom Ortszentrum **Heiligenblut** ⑦.

Variante: Alternativer Tourstart bei der stillgelegten Goldwaschanlage im **Kleinen Fleißtal**, wo der Tümpfenweg beginnt. Er führt auf dem Karrenweg vorerst noch ein Stück talaufwärts in Richtung Alter Pocher und zur nahe gelegenen Abzweigung (5 Min.). Dort geht es ziemlich steil im hochstämmigen Lärchenwald und neben der Bachschlucht hinauf zum Maria-Hilf-Kreuz mit Rastbank. Der Weg führt neben dem Großen Fleißbach bergan. Sehenswert sind die Auskolkungen, die das einst (vor der Ableitung) kräftig fließende, mit Sand beladene Wasser aus dem Fels herausgeschliffen hat. Wir gelangen in weiterer Folge zur Beheimkasa und 3 Min. später zur Fleißkuchl auf der **Großen Fleißalm** ②, 1735 m.

Vom Schareck schweift der Blick zum Roten Knopf in der Schobergruppe.

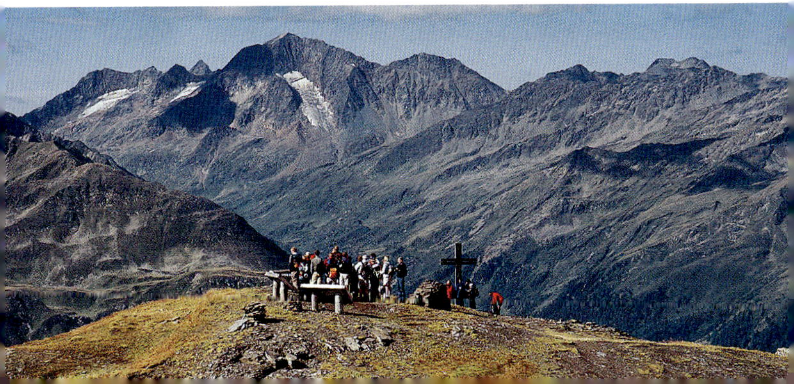

↗ 1650 m | ↘ 1650 m | 20.8 km

10 Großes Fleißtal – Hocharn, 3254 m

10.00 h

Das Otto-Umlauft-Biwak, ein einsamer Stützpunkt

Der Hocharn schließt das Große Fleißtal mit seiner steil abweisenden Westwand, in deren Gesteinen Erze und Halbedelsteine schlummern. Im Großen Fleißtal gelangen wir über drei Vegetationsstufen in alpines Gelände und in das Reich der Dreitausender.

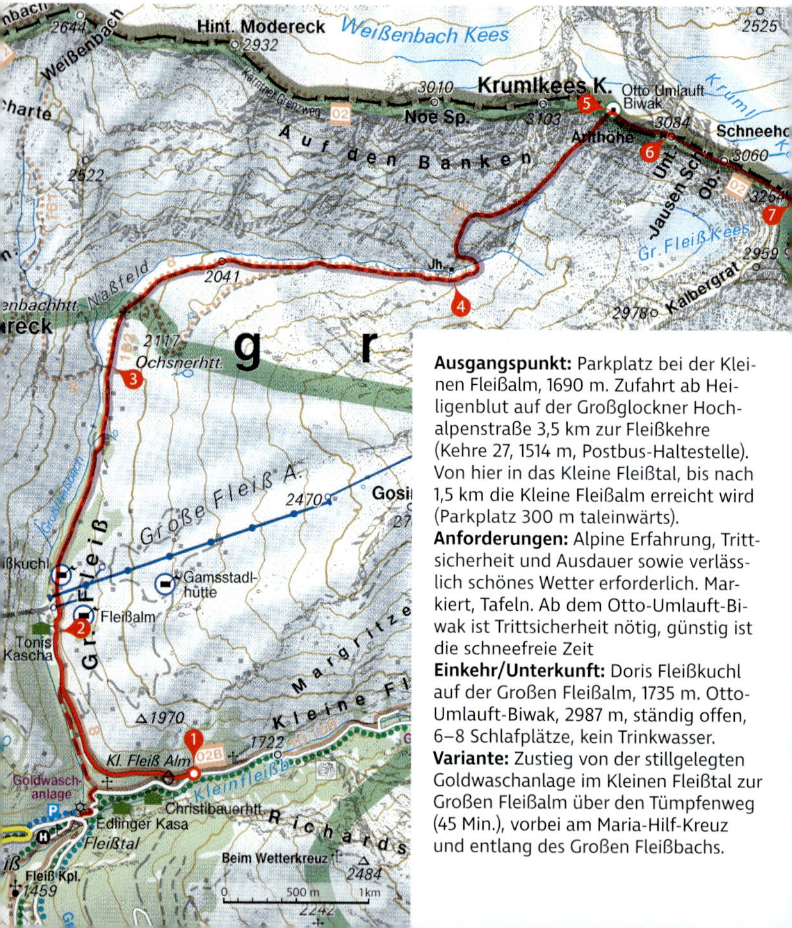

Ausgangspunkt: Parkplatz bei der Kleinen Fleißalm, 1690 m. Zufahrt ab Heiligenblut auf der Großglockner Hochalpenstraße 3,5 km zur Fleißkehre (Kehre 27, 1514 m, Postbus-Haltestelle). Von hier in das Kleine Fleißtal, bis nach 1,5 km die Kleine Fleißalm erreicht wird (Parkplatz 300 m taleinwärts).
Anforderungen: Alpine Erfahrung, Trittsicherheit und Ausdauer sowie verlässlich schönes Wetter erforderlich. Markiert, Tafeln. Ab dem Otto-Umlauft-Biwak ist Trittsicherheit nötig, günstig ist die schneefreie Zeit
Einkehr/Unterkunft: Doris Fleißkuchl auf der Großen Fleißalm, 1735 m. Otto-Umlauft-Biwak, 2987 m, ständig offen, 6–8 Schlafplätze, kein Trinkwasser.
Variante: Zustieg von der stillgelegten Goldwaschanlage im Kleinen Fleißtal zur Großen Fleißalm über den Tümpfenweg (45 Min.), vorbei am Maria-Hilf-Kreuz und entlang des Großen Fleißbachs.

Von der **Kleinen Fleißalm** ❶ gelangen wir wie in Tour 9 über die **Große Fleißalm** ❷ zum **Nassfeld** ❸. Von dort lenkt ein erdiger Steig in das nun östlich verlaufende und schmäler werdende Tal mit steinigen Hängen und Grasböden (Wegtafel an einem Lärchenbaum). Wo im Talschluss eine mächtige Moräne die hochalpine Landschaft prägt, schwenkt der teilweise auf niedrigen Steinmauern ruhende Steig (ein alter Almweg) auf die gegenüberliegende Talseite mit verfallener **Steinhütte** ❹, 2280 m.

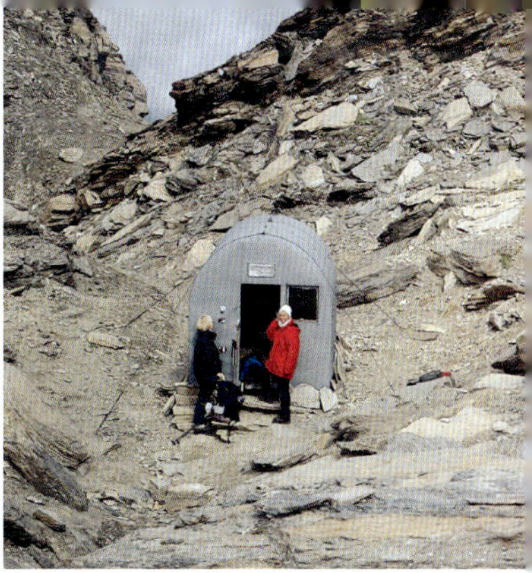

Die Otto Umlauft-Biwakschachtel

Auf höher gelegenen Grashängen achten wir auf die bergwärts zeigenden Markierungspfeile, ehe nur noch ein Pfad über Grashügel und trockene Hanggräben in die große Blockhalde führt, die östlich von einer vertikal ziehenden Seitenmoräne begrenzt wird. Ein kehrenreicher Pfad schlängelt sich die Blockhalde empor zur **Otto-Umlauft-Biwakschachtel** ❺ (insg. 4.30 Std. ab Kleiner Fleißalm).

Wir verlassen das Biwak in östlicher Richtung und umschreiten die **Arlthöhe** ❻, 3084 m, südseitig (große Blöcke, blau markiert) oder nordseitig auf nicht selten schneebedeckter Flanke. Bei Hartschnee Vorsicht! Beide Routen vereinen sich am Grat, dem wir im Wesentlichen folgen (Abschnitt des Klagenfurter Jubiläumsweges). Nach dem **Schneehorn**, 3060 m, sind einige Felsköpfe südseitig mit Drahtseilen entschärft. Später hilft erneut ein Fixseil über eine 4 m hohe, senkrechte Felsstufe hinab. Ein mit Quarz angereicherter Gratblock wird nordseitig umgangen, ehe uns nur noch ein Schutthang vom Gipfel des **Hocharn** ❼, 3254 m, mit großem und kleinem Kreuz trennt (Gipfelbuch).

Abstieg auf der Aufstiegsroute.

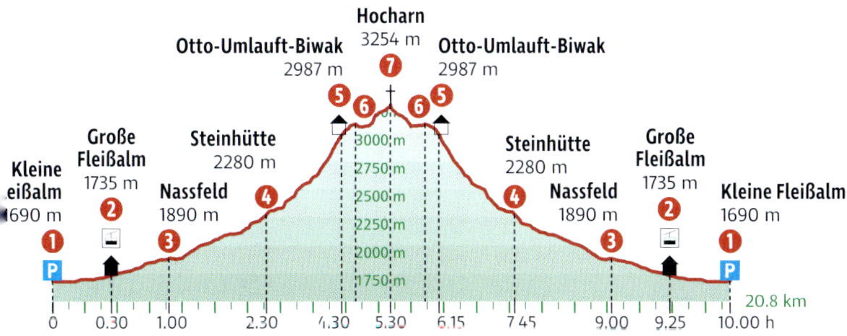

↗ 750 m | ↘ 1560 m | 15.9 km

11 Hinteres Modereck, 2932 m, und Krumlkeeskopf, 3103 m

7.30 h

Auf einsamen Höhen der Goldberggruppe

Wir lernen ein interessantes Teilstück des Klagenfurter Jubiläumsweges mit Gipfeln etwas außerhalb der zentralen Berggruppe kennen. Steile Abschnitte sind mit Stahlseil gesichert, für weniger Geübte empfiehlt sich hier die Verwendung eines Klettersteigsets. Bei guten Bedingungen ist die Begehung für erfahrene Bergsteiger aber nicht allzu schwierig und abwechslungsreich. Bemerkenswert ist die Aussicht in die Schober- und Glocknergruppe.

Seilversicherter Abstieg vom Herbertturm.

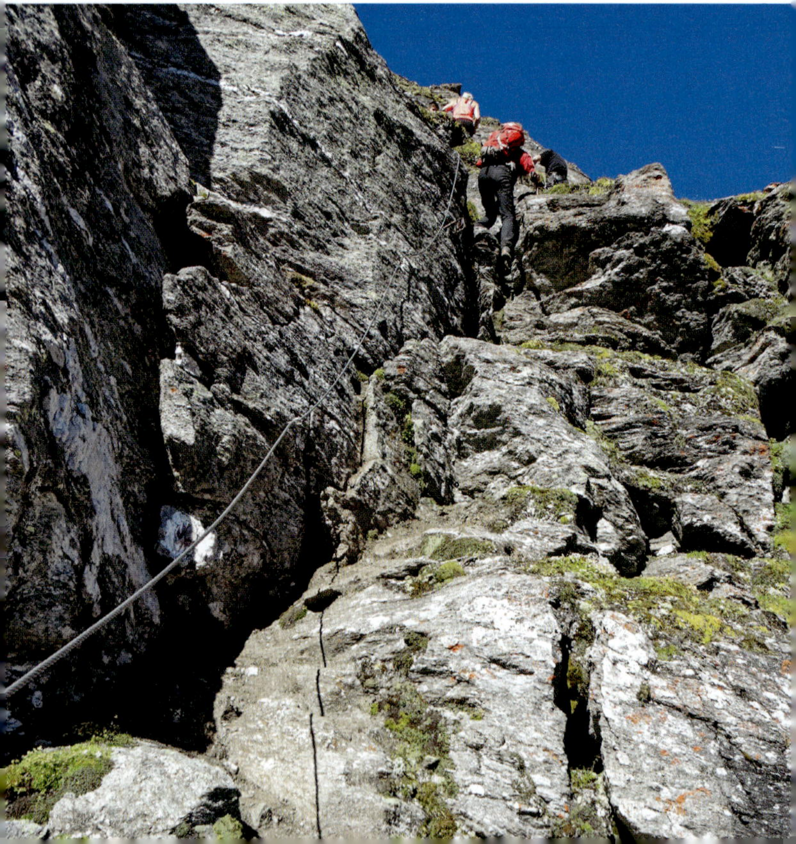

Ausgangspunkt: Hochtor-Südportal, 2504 m. Erreichbar mittels Pkw von Heiligenblut auf der Großglockner Hochalpenstraße (Maut). Keine Busverbindung.
Endpunkt: Kleine Fleißalm, 1690 m; zurück mit Wandertaxi Fleißner, Tel. +43 664 3836311, taxi-fleissner.info.
Anforderungen: Alpine Erfahrung, Trittsicherheit und Ausdauer erforderlich; markiert. Für weniger Geübte empfiehlt sich ein Klettersteigset. Kein Trinkwasser auf der ganzen Tour.
Einkehr/Unterkunft: Otto-Umlauft-Biwakschachtel, immer offen, 6–8 Schlafplätze. Otto Umlauft war erster Vorsitzender der ÖAV-Sektion Klagenfurt während der Jahre 1956–86. Einkehr erst gegen Ende der Tour in Doris Fleißkuchl auf der Großen Fleißalm, 1735 m.

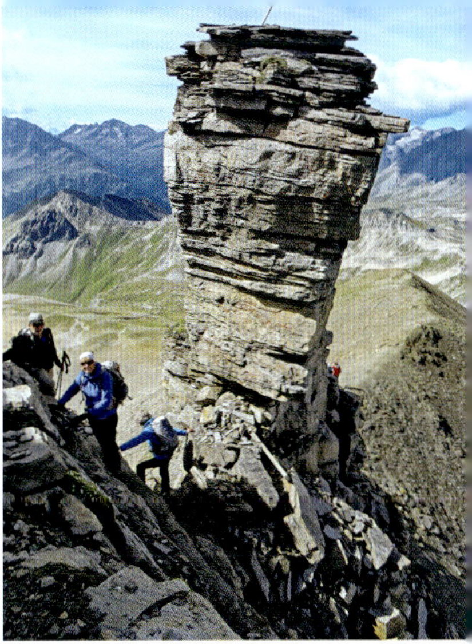
Ein bizarrer Turm bewacht die leichte Kletterei vor dem Hinteren Modereck.

Vom Parkplatz beim **Hochtor-Südportal** ❶ steigen wir auf Treppen und in Kehren (Stangen) hinauf zum **Hochtorsattel** ❷ mit dem Herrgott in einer Vitrine, Infotafeln und den Fahnen in den Landesfarben. Nach einer kleinen Kammsenke führt der Kehrensteig in ca. 12 Min. zum **Tauernkogel** ❸, 2626 m.
Von dort fällt der Steig leicht hinab in das gletschergeformte Plattenkar und zur Abzweigung des Geo-Trails in Richtung Schareck. Wir bleiben am gut markierten Klagenfurter Jubiläumsweg (Steinmänner) und überschreiten das Roßköpfl, 2598 m, oder gehen links daran vorbei. Im übersichtlichen Gelände passieren wir auch den **Roßschartenkopf** links und erreichen auf windgefegten Schuttböden mit sanfter Steigung einen weithin sicht-

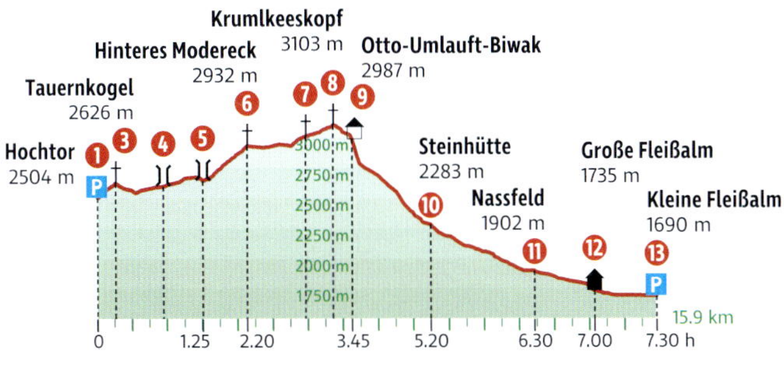

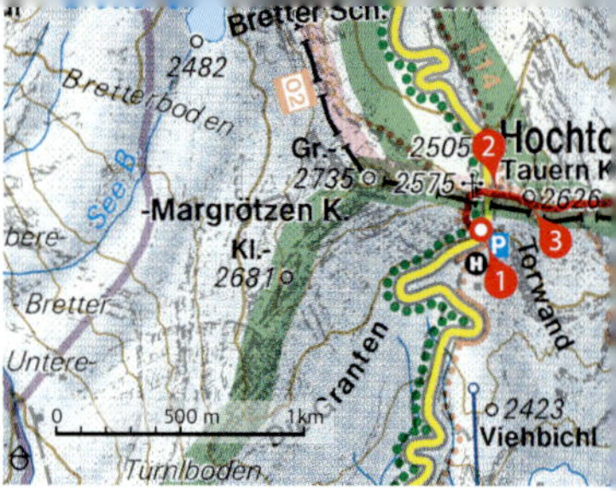

baren, schlanken Steinmann. Es folgt ein Abstieg in die **Roßscharte** 4, an die die markantere **Weißenbachscharte** 5 anschließt, 2644 m (knapp 1.30 Std. vom Parkplatz; Abstiegsmöglichkeit in das Große Fleißtal, 1.30 Std.).

In Richtung Hinteres Modereck steigen wir auf Kehren am glatten Hangrücken an. Eine wegweisende, mannshohe Steinnadel fällt auf und bald danach ein frei stehender, ca. 8 m hoher Felsturm, hinter dem wir ein kleines, gut gestuftes Felswandl ansteigen. Wir beachten etwas später zwei links umgehbare Gratblöcke, von Sturm und Wind zu bizarren Skulpturen geformt, ehe wir das **Hintere Modereck** 6, 2932 m, mit Kreuz und Buch erreichen.

In der Folge lenken Stahlseile vom Grat etwa 50 m hinab ins Kar, wo wir uns nur kurz aufhalten und zum Grat zurückkehren. Die nächste markante Kammerhebung, der sogenannte **Herbertturm**, 3004 m, wird ostseitig (ca. 70 m seilgesichert) abgestiegen, ebenso die **Noespitze** 7, 3010 m, in unmittelbarer Folge. Ein das Blockklettern entlastender bequemer Steig führt hinauf zum **Krumlkeeskopf** 8, 3103 m, mit neuem Kreuz, Buch und Steinmann, dem letzten in der langen Reihe von Gipfeln, Türmen und Grat-

Nicht viel ist vom Weißenbachkees übriggeblieben.

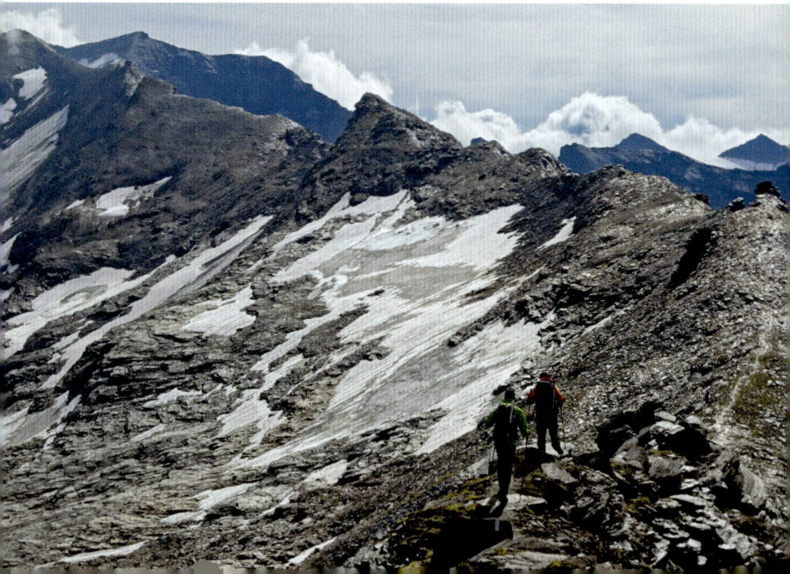

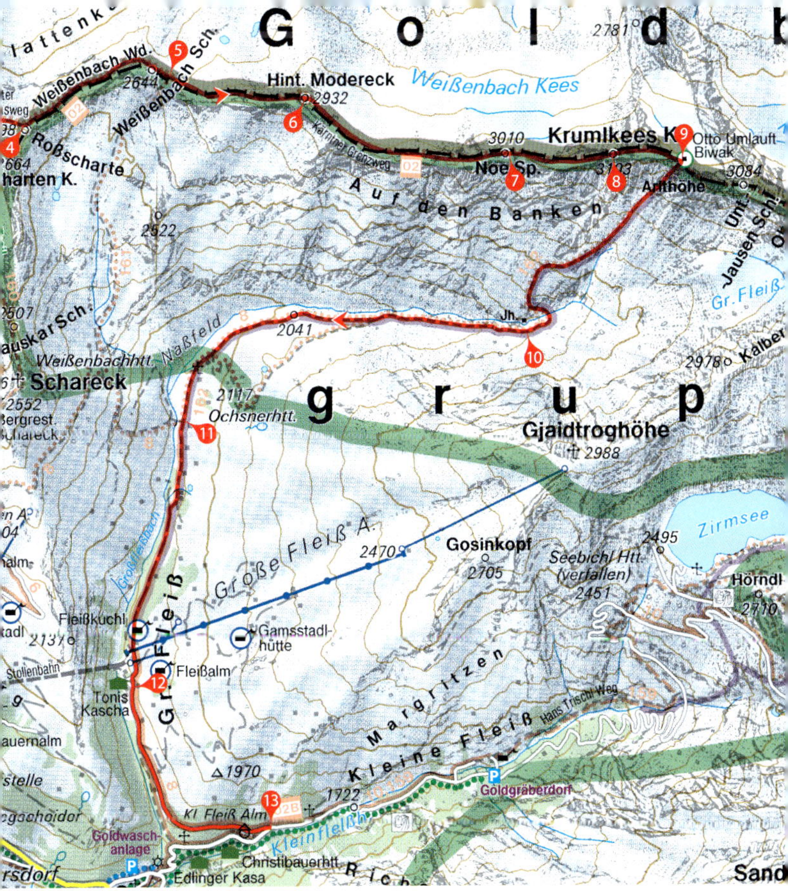

zacken. Auch dort sind Versicherungen angebracht, und nur drei Kletterschritte fordert eine 2 m hohe Felsstufe, ehe wir nach kurz frei begehbarer Strecke einen 7 m messenden Felskamin absteigen und die **Otto-Umlauft-Biwakschachtel** ❾ erreichen.

Zu Beginn des Abstiegs geht es etwas steil im Schuttbereich bergab. Dann halb rechts haltend über Hangkanten und im Schutt-Rasen-Gelände in den Talschluss des **Großen Fleißtals** absteigend, vorbei an einer verfallenen **Steinhütte** ❿, ehe ein Steig entlang des Baches talauswärts lenkt. Über das **Nassfeld** ⓫ gelangen zur **Großen** ⓬, etwas später zur **Kleinen Fleißalm** ⓭ (3.45 Std.), wo ein Wandertaxi weiterhelfen könnte.

TOP
12

Spielmann, 3027 m – Brennkogelscharte – Hochtor

↗ 970 m | ↘ 600 m | 10.1 km

5.15 h

Am Klagenfurter Jubiläumsweg über bekannte Dreitausender

Die Untere Pfandlscharte war schon in frühester Zeit ein bedeutender Alpenübergang in das nördliche Ferleitental. Erwiesen ist, dass ein Römerweg über den Iselsberg zu den Bergwerken im Mölltal und über die Untere Pfandlscharte ins Salzburgische geführt hat. Es erstaunt, dass der im Abflussgebiet des Südlichen Pfandlschartenkeeses gelegene große Bergsee namenlos ist. In dieser Tourenbeschreibung nennen wir ihn »Pfandlschartensee«.

Ausgangspunkt: Glocknerhaus (Kaiserin-Elisabeth-Ruhe), 2136 m. Zufahrt von Heiligenblut auf der Großglockner-Hochalpenstraße bis zum Guttal-Kreisverkehr und von dort auf der 8,2 km langen Gletscherstraße Richtung Kaiser-Franz-Josefs-Höhe. Dorthin auch Postbus-Verbindung ab Heiligenblut.
Endpunkt: Hochtor, 2504 m. Zurück mit Abholdienst oder Wandertaxi Fleißner, Tel. +43 664 3836311, taxi-fleissner.info.
Anforderungen: Bei günstigen Verhältnissen mäßig schwierig, markiert, bez. 702, Steinmänner. Seilversichreungen am Spielmann, dort Trittsicherheit nötig.
Einkehr/Unterkunft: Glocknerhaus, 2136 m, der ÖAV-Sektion Klagenfurt, erbaut 1876, mehrmals erweitert, generalsaniert 2000–2003. Auffällig ist der Stufengiebel des Glocknerhauses. Ältestes Schutzhaus des ÖAV mit historisch wertvoller Bausubstanz. Anf. Mai–Okt., 100 Schlafplätze, Tel. +43 4824 24666, glocknerhaus.net.
Variante: Besteigung des Brennkogels, Beschreibung siehe unten.

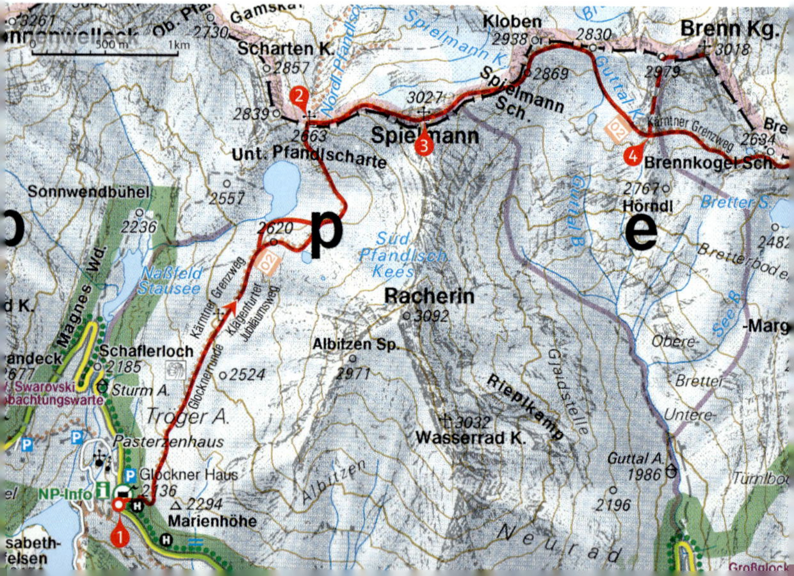

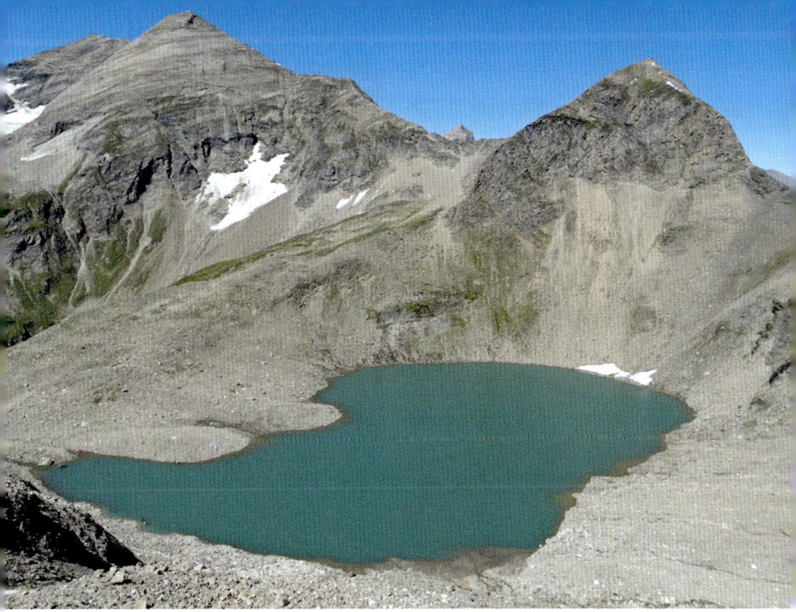

Pfandlschartensee an der Basis von Schartenkopf und Sonnwelleck (links).

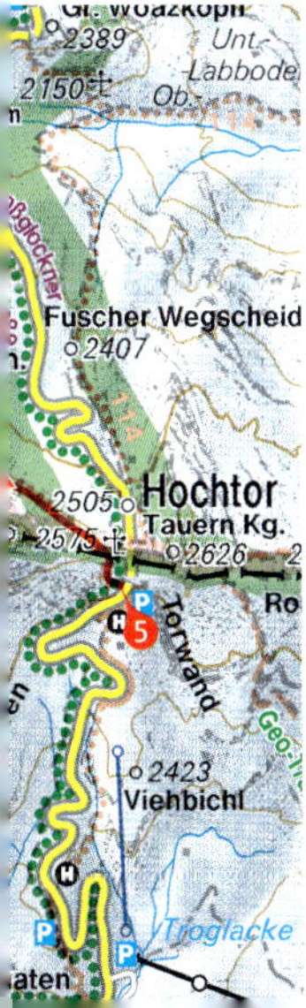

Bergseitig des **Glocknerhauses** ❶ (Tafel) führt ein Steig in Kehren den steilen Bergwiesenhang empor. Im Bereich der Tröger Alm schreiten wir auf Grashügeln am **Klagenfurter Jubiläumsweg** in fast nördlicher Richtung bis auf jene Rasenkanzel, P. 2620, wo der Blick auf den tiefer gelegenen, unerwartet großen Pfandlschartensee fällt. Wir wenden uns nach rechts und kommen nach leichtem Gefälle an einem Bergsee vorbei. Kurz auf einer vegetationslosen Moräne weiter, ehe wir auf einem groben Blockhang ca. 100 Hm einbüßen und ins Vorfeld des beinahe gänzlich

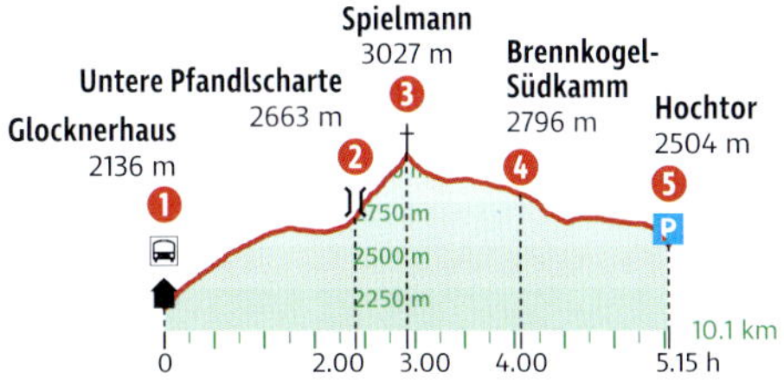

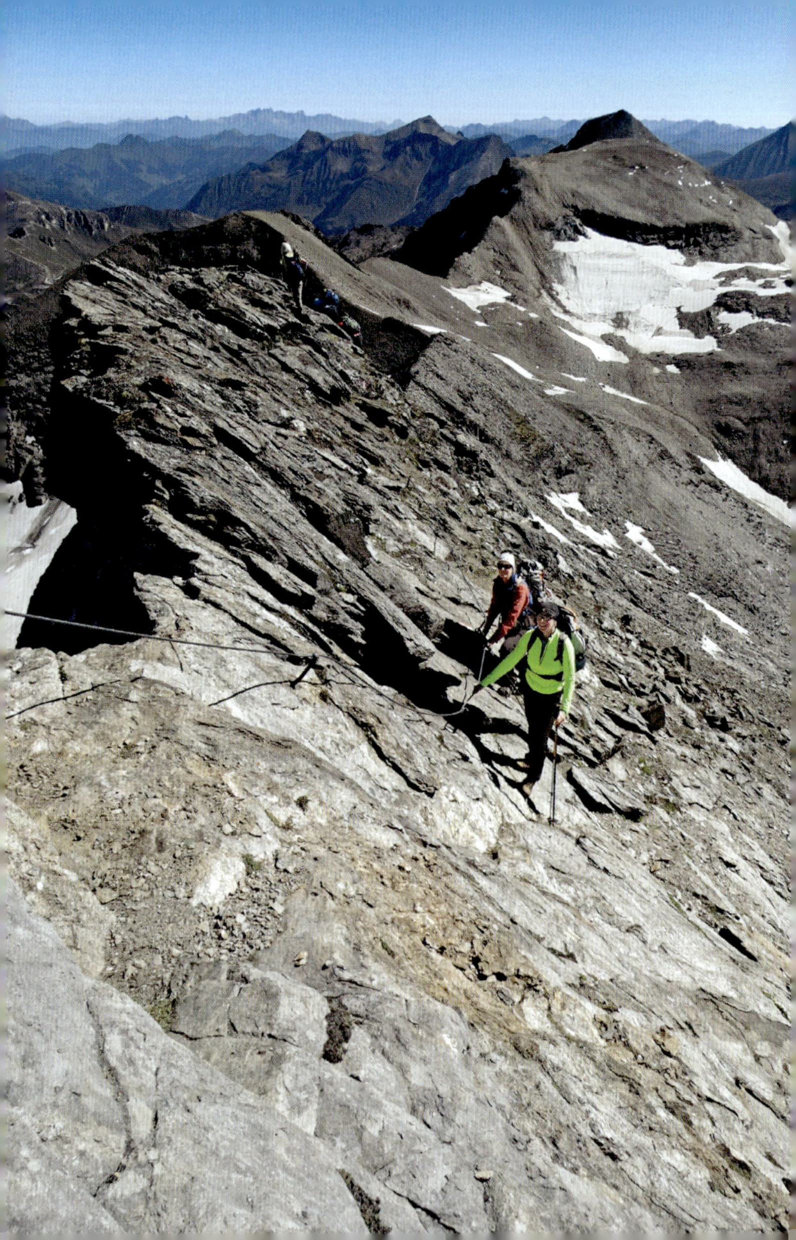

abgeschmolzenen Südlichen Pfandlschartenkeeses gelangen, wobei der Pfandlschartensee ostseitig umgangen wird. Vereinzelte Stangen und Steinmänner lenken über Gletscherschliffe und zwischen Blöcken hindurch, ehe schließlich nach einer Hangquerung mit der **Unteren Pfandlscharte** ❷, 2663 m, ein historisch bedeutsamer Übergang erreicht wird (2 Std.; Holzkreuz mit Gipfelbuch).

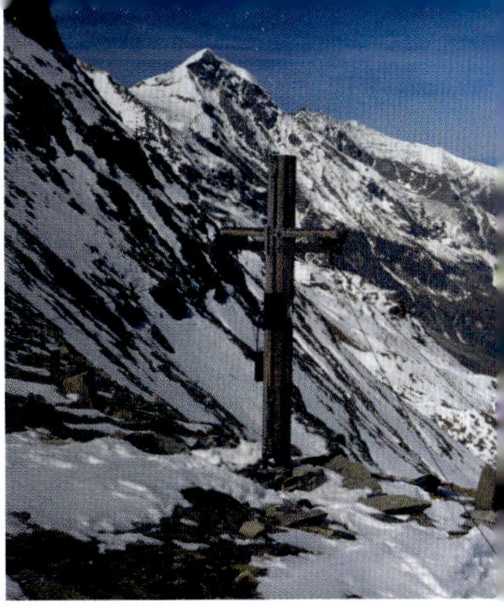

Das Wiesbachhorn im Blickfeld von der Pfandlscharte.

Weiter in Richtung Spielmann überwinden wir vorerst eine kleine Schutthalde und schreiten an Gratblöcken links vorbei. Der durchgehend unschwierige Aufstieg führt auf einen wenig ausgeprägten Vorgipfel mit Steinmann. Aus einer kleinen Gratsenke ersteigen wir eine Felsstufe und bleiben abschließend rechts des Grates. Auf den letzten Metern zum Gipfel des **Spielmann** ❸, 3027 m, hilft ein Stahlseil über die ca. 10 m hohe Felsstufe zum schönen Metallkreuz, den Opfern der Berge gewidmet.
Der nun abzusteigende Nordostgrat beginnt seilversichert, ehe wir an zwei raumhohen Blöcken rechts vorbei und nach 30 Min. zur **Spielmannscharte**, 2869 m, kommen. Der markierte Weg quert den Kloben südseitig, vorbei an Resten vergangener Bergbautätigkeit. Es geht nun auf das Guttalkees in der Westflanke des Brennkogels zu, dessen schwindender, mittelsteiler Eisfleck auch unterhalb umgangen werden kann und einen unbeschwerlichen Gegenanstieg zum **Brennkogel-Südkamm** ❹, 2796 m, verlangt (Steinmänner).

Variante Brennkogel: Wollen wir den Brennkogel mitnehmen, steigen wir von den Steinmännern am Brennkogel-Südkamm hinauf zu P. 2979. Dort kurz hinab in einen Schuttsattel mit kleinem Karsee, ehe wir am blockbedeckten Westrücken zum Gipfelkreuz des **Brennkogels**, 3018 m, ansteigen (Aufstieg am Südkamm 45 Min., Abstieg 30 Min.).

Vom Fuß des **Brennkogel-Südkamms** ❹ steigen wir östlich ab und gelangen über eng gereihte, sanft gerundete Moränen zu einem kleinen See im Bereich der **Brennkogelscharte**, 2634 m, zu Füßen der Bretterspitzen. Auch der Brettersee im Guttal rückt ins Blickfeld. Über zwei Kammhügel wechseln wir ins schattseitige Gehänge der Margrötzenköpfe; weiter auf teils blockreichem Steig zum **Hochtor-Sattel**, 2575 m, mit dem Herrgott in einer Vitrine und Infotafeln. In 15 Min. steigen wir zum **Hochtor-Südportal** ❺, 2504 m, ab.

An den Spielmann reihen sich der Kloben und der Brennkogel mit Guttalkees.

↗ 450 m | ↘ 450 m | 17.7 km

13 Kalser Tauernhaus und Dorfer See, 1935 m

6.00 h

Familien-Wanderweg im Kalser Dorfer Tal

Vor 20.000 Jahren lag das Dorfer Tal unter einer 1000 m dicken Eisdecke. Im nachfolgenden Abschmelzprozess ergossen sich gewaltige Fluten durch das Tal auswärts und formten den relativ weichen Kalkglimmerschiefer in der Daberklamm zu einer tiefen und eindrucksvollen Schlucht. Das Tal selbst wurde schubweise mit Grundmoränen ausgefüllt, in denen der heutige Dorfer Bach in Mäandern seinen Weg sucht. Ein befahrbarer Weg ins Talinnere wurde ab 1950 erbaut, führt an vielen romantisch anmutenden Almhütten vorbei und gilt als Wandererlebnis für Jung und Alt. Der Fahrweg nützt auch den Kalser Bauern mit ihren 30 Almhütten im Dorfer Tal.

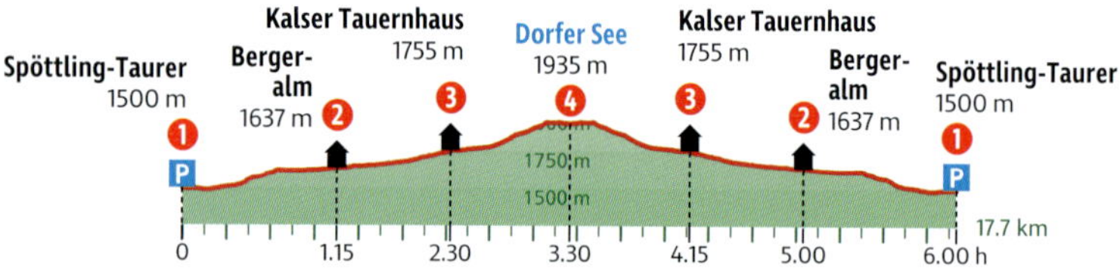

Ausgangspunkt: Kals, Spöttling-Taurer, 1500 m; Parkplatz 200 m vor dem Wanderhotel Taurer.

Anforderungen: Eindrucksvoll und abenteuerlich, unschwierig. Bei Bedarf Ködnitz Taxi, Tel. +43 664 5219089. Mit eine Nächtigung im Kalser Tauernhaus ist die Tour auch für Kinder geeignet.

Einkehr/Unterkunft: Bergeralm, 1637 m, Jausenstation, Ende Mai–Mitte Okt., Kinderspielplatz, Tel. +43 664 3077090, bergeralm-kals.at. Kalser Tauernhaus, 1755 m, DAV-Sektion Mönchengladbach, Anf. Juni–Mitte Okt., 20 Betten, 28 Lager, Tel. +43 664 9857090, kalser-tauernhaus.de.

Das Kalser Tauernhaus im Dorfer Tal.

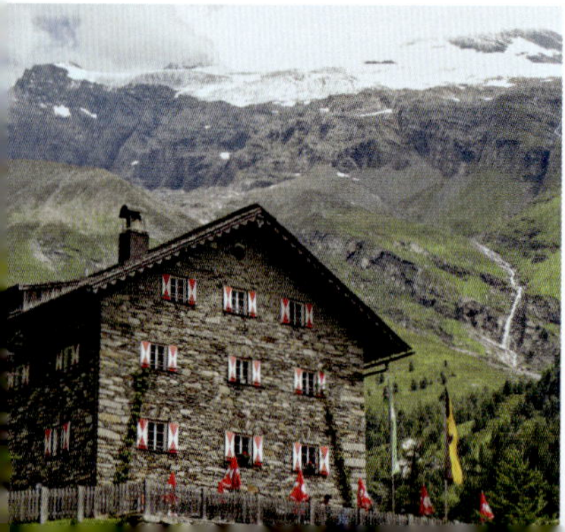

Dorfer See im Hochtal zum Kalser Tauern.

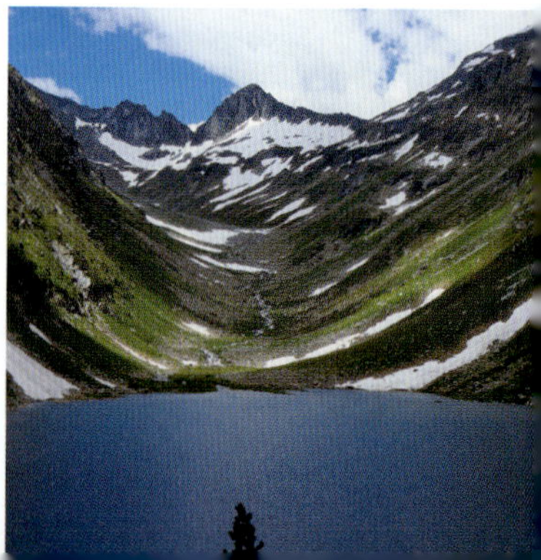

Wir beginnen beim **Parkplatz** ❶ 200 m vor dem **Wanderhotel Taurer** im Talschluss, überschreiten den Teischnitzbach und wandern etwa 15 Min. auf die eindrucksvolle **Daberklamm** zu. In weiterer Folge führt der aus dem Fels gesprengte Weg hoch über dem wild brausenden Bach und hinter schützenden Zäunen durch die Schluchtstrecke, die von einer Aussichtskanzel noch besser einsehbar ist. Nachtdunkle Stollen werden außerhalb begangen. Nach der Daberklamm (45 Min.) erreichen wir die breite, grüne Hochtalsohle mit Lärchenhainen, Bergwiesen und Gebirgsbächen. Die **Bergeralm** ❷ ist vom Ende der Daberklamm in 15 Min. auf der gegenüberliegenden Bachseite zugänglich. Die beschauliche Wanderung über »acht Ebenen« ist nahezu mühlos. Teils uralte Almhütten stehen einzeln oder in kleinen Gruppen beidseitig des Weges. Nahe dem **Kalser Tauernhaus** ❸ überrascht die schmucke, dem heiligen Wendelin geweihte Gedächtniskapelle, der große Gemeinschaftsstall steht einen Steinwurf entfernt.

Zum Dorfer See wandern wir vom Kalser Tauernhaus taleinwärts zwischen mächtigen Lärchen und beidseitig herabstürzenden Bächen. Wir durchschreiten das Feilmoos, ehe sich der Steig zwischen Gesteinstrümmern emporwindet. Den **Dorfer See** ❹ hat ein riesiger Bergsturz auf einer Länge von 511 m aufgestaut und spröde mit Felstrümmern umbaut (1 Std.). Zum Kalser Tauern, dem historischen Übergang zur Rudolfshütte, wären es von hier noch 2 Std. **Abstieg** wie Aufstieg.

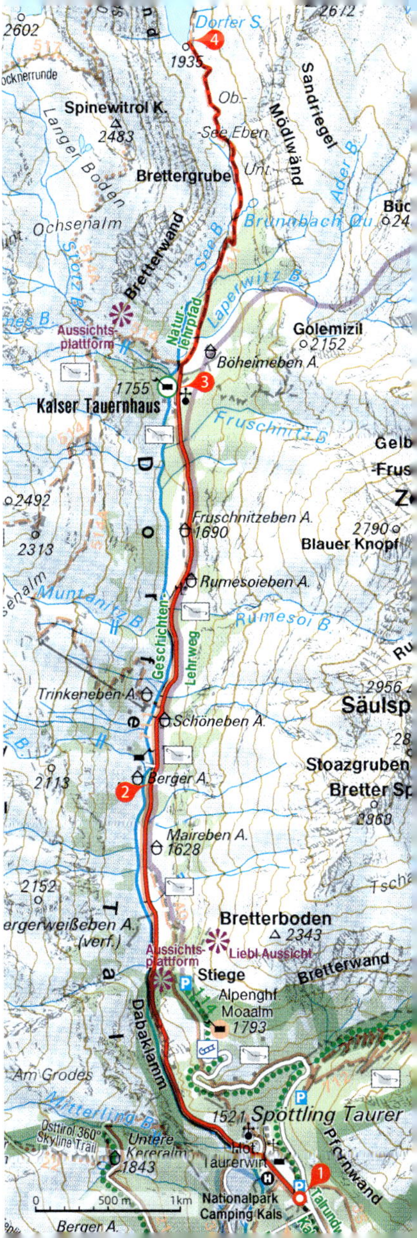

TOP

14

↗ 2350 m | ↘ 2350 m | 24.6 km

Adlersruhe, 3451 m, und Großglockner, 3798 m

2 Tage

Anspruchsvolle Hoch- und Klettertour im Herzen des Nationalparks

Folgen wir dem »Weg« der Erstbesteiger des Großglockners: Er beginnt für uns beim Glocknerhaus an der Gletscherstraße und führt über die Stockerscharte ins Leitertal. Die erste Station gilt der Salmhütte mit abseits befindlichen Resten ehemaliger Stützpunkte am Felsfuß des Schwertecks. Über die Hohenwartscharte erreichen wir die Erzherzog-Johann-Hütte auf der Adlersruhe, der Ostalpen höchsten Stützpunkt. Die erste Ersteigung des Großglockners erfolgte am 28. Juli 1800; seit 1879 ziert das Kaiserkreuz anlässlich des 25-jährigen Ehejubiläums von Kaiser Franz Josef und seiner Gattin Elisabeth den stolzen Gipfel. Und sollte der Gipfelerfolg verwehrt bleiben, so ist auch die Adlersruhe ein beachtenswertes Ziel!

Blick vom Großglockner über den Kleinglockner in die Kreuzeckgruppe.

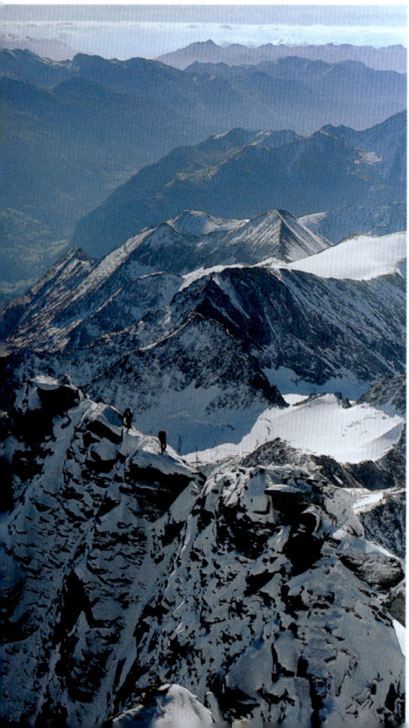

Ausgangspunkt: Glocknerhaus, 2136 m, oder Pasterzenhaus, 2112 m. Zufahrt auf der Großglockner Hochalpenstraße bis Guttal (Kreisverkehr), von dort 8,2 km auf der Gletscherstraße Richtung Kaiser-Franz-Josefs-Höhe. Postbus ab Heiligenblut.

Anforderungen: Hochalpine Bergtour in Fels und Firn mit teils ausgesetzten Stellen. Entsprechende alpine Ausrüstung wie Steigeisen, Pickel und Seil sind unvermeidlich. Bei ungenügender alpiner Erfahrung empfehlen sich Bergführer aus Kals und Heiligenblut.

Einkehr/Unterkunft: Glocknerhaus, 2136 m, ÖAV-Sektion Klagenfurt, erbaut 1876, mehrmals erweitert, generalsaniert 2000–2003. Ältestes Schutzhaus des ÖAV mit historisch wertvoller Bausubstanz, Anf. Mai–Okt., 100 Schlafplätze, Tel. +43 4824 24666, glocknerhaus.net. Salmhütte, 2638 m, erbaut 1926/27 von der Sektion Wien des ÖAV und DAV, erweitert 2018, Juni–Ende Sept., 24 Betten, 24 Lager, Tel. +43 4824 2089, alpenverein.at/salmhuette. Erzherzog-Johann-Hütte auf der Adlersruhe, 3451 m, höchstgelegene Schutzhütte Österreichs, vom Österreichischen Alpenclub 1880 erbaut, mehrmals erweitert, 20. Juni–Anf. Okt., 120 Schlafplätze, erzherzog-johann-huette.at. Im Winter Notlager mit 4 Schlafplätzen für Notfälle.

1. Tag: Glocknerhaus – Adlersruhe
6.15 Std., 1600 Hm Aufstieg, 290 Hm Abstieg, 11,4 km

Vom **Glocknerhaus** ❶ steigen wir auf dem markierten Steig zum **Margaritzen-Stausee** ❷, 2000 m, ab. Wer vom Pasterzenhaus startet, nimmt die Werksstraße, die ebenfalls zum Stausee hinunterführt. Wir überschreiten die zwei jeweils 93 m hohen Möllsperren, die den Abfluss der Pasterze auffangen. Wir beachten dort die Wegtafel in Richtung Stockerscharte zwischen Vorderem und Mittlerem Leiterkopf. Dorthin verläuft der Steig anfänglich in weit ausholenden Schleifen über grasbewachsenes Gelände, dann auf engen, felsgesäumten Kehren, 1.15 Std. vom Glocknerhaus.

Von der **Stockerscharte** ❸, 2442 m, geht es entlang stark geneigter Rasenhänge (Leiten) im leichten Auf und Ab streckenweise seilversichert am

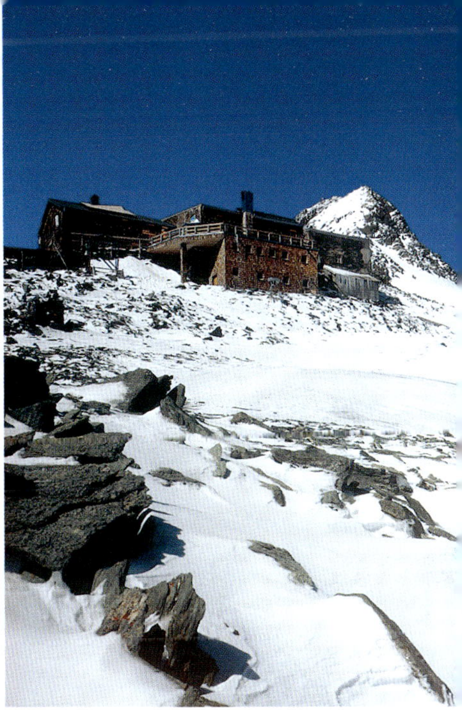

Die große, mehrmals erweiterte Erzherzog-Johann-Hütte auf der Adlersruhe, dahinter der Kleinglockner.

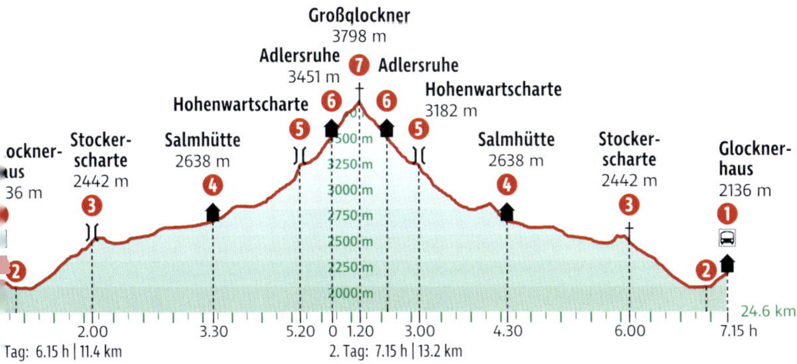

Wiener Höhenweg ins Leitertal und zur **Salmhütte** ❹, 2638 m, mit dem 2018 erfolgten Zubau. Die Hütte steht am Fuß des Schwertecks, an dessen westlichem Wandfuß wir ansteigen. Nach 30 Min. sind zwei im Fels vertiefte, gemauerte Räume aus der Zeit der Erstbesteigungsversuche am Großglockner (um 1800) sichtbar.

Wir erreichen nun den von überlagerten Moränen geprägten Bergkessel zwischen dem Hohenwartkopf und dem Kellerskopf (vereinzelt Stangen und Steinmänner). Dort führt uns die Route auf der linken Seite des schmächtigen Hohenwartkeeses über Schutt oder Schnee empor, wobei Seile, Eisenbügel und Holztreppen den schmalen Schlusshang zur meist mit Schnee bedeckten **Hohenwartscharte** ❺, 3182 m, entschärfen (2 Std. von der Salmhütte). Auf der Kärntner Seite schreiten wir am oberen Rand des Hofmannkeeses aus und schätzen einige Seilsicherungen auf kurzen Felsgratpassagen. Auf der Salmhöhe, 3282 m, sind noch Reste alter Unterstände zu erkennen, und schon längst sichtbar ist die **Erzherzog-Johann-Hütte**, 3451 m, auf der **Adlersruhe** ❻ (1–1.15 Std. von der Hohenwartscharte).

2. Tag: Adlersruhe – Großglockner – Adlersruhe – Glocknerhaus
290 Hm Aufstieg, 2060 m Abstieg, 13,2 km
Weiter zum **Großglockner** (2 Std. bei idealen Bedingungen; Hochtour nur für absolut erfahrene, vollständig ausgerüstete Alpinisten!) geht es

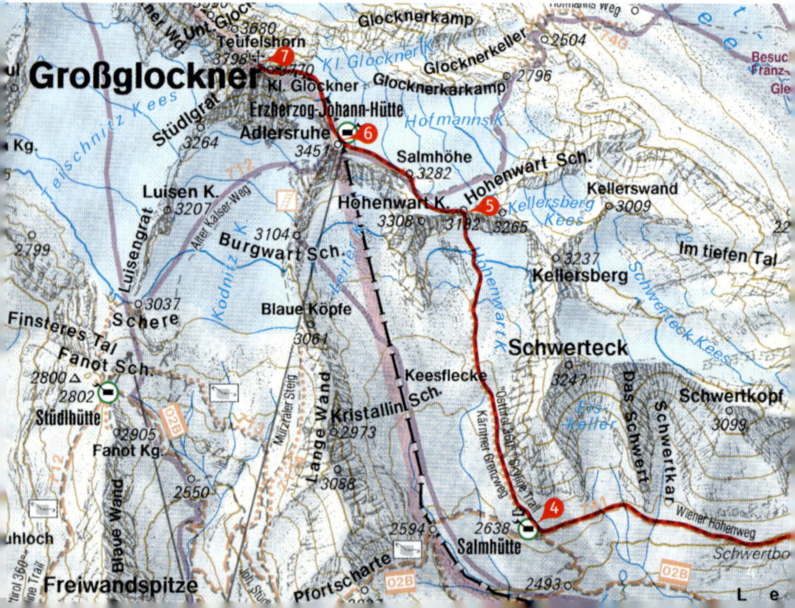

über einen Firnrücken (Steinmann) und weiter am 35° steilen Glocknerleitl hinauf zum Felsfuß des Kleinglockners, wo uns jährlich unterschiedliche Bedingungen erwarten (mehrere Haken). Auf kantigen Blöcken und Felsplatten (Eisenstangen) gelangen wir auf die schmale, ausgesetzte Fels- bzw. Firnschneide des Kleinglockners. Vom höchsten Felspunkt leitet ein fixes Stahlseil hinab in die **Obere Glocknerscharte**, 3766 m, zwischen Klein- und Großglockner. Hat man auch die schmale, ca. 4 m lange, ausgesetzte Schartenkehle überschritten und anschließend ein 5–6 m hohes Felswandl erklettert (II, Haken), folgen noch etwa 1,5 Seillängen zum im Jahre 2000 erneuerten **Glocknerkreuz** 7, 3798 m.

Der **Abstieg** erfolgt auf der Aufstiegsroute. Ein alternativer Steig im Bereich des Glocknerleitls ist in Vorbereitung.

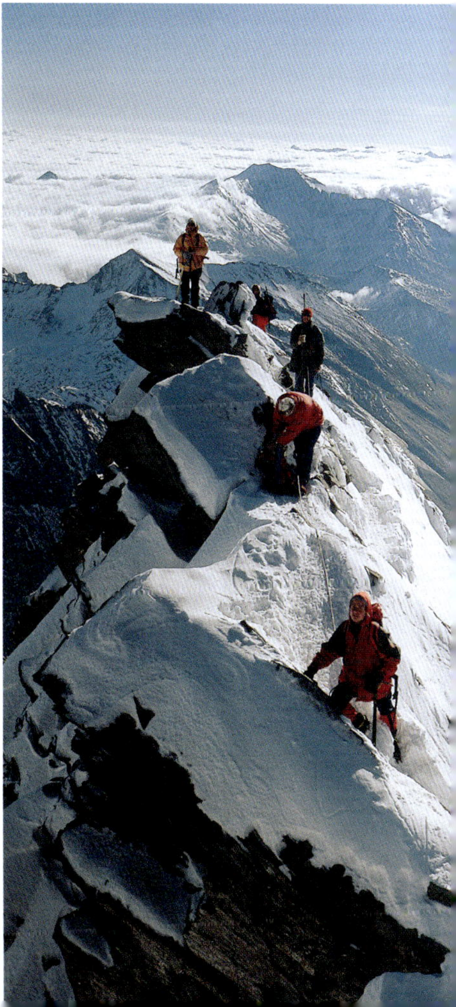

Der Kleinglockner kann witterungsbedingt eine große Wechte tragen, dann wieder völlig ausgeapert sein.

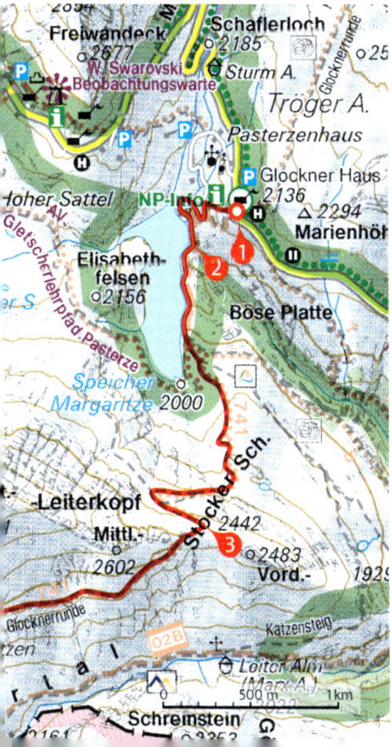

↗ 1700 m | ↘ 1700 m | 23.3 km

15 Salmhütte, 2638 m – Glocknerhaus – Bricciuskapelle

2 Tage

Rundwanderung zu drei Schutzhütten

Die Salmhütte ist nach Graf Salm, Fürsterzbischof von Gurk, benannt. Unter seiner Führung fanden die groß angelegten Expeditionen zur ersten Glocknerbesteigung statt. Die legendäre Bricciuskapelle steht in engem Zusammenhang mit der Kirchengründung und Entstehung Heiligenbluts. Die spätgotische Wallfahrtskirche St. Vinzenz in Heiligenblut existiert seit 1491. Unsere Tour führt zur Salmhütte, zum Glocknerhaus sowie zum Karl-Volkert-Haus.

Ausgangspunkt: Parkplatz Zasch, 1290 m, Gößnitzbachbrücke. Von Heiligenblut (Zentrum) Richtung Ortsteil Winkl (Hadergasse), über die Möllbrücke und am Bauhof vorbei (Wegkreuz), zur Retschitzbrücke und weiter zur Wolfgangkapelle, ca. 2 km. Eine Naturstraße führt noch 400 m weiter zum Parkplatz Zasch und zur Brücke am Gößnitzbach.
Anforderungen: Ausdauer, am Wiener Höhenweg zur Stockerscharte stellenweise Vorsicht beim Gehen wichtig. Markiert, bez. 702, 741. Empfehlenswert nur bei schneefreier Sommer- und Herbstzeit.
Einkehr/Unterkunft: Almsennerei mit Jausenstation auf der Sattelalm. Salmhütte, 2638 m, erbaut 1926/27 von der Sektion Wien des ÖAV und DAV, erweitert 2018, Juni–Ende Sept., 24 Betten, 24 Lager, Tel. +43 4824 2089, alpenverein.at/salmhuette. Alpengasthof Karl-Volkert-Haus an der Großglockner Hochalpenstraße (Gletscherstraße), geöffnet für Bergsteiger und Skitourengruppen von Mai–Okt., Tel. +43 4824 2518, karl-volkert-haus.at. Glocknerhaus, 2136 m, ÖAV-Sektion Klagenfurt, erbaut 1876, mehrmals erweitert, generalsaniert in den Jahren 2000–2003, ältestes Schutzhaus des ÖAV mit historisch wertvoller Bausubstanz, Anf. Mai–Okt., 100 Schlafplätze, Tel. +43 4824 24666, glocknerhaus.net. Pasterzenhaus, mit Sturmglocke.

Der Hohe Sonnblick schaut ins Leitertal.

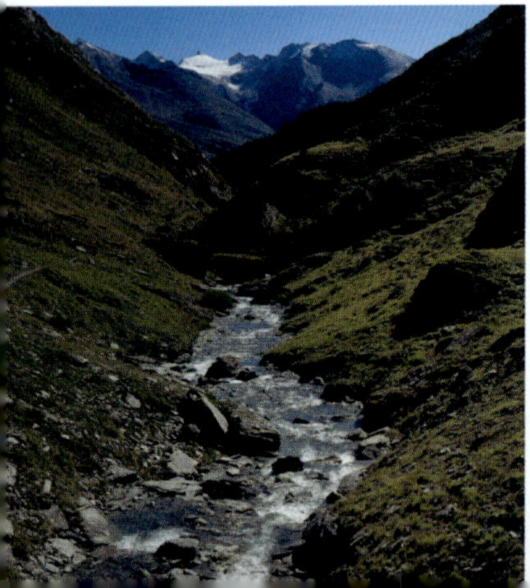

Die sagenumwobene Bricciuskapelle.

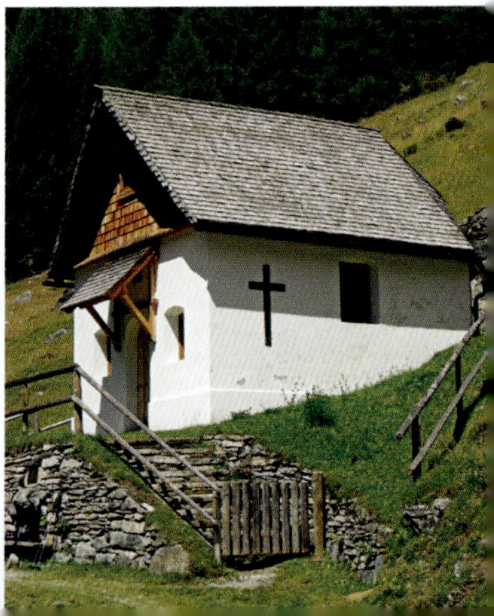

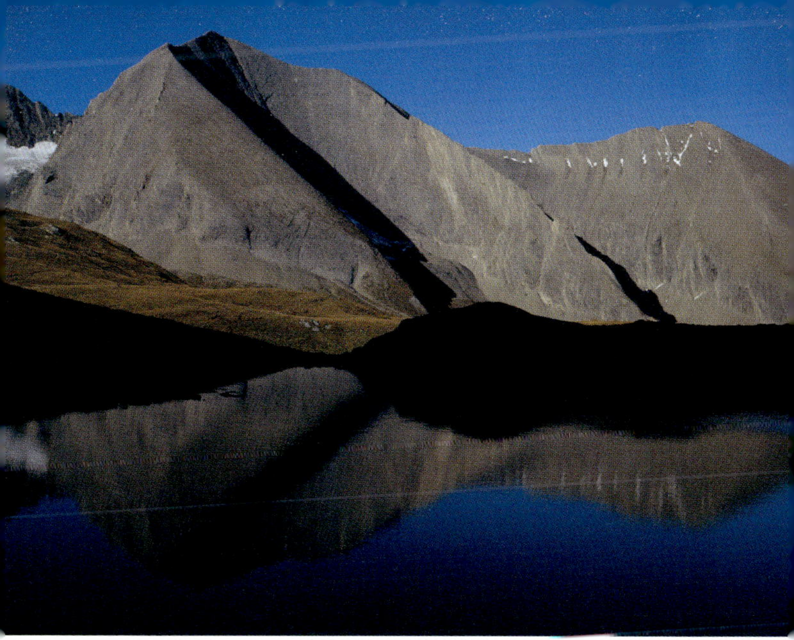

Schwerteck und Schwertkopf (rechts) spiegeln sich im Glatzsee.

Vom **Parkplatz Zasch** ❶ und der Gößnitzbachbrücke folgen wir dem teils steilen Güterweg und sollten etwas später den Blick zum eindrucksvollen **Gößnitzfall** nicht versäumen. Ein aus Dankbarkeit errichtetes Kreuz bezeugt die unfallfreie Wegbauarbeit. Die umzäunte Hütte der **Bruchetalm**, 1554 m, steht einsam auf stark geneigten Bergwiesen (Gedenktafel), die der neue Almweg durchbahnt und wo nach zwei Wegkehren auf die Abzweigung in das Leitertal zu achten ist. Ein schattiger Waldsteig führt zur romantischen **Trogalm** ❷ (1.15 Std.). Die im Jahre 1898 aus Steinen erbaute und in einer Hangmulde geschützt gelegene Almhütte ist allerdings seit Jahrzehnten verwaist. Über einen Steig könnte man hier in die sehenswerte Leiterbachschlucht mit versicherten Steigpassagen absteigen und weiter zur Marxalm und Bricciuskapelle.
Wir überschreiten jedoch kurz nach der Trogalm den Leiterbach und wandern am orografisch linken, vorerst von Fels durchbauten Berghang im Leitertal aufwärts. Oberhalb der Kelag-Bachfassung vermengt sich das Bachrauschen wieder verstärkt mit landschaftlicher Schönheit, in der die gealterte Leiteralm, 2022 m, anschließend die Leiter Ochsnerhütte und später die Berger Ochsnerhütte ungestört vergänglicher, almerischer Betriebsamkeit nachträumen. Vor der steingemauerten **Berger Ochsnerhütte**

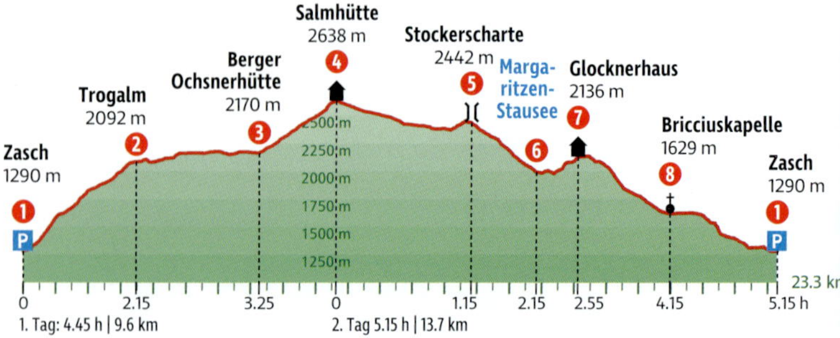

❸ verästelt sich der Steig: Links zweigt der Weg zur Glorer Hütte am Berger Törl ab (1.30 Std.). Rechts geht es nun nordwestwärts über Bergwiesen hinauf zur **Salmhütte** ❹ (4.45 Std. vom Parkplatz Zasch), wo wir übernachten. Am nächtsten Morgen verlassen wir die Salmhütte auf dem Wiener Höhenweg in östlicher Richtung und schreiten vorerst fast eben auf Rasen, dann über schmale Bach- und Felsrinnen zu Füßen von Schwerteck und Schwertkopf aus. Die aus Kalkglimmerschiefer aufgebauten und stark verwitterten Berge hüten in ihren pfadlos zugänglichen Ostflanken den von Stirnmoränen abgedämmten »Eiskeller« und das Schwertkar. Entlang stark geneigter Rasenhänge (Leiten) geht es im leichten Auf und Ab streckenweise seilversichert talauswärts. Auch zur **Stockerscharte** ❺, 2442 m, zwischen Vorderem und Mittlerem Leiterkopf ist noch etwas Aufstieg nötig (Stange, Tafel). Von der Scharte genießen wir die hervorragende Sicht auf die die Pasterze umrahmenden Eis- und Felsgipfel.

Der Abstieg zum **Margaritzen-Stausee** ❻ führt anfänglich auf engen, felsgesäumten Kehren, dann in weit ausholenden Schleifen über grasbewachsenes Gelände hinab zum Gletscherweg Pasterze (1 Std.). Auf der Ostseite des milchtrüben Stausees überschreiten wir die Krone der zwei mächtigen Bogensperren bis hin zu einer Werkshütte. Von dort erfolgt der Aufstieg zum **Glocknerhaus** ❼, 2136 m, wohin abkürzend auch ein markierter Steig führt, während die Werksstraße zum Pasterzenhaus hinlenkt.

Beim **Karl-Volkert-Haus**, 2150 m, verlässt ein Hangsteig die Großglockner Hochalpenstraße talseitig und führt unterhalb der Glockner-Sennerei Knapp-Kaser (Jausenstation) vorbei. Auf Bergwiesenhängen hinab, ehe wir eine mit Latschen abgedeckte Felswand unterhalb passieren. Wo einzelne Lärchen wie Wächter stehen, queren wir die sogenann-

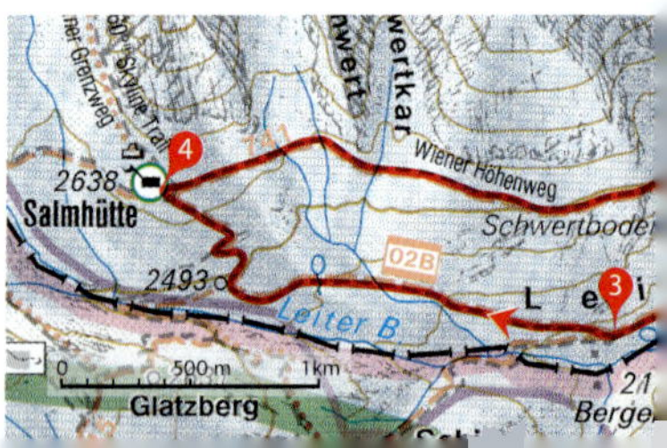

te Böse Platte, eine seilgesicherte, plattige Felszone. Der Flankensteig verläuft teils schmal durch dicht wogende Latschen (Zaun mit Überstieg), bevor wir später den Fensterbach problemlos überschreiten. Zur Rechten begrenzt die Möllklamm den Weg zur Marxalm, wo ein Steig zum Leiterbach-Wasserfall und zur Trogalm abzweigt (Tafeln), während wir in 5 Min. die **Bricciuskapelle** 8, einen sagenumrankten Kraftplatz mit Info-Stelle erreichen.

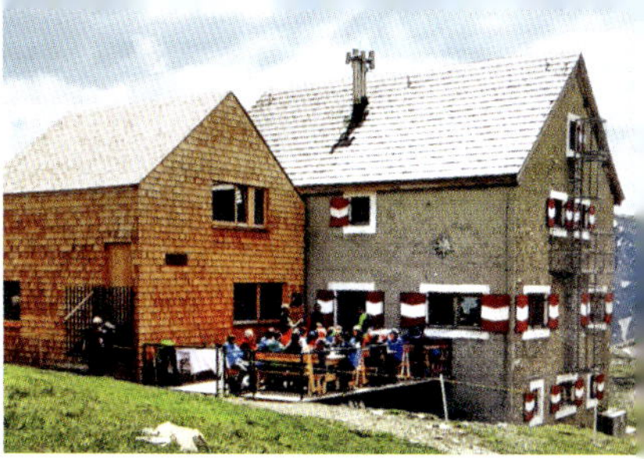

Die 2018 erweiterte Salmhütte.

In weiterer Folge führt der Weg an einigen Hütten und Stadeln vorbei zur Almsennerei und Jausenstation Sattelalm. Einen betörenden Blick über die gewaltige Möllschlucht auf Heiligenblut bietet eine Aussichtskanzel im Bereich des Alpenblumensteiges. Weiter absteigen, an einem Gedenkkreuz vorbei und am links ausscherenden Haritzersteig in Richtung Heiligenblut. Wir bleiben auf den stark fallenden Waldkehren und gelangen in 30 Min. zum **Kräuterwandstüberl**, 1420 m, in Hinterzelen, wo kurz darauf (Tafel) ein Waldsteig mit dem Hinweis »Hollaleitisch« neugierig macht. Wir steigen bis zum Möllfluss ab und steuern die Infotafel »Holder-Leute-Tisch« an – ein Projekt der Bergvolksschule Apriach –, ehe wir den **Parkplatz Zasch** 1 oder 15 Min. später die Kapelle beim Wolfgangbauer erreichen.

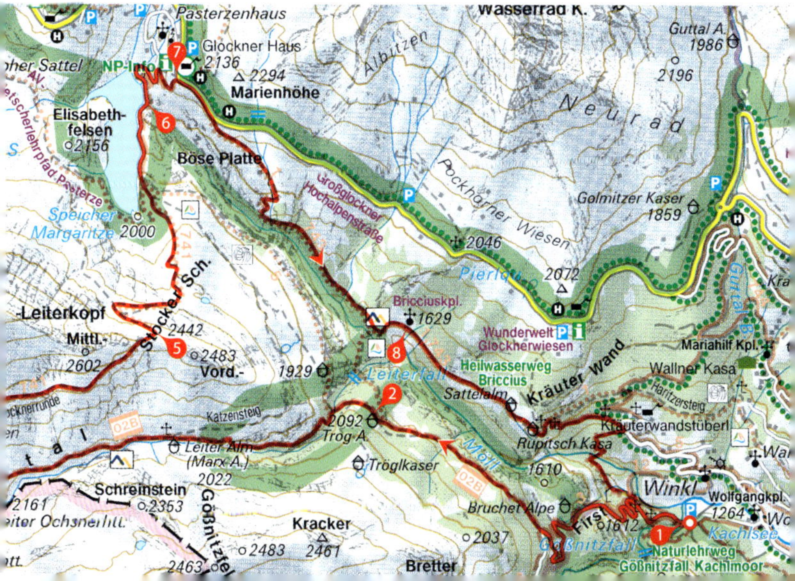

TOP

↗ 1050 m | ↘ 1050 m | 15.4 km

16 Zu den Schutzhütten im Ködnitztal

6.45 h

Wandern in einer der Schatzkammern des Nationalparks Hohe Tauern

Vom Bergsteigerdorf Kals führt die 7 Kilometer lange Kalser Glocknerstraße hinauf ins Ködnitztal (Maut, automatische Schrankenanlage). Im Umfeld des stattlichen Lucknerhauses auf 1918 m Seehöhe parken wir im sogenannten Glocknerwinkel. Dort überrascht das neue Nationalpark-Panoramagebäude mit Serviceanlage und Ausstellungsräumen. Die alpine Höhenwanderung »Glocknerkrone« (6 Etappen, 65 km, 3737 Hm, 33 Gehstunden) passiert die Sudetendeutsche Hütte, Kalser Tauernhaus, Lucknerhütte, Glorer Hütte und Alpengasthaus »Glödis Refugium« im Kalser Lesachtal.

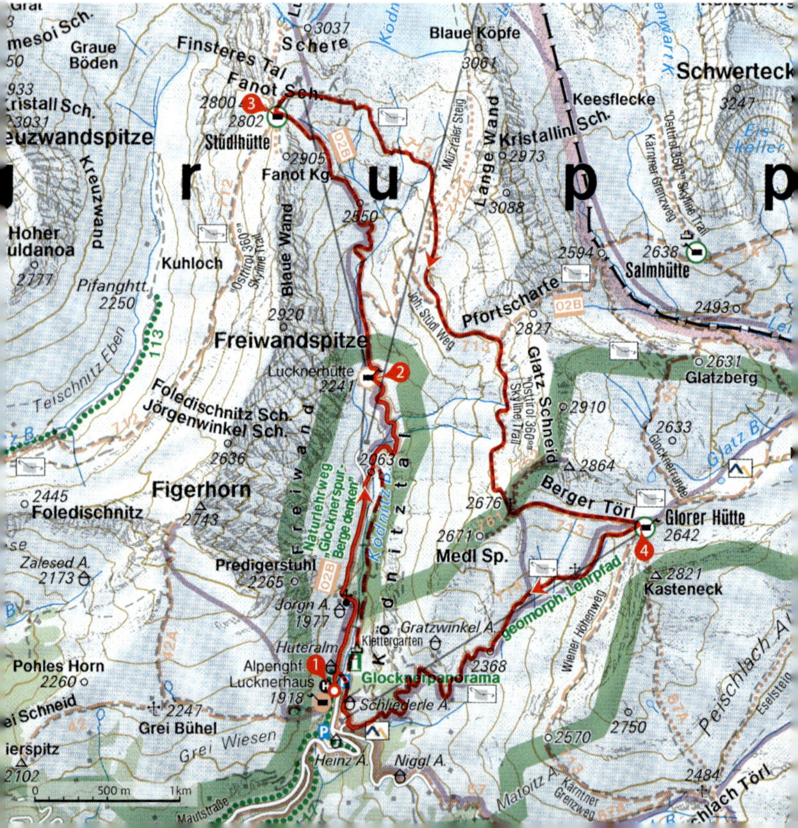

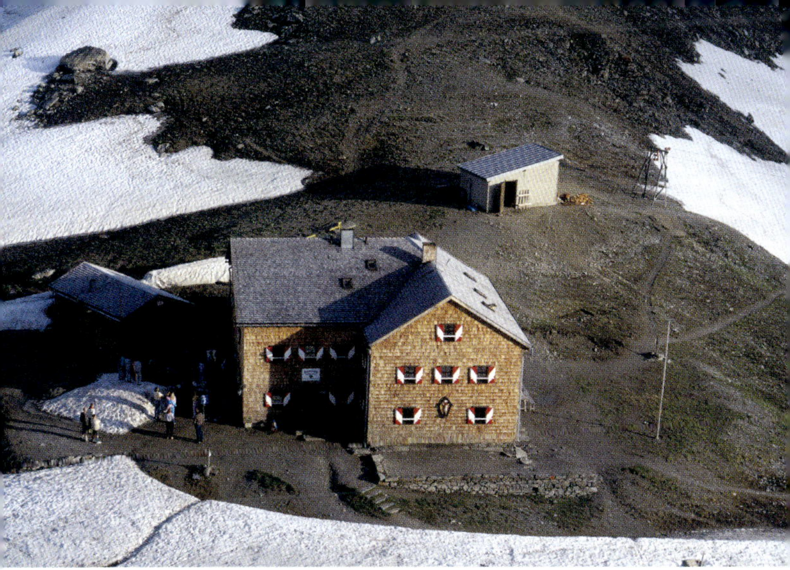

Die Glorer Hütte am Berger Törl zwischen Schober- und Glocknergruppe.

Ausgangspunkt: Parkplatz beim Lucknerhaus im Glocknerwinkel, 1918 m. Anfahrt von Kals über die 7 km lange Kalser Glocknerstraße (Maut).
Anforderungen: Ausdauer und Trittsicherheit im Besonderen entlang der Glatzschneid. Schneefreie Jahreszeit bevorzugen, markiert.
Einkehr/Unterkunft: Lucknerhaus, 1918 m, privat, beliebter Sommer- und Skitourenstützpunkt, 25. Jan.–20. Okt. und 25. Dez.–Anf. Jan., 40 Betten, Tel. +43 4876 8555, lucknerhaus.at. Lucknerhütte, 2241 m, privat, 2017 erneuert, Anf. Juni–20. Okt., 55 Schlafplätze, 3 Dusche-WC-Zimmer, gut ausgestattete 2-, 4-, 6-Bett-Zimmer, Tel. +43 4876 8455, lucknerhuette.at. Stüdlhütte, 2802 m, DAV-Sektion Oberland, erbaut 1868, Neubau 1996, Anf. Juni–10. Okt., 120 Schlafplätze in geräumigen Bettenlagern. Tel. +43 4876 8209, stuedlhuette.at. Glorer Hütte, 2642 m, DAV-Sektion Eichstätt, 1982/84 erweitert und ausgebaut, Anf. Juni–Ende März, Tel. +43 664 3032200, glorer-huette.at.

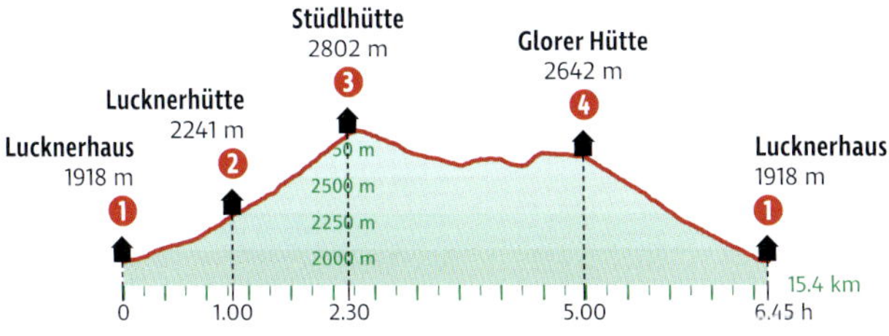

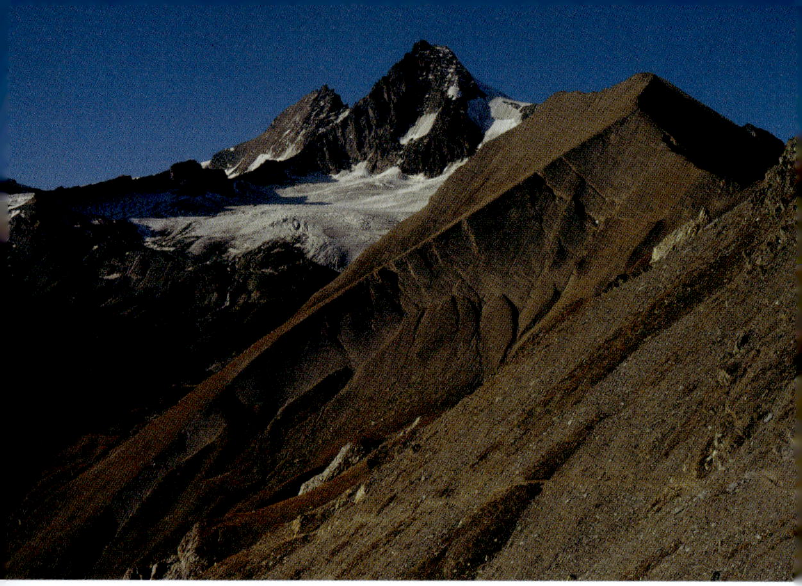

Der Johann-Stüdl-Weg quert die Lange Wand und die Glatzschneid.

Vom **Lucknerhaus** ❶ folgen wir dem Weg (Schranke), der sanft in ein schütteres Lärchenwäldchen ansteigt und an der Jörgnalm, 1977 m, mit hölzernem Ködnitzkirchl vorbeiführt. Wo das flache Sohlenstück im Talschluss endet und ein Steg über den Ködnitzbach leitet, mündet auch der vom Parkplatz ausgehende Themenweg ein (30 Min.; Ködnitztal-Rundwanderweg). Dann am Weg in Kehren hinauf zur **Lucknerhütte** ❷ (1 Std. vom Parkplatz). Etwas alpiner setzt sich die Wanderung in das obere Ködnitztal fort, vorerst dem Ködnitzbach zur Seite, der sich streckenweise in eine kleine Felsschlucht eingräbt und vor der nächsten markanten Talstufe überschritten wird. Eine Verschnaufpause gewähren die sogenannten **Viehböden**, 2550 m (Wegtafeln), ehe sich der Steig an die linke Berglehne schmiegt und mit den letzten Kehren die **Stüdlhütte** ❸, 2802 m, auf der Fanotscharte erreicht (1.30 Std ab Lucknerhütte).

Ab der Stüdlhütte führt der **Johann-Stüdl-Weg** am Schutthang 10 Min. bergan und entlang der Halden zu den Abflüssen aus dem Ködnitzkees. Ein kleiner Bach ist auf einem Brett, ein größerer auf einer Brücke leicht überwindbar. Auffällig ist die markante Seitenmoräne (Gletscherstand 1850), bevor an tieferer Stelle ein weiterer Gletscherbach überschritten wird. Anschließend unterqueren wir die zur Adlersruhe führende, im Dezember 2020 zerstörte und 2021 erneuerte Materialseilbahn und erfreuen uns an der Fels-Schutt-Flora am Felsfuß der Langen Wand. In südlicher Richtung prägen schmale Hangterrassen und zaghaft grünende Moränen den Steigverlauf zur **Pfortkante**.

Dort geht es seilgesichert ein Stück bergan, ehe wir in die steinübersäte Bucht des Pfortwinkels gelangen (1 Std. ab Stüdlhütte). In Richtung Medlsattel gehen wir entlang der Rasenhänge und Schrofenflanken, wo das Landschaftsbild ernster wirkt und es auch steiler ist. Eine »Treppe« hilft über eine Felsstelle und anschließende, dürftig wasserführende Geröllrinnen sind ebenso seilversichert. Nach etwas Auf und Ab queren wir eine markante Schlucht mit einem darin verkeilten hellen Felsblock, ehe wir über Rasen und auf steinigem Hang zum **Medlsattel** ansteigen (Kreuz; 1 Std.). Der im Bergwiesengelände östlich zur **Glorer Hütte** ❹ ziehende Steig lässt die anregende Wanderung gemächlich ausklingen (30 Min.).

Für den Abstieg zum Lucknerhaus verlassen wir die Glorer Hütte an der Nahtstelle von Glockner- und Schobergruppe und steigen auf breiten Rasenhängen das Bergtal am geomorphologischen Lehrpfad ab. Wir unterschreiten die zur Glorer Hütte führende Materialseilbahn gegenüber den vom Kasteneck abfallenden Berghängen und den ihnen zu Füßen liegenden Moränen (Blockgletscher). Ab einem kleinen Unterstand führt ein Karrenweg in Schleifen (Abschneider vermeiden) hinab zur Schliederlealm und weiter am teils baumbeschatteten und von Grünerlen begrenzten Almweg zum Parkplatz beim **Lucknerhaus** ❶ im **Glocknerwinkel**.

Der Glatzsee nördlich vom Berger Törl, in der Ferne leuchtet der Sonnblick.

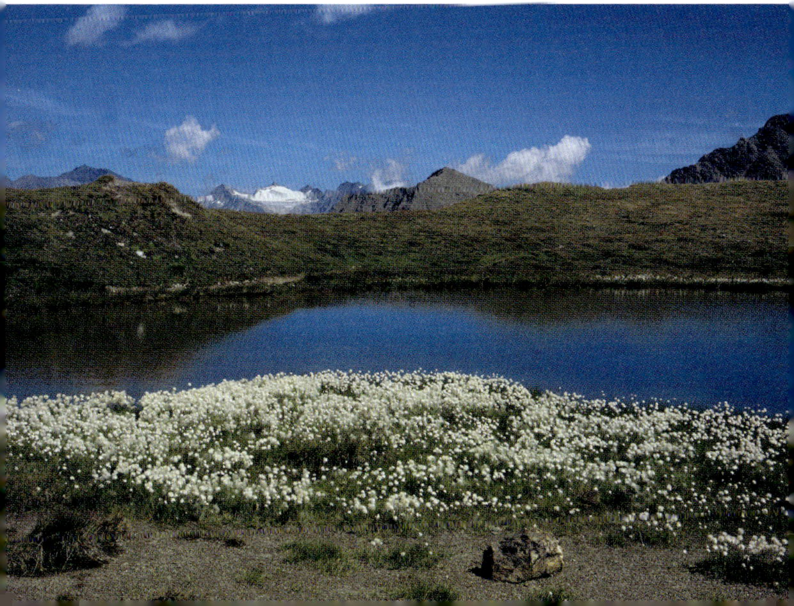

↗ 1430 m | ↘ 1430 m | 25.9 km

17 Rundtour im Gößnitztal und Elberfelder Hütte, 2346 m

2 Tage

Naturdenkmal Gößnitzfall und Landschaftszauber am Langtalseenweg

Den mehrstündigen Weg durch das Gößnitztal wiegen landschaftliche Schönheit und eine artenreiche Flora vielfach auf. Den Talschluss beherrscht mit breitem Felsaufbau der Rote Knopf mit eisglänzendem »Brustfleck«, ein Wandgletscher im Kontrast zum Alpenrosenglühen im sommerlichen Gößnitztal. Wer tiefer in die Geheimnisse des Bergtales eindringen will, dem sei der Langtalseenweg talauswärts empfohlen.

Die hoch im Gößnitztal und am Gößnitzbach gelegene Elberfelder Hütte.

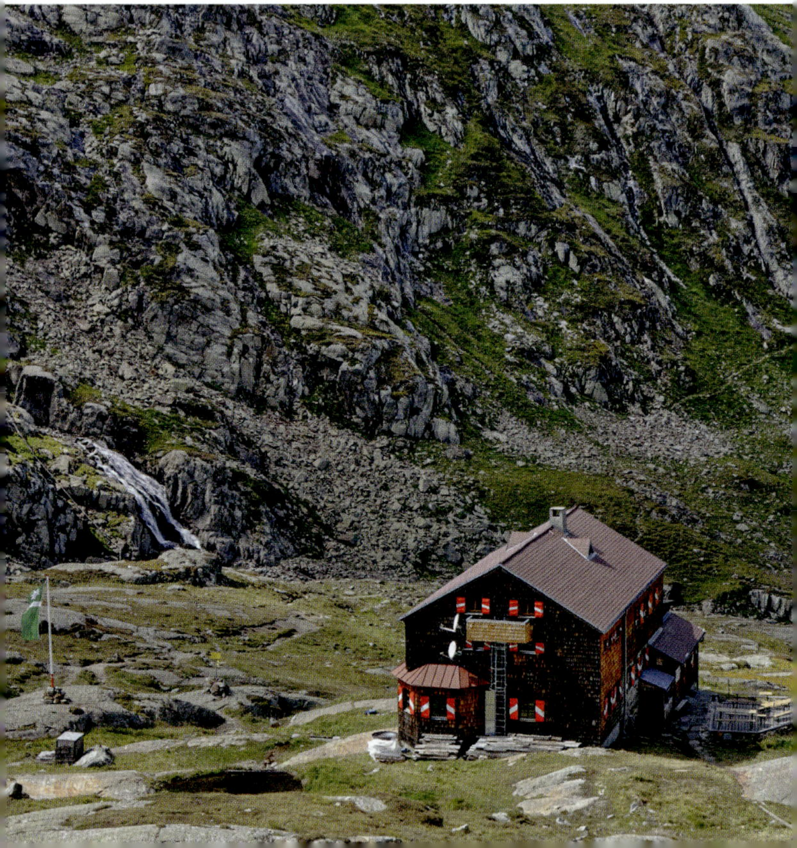

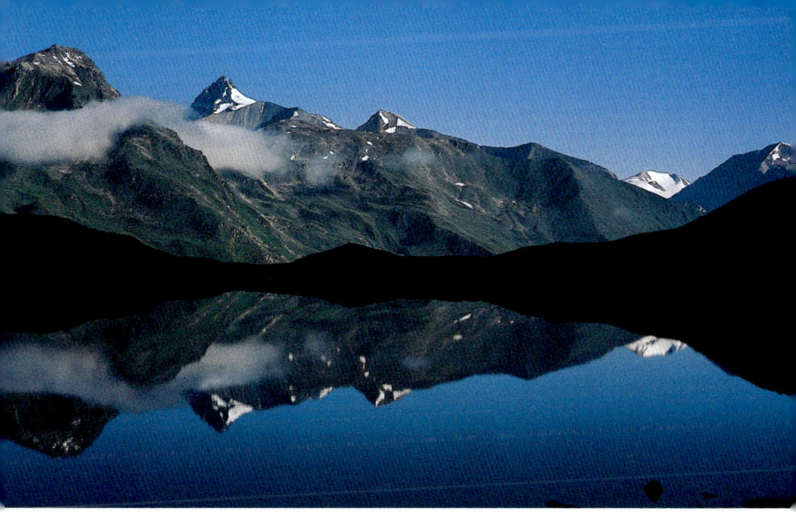

Vorderer Langtalsee am gleichnamigen Höhenweg, mit Blick zum Großglockner.

Ausgangspunkt: Parkplatz Zasch, 1290 m, Gößnitzbachbrücke. Von Heiligenblut (Zentrum) Richtung Ortsteil Winkl (Hadergasse), über die Möllbrücke und am Bauhof vorbei (Wegkreuz), zur Retschitzbrücke und weiter zur Wolfgangkapelle, ca. 2 km. Eine Naturstraße führt noch 400 m weiter zum Parkplatz Zasch und zur nahen Brücke am Gößnitzbach.
Anforderungen: Die Ausdauer erfordernde Wanderung beginnt auf steilem Almweg (Anrainerweg; markiert, bez. 915) bis zur Wirtsbaueralm. Danach Karrenwege und Steige.
Einkehr/Unterkunft: Wirtsbaueralm, 1745 m, Almgaststätte mit Sommerbewirtschaftung, Tel. +43 676 3693485. Elberfelder Hütte, 2346 m, DAV-Sektion Elberfeld, erbaut 1928, erweitert 1983, 1. Juli–15. Sept., 9 Betten, 34 Lager, Winterraum mit AV-Schlüssel, Tel. +43 4824 2545, elberfelderhuette.com.

Vom **Parkplatz Zasch** ❶ ab der Brücke am Gößnitzbach (Tafeln) führt ein steiler Almweg (Schranke) nach mehreren Kehren am Wegmacherkreuz vorbei und am bewaldeten First empor zur **Bruchetalm** ❷, 1554 m (45 Min.). Zwei Wegkehren höher bleiben wir bei der Abzweigung ins Leitertal auf dem Almweg in das großräumige, stille Gößnitztal. Orografisch links der gewaltigen Bachschlucht erreichen wir bei kurzfristig leichtem Gefälle den Bereich der **Wirtsbaueralm** ❸ und den Hinweis zur nahen Wirtsbauerhütte. Am Anrainerweg übersetzen wir den Gößnitzbach und erreichen ein neues Stallgebäude mit Parkplatz für Fahrberechtigte (Gatter).
Weiter bergan dient uns ein Karrenweg, der zwischendurch steile Wald- und freie Berghänge quert. Eine allein stehende Almhütte bleibt fast unbemerkt, dagegen ist der von der Rahnscharte kommende Bach auffälliger und auf Steinen leicht überschreitbar. An heißen Tagen schätzen wir den

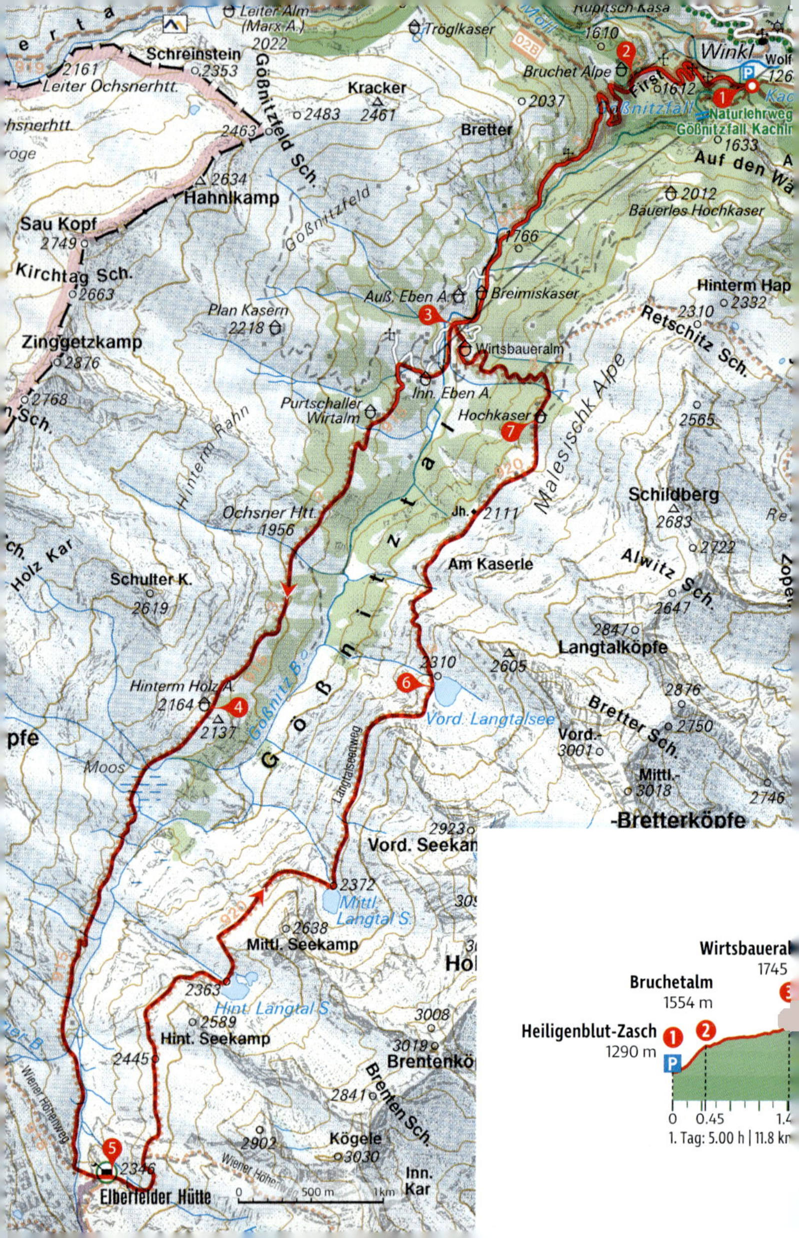

Leiter Alm (Marx A.) 2022
Tröglkaser
Schreinstein 2353
2161 Leiter Ochsnerhtt.
Goßnitzfeld Sch.
Kracker 2461
2483
2463
Bruchet Alpe
1610
2037
Bretter
Winkl
Gößnitzfall
Naturlehrweg Gößnitzfall Kachlmoor
1612
1633
Auf den Wä
2012 Bäuerles Hochkaser
2634 Hahnlkamp
Goßnitzfeld
Sau Kopf 2749
Kirchtag Sch. 2663
1766
Auß. Eben A.
Breimiskaser
Hinterm Hap 2332
2310
Retschitz Sch.
Plan Kasern 2218
Wirtsbaueralm
Zinggetzkamp 2876
2768
Inn. Eben A.
Purtschaller Wirtalm
Hochkaser
Malesischk Alpe
2565
Hinterm Rahn
Ochsner Htt. 1956
Jh. 2111
Schildberg 2683
2722
Am Kaserle
Alwitz Sch. 2647
Holz Kar
Schulter K. 2619
2847
Langtalköpfe
2310
2605
Vord. Langtalsee
Hinterm Holz A. 2164
2137
Goßnitz B.
2876
2750
Bretter Sch.
Vord.- 3001
Mittl.- 3018
2746
Moos
Gößnitztal
Langtalseenweg
-Bretterköpfe
2923
Vord. Seekam
2372
Mittl. Langtal S.
2638
Mittl. Seekamp
2363
Hint. Langtal S.
2589
Hint. Seekamp
3008
3019
Brentenkö
2445
2841
Brenten Sch.
Wiener Höhenweg
2902
Kögele 3030
Inn. Kar
2346
Elberfelder Hütte
0 500 m 1 km
Wirtsbaueral
1745
Bruchetalm
1554 m
Heiligenblut-Zasch
1290 m
0 0.45
1. Tag: 5.00 h | 11.8 km

schattigen Zirbenwald und den erneuerten Steig entlang einer lockeren Blockhalde. Bald darauf ist die erneuerte **Hinterm-Holz-Alm** 4, 2164 m, erreicht, als Gößnitzer Ochsenalm war sie Alm des Jahres 2012. Hier öffnet sich über letzten kleinen Zirbenhainen der Talschluss, den der Rote Knopf, 3281 m, mit eisigem Brustpanzer mächtig überbaut.
Ein leichtes Auf und Ab fordern begrünte Hangkanten, ehe der Steig bis zur einsamen Hirtenhütte kurzzeitig verflacht. Den Tramerbach überschreiten wir auf einer Brücke, den viel kräftigeren Gößnitzbach queren wir auf einem schmalen Steg mit Seilgeländer. Mit einer Kaskade durchdringt der brausende Gletscherbach die Stille. Kurz darauf ist unser Nachtquartier, die **Elberfelder Hütte** 5, erreicht.
Am nächsten Morgen folgen wir von der Hütte dem landschaftlich überaus schönen **Langtalseenweg** rechts des Hornbaches in östlicher Richtung. Wir gelangen in ca. 8 Min. zum Wasserschloss und wenden uns nach einem kurzen Aufstieg talauswärts (Tafel). Um den Gratausläufer des Hinteren Seekamp erreichen wir den olivgrünen **Hinteren Langtalsee**, 2363 m, der den geräumigen Bergtrog nur halb ausfüllt (30 Min.). In den Bergflanken des Mittleren Seekamp sind vereinzelt steile Schneerinnen mit Vorsicht und Felsrippen oder Blockhalden unschwierig zu überwinden. Zum **Mittleren Langtalsee**, 2372 m, ist ein kleiner Aufstieg nötig. Bald schon wird das Gößnitztal bis in den Bereich der Wirtsbaueralm überschaubar. Ein seilgesicherter Steigabschnitt führt abwärts und wird von einem Schuttfeld abgelöst, das bei etwas Steigung bis nah an den **Vorderen Langtalsee** 6, 2310 m, das größte der drei Bergaugen, heranreicht (ca. 1.45 Std. von der Elberfelder Hütte). Nachdem man den kräftigen Abfluss auf einer lockeren Steinkrone überschritten hat, fällt der Steig spürbar ab und führt an einem Hüttlein vorbei. Später versteckt sich eine Jägerhütte im lockeren Zirbenwald, während wir an den vereinzelten Almhütten des **Hochkaser** 7 vorbei und weiterhin talauswärts gehen. An bezeichneter Stelle senkt sich der Steig hinab zur **Wirtsbaueralm** 3 (ca. 1 Std.), wo der hochalpine Teil unserer Wanderung endet. Weiter zum **Parkplatz Zasch** 1 auf der vom Aufstieg bekannten Route.

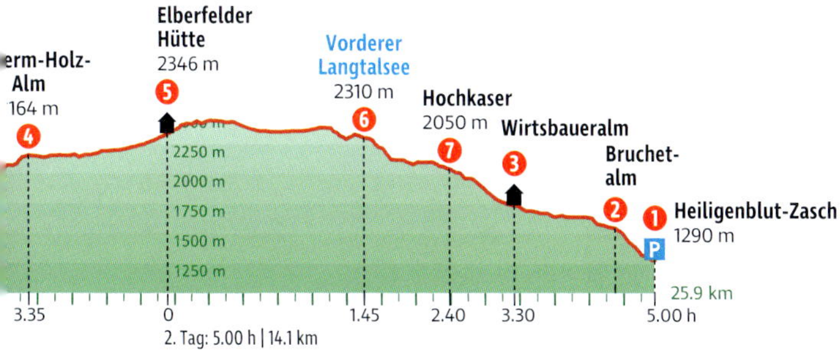

↗ 1130 m | ↘ 1130 m | 10.8 km

18 Nationalpark-Rundwanderung zum Gartlkopf, 2458 m

6.00 h

Das Gartltal in der östlichen Schobergruppe

Der Ausgangspunkt, der Bergbauernweiler Ranach (s. Bild Seite 93), besteht aus zwei Paarhöfen und einigen Neubauten. Die Anna-Kapelle feiert den jährlichen Gottesdienst am 26. Juli (Anna-Tag). Das Gartltal gilt als das unauffälligste unter den aus der Schobergruppe ostwärts ins Mölltal abfließenden Bergtälern. Den Besuch belohnt die weitgehende Unberührtheit und ein mäßig schwieriges Gipfelziel mit großartiger Aussicht.

Das Wetterkreuz, die Scheitelstelle am Rundwanderweg.

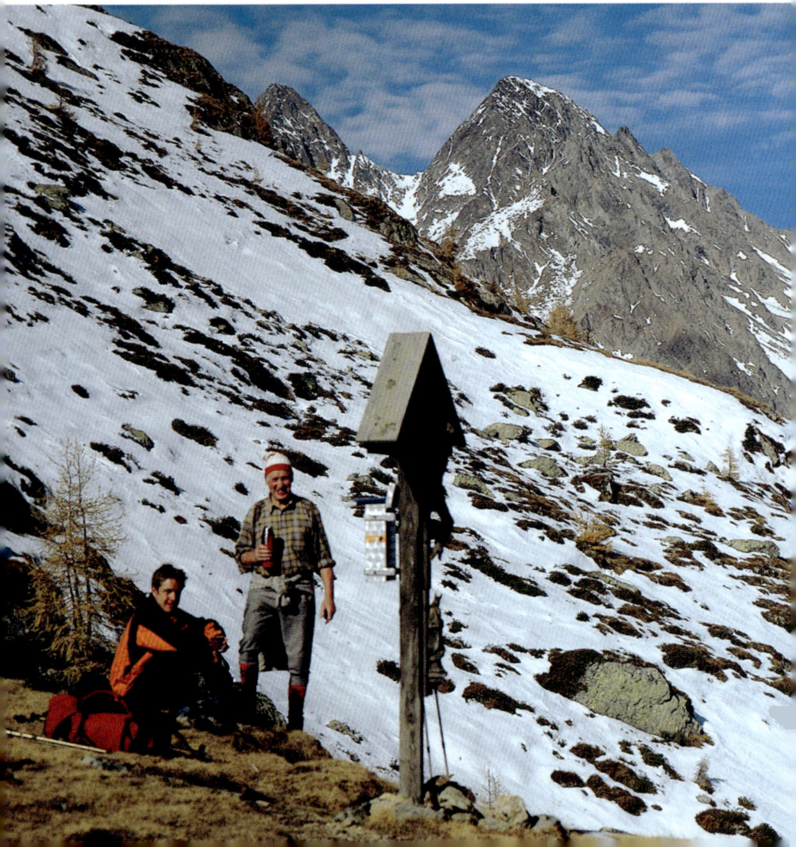

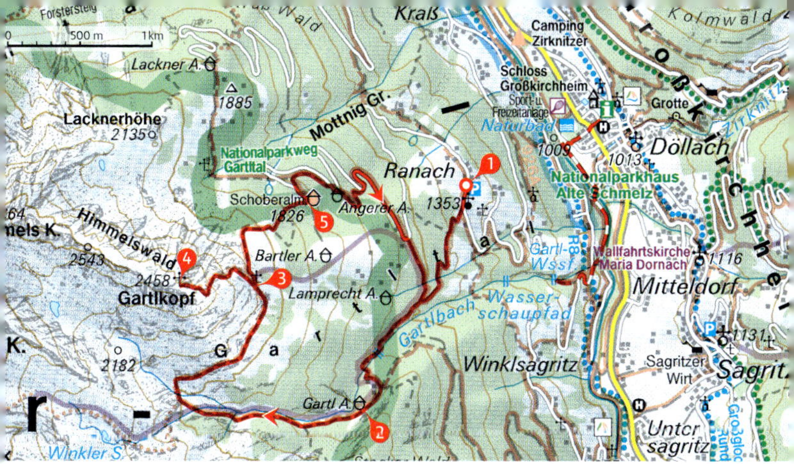

Ausgangspunkt: Ranach, 1353 m, ein kleiner Bergbauernweiler. Vom Döllacher Dorfzentrum 0,5 km nach Nordwesten (möllaufwärts) und über den Ortsteil Kraß auf asphaltiertem Güterweg nach Ranach, 3 km. Parkplatz, NP-Infotafeln.
Anforderungen: Im Almenbereich leicht, zum Gartlkopf an einigen Stellen Trittsicherheit erforderlich, markiert, teils steil.
Einkehr: Schoberalm, 1826 m, Jausenstation, keine Nächtigung, Tel. +43 4825 401.
Tipp: Kurzwanderung zum Gartlwasserfall: Dorthin geht es von Großkirchheim ab dem Feuerwehrhaus an der Bundesstraße in Richtung Winkel Sagritz. Wir überqueren nach einem Sägewerk die Möll und erreichen flussabwärts das gelb gefärbte Haus Nr. 2 (20 Min.). Dort leicht ansteigend zum nahen Parkplatz knapp vor der Radmühle am Eingang zum Gartlwasserfall. In 15 Min. am Familiensteig oder etwas sportlicher am Wassersteig zum Naturschauspiel mit »Urschreibecken« und Stockmühle. Diese Wanderung ist auch für Kinder ein großes Erlebnis!

Vom Parkplatz auf **Ranach** ❶ bei den Nationalpark-Informationstafeln führt der Almweg (Moosgrabenweg, bez. 926) mit 6 Kehren im Wald bergan und verzweigt sich bei einer Rastbank nach ca. 25 Min. (nach rechts zur Schoberalm, 1 Std., bez. 926). Wir wählen den linken, in Bachnähe wei-

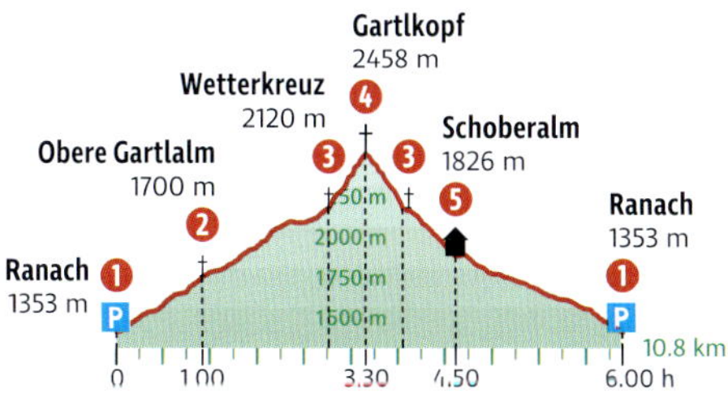

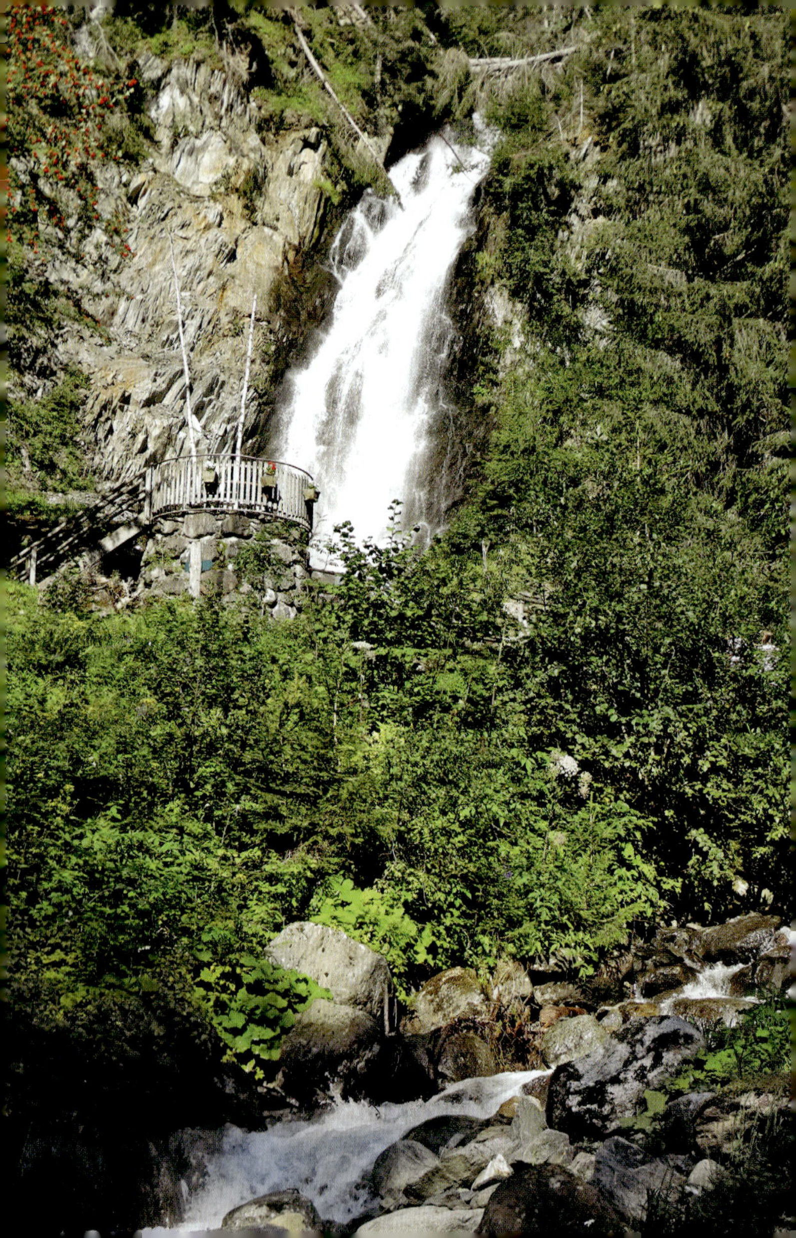

terführenden Almweg, der später an einer Bachschlucht vorbeiführt (Geländer). Es folgt ein kurzer, ebener Almboden mit moosbedeckter Schupfe. Wir überschreiten den Gartlbach auf die linke Seite und gelangen zur Unteren Gartlalm mit einer Jagdhütte. Auf einem urigen, teils historischen Pflasterweg erreichen wir die von einem Kruzifix bewachte **Obere Gartlalm** ❷, 1700 m, 1 Std. von Ranach.

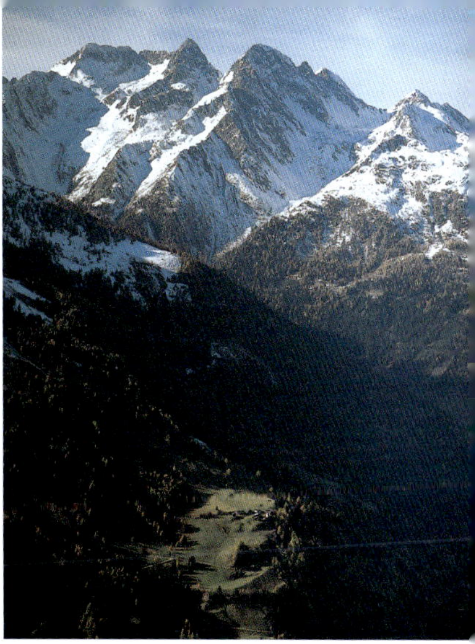

Der Weiler Ranach, darüber ragen Hohes Beil (links), Karlkamp und Hoher Bretterkopf auf.

Vom Bachrauschen begleitet steigen wir zwischen Blöcken und Lärchen mäßig steil ins idyllische Fleckmoos an, 1985 m, ein unberührtes Feuchtgebiet im Gartltal. (Hier weisen Tafeln über die Relischscharte, 2790 m, zum das Tal beherrschenden Großen Friedrichskopf, 3134 m, der Geübten auf teils versichertem Südgrat vorbehalten bleibt.)
Wir wenden uns nach Norden und umschreiten nach einem Gatter einen mit Lärchen bestockten eisgeformten Riesenblock, ehe wir bei sanfter Steigung das **Wetterkreuz** ❸, 2120 m (Buch), erreichen (1.30 Std.). Bereits hier überrascht eine vorzügliche Aussicht, die der Gartlkopf noch zu übertreffen vermag. Zum **Gartlkopf** führt uns ein Pfad im relativ groben Gelände, wo auch ein kurzes Drahtseil und etwas später zwei Seilschlingen hilfreich sind. Wir umschreiten die schwach ausgeprägte, felsgebaute Hangkante gegen Süden und gelangen auf Rasen und über Blöcke zum **Holzkreuz** ❹ mit Buch und Stempel (1 Std.).
Wir steigen wieder zum **Wetterkreuz** ❸ ab und weiter in Richtung Schoberalm. Dorthin holt der Steig nördlich aus und senkt sich dann im Lärchenwald tiefer. Bald bewundern wir ein urtümliches Lärchenexemplar, dem Fachleute ca. 500 Jahre zuerkennen. Der teils blockige Steig windet sich in Kehren abwärts, ehe der Forstweg gequert wird und die umzäunte **Schoberalm** ❺ zur Rast einlädt (Brunnen, Gedenkkreuz).
Hinab nach Ranach folgen wir dem Almsteig. Nach etwa 20 Min. beachten wir in einer Fahrweg-Linkskehre (Bank) die nach Ranach zeigende Tafel. Wir kommen wieder zur eingangs erwähnten Wegverzweigung, wo 6 Wegkehren hinab zum Parkplatz südlich des Weilers **Ranach** ❶ führen.

Der Gartlwasserfall (Variante), ein interessantes und auch für Kinder spannendes Ziel.

TOP 19

↗ 1450 m | ↘ 1450 m | 14.6 km

Gradental, Adolf-Noßberger-Hütte und Keeskopf, 3081 m

8.30 h

Seenpracht im Schoß namhafter Dreitausender

Obwohl zur Gradenalm ein befahrbarer Weg führt, sind dieses Bergtal und der Bereich um die Adolf-Noßberger-Hütte weitgehend unberührt geblieben. Einen ganz besonderen Zauber üben die felsgebetteten, unterschiedlich gefärbten Bergseen aus, unter denen insbesondere der türkisgrüne Große Gradensee eine wahre Augenweide ist. Bei dieser Tour wandeln wir auf den Spuren Adolf Noßbergers, einem Erschließer der Schobergruppe.

Ausgangspunkt: Nationalpark-Parkplatz Gradental, 1640 m (etwas unterhalb der Gradenalm, 1707 m). Beim Marienkirchl in Putschall (neben dem Gradenwirt an der Bundesstraße) zweigen wir in das malerische Gradental ab. Eine Naturstraße führt hinauf zum ummauerten Parkplatz nahe der Gradenalm (2 Gehstunden von Putschall).
Anforderungen: Bei guten Bedingungen mäßig schwierig, dennoch Trittsicherheit im alpinen Gelände erforderlich, sowohl im Anstieg am Seenplattenweg (Noßberger Weg) als auch im Abstieg am Tierleitenweg (Rudl-Eller-Weg). Dies gilt auch für den Anstieg zum Keeskopf im oberen Bereich.
Einkehr/Unterkunft: Adolf-Noßberger-Hütte, 2488 m, erbaut 1931 von der ÖAV-Sektion Wiener Lehrer, derzeit Alpenverein Edelweiß, Mitte Juni–Mitte Sept., 9 Schlafplätze (Zimmer), 38 Lager, Klettergarten, Tel. +43 676 4966931, nossberger.at.

Keeskopf: am Ostgrat zum Hausberg der Adolf-Noßberger-Hütte.

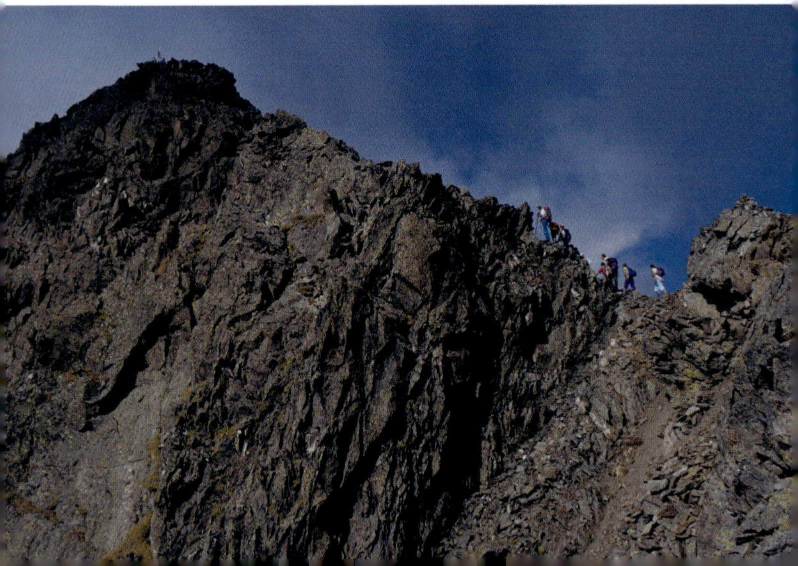

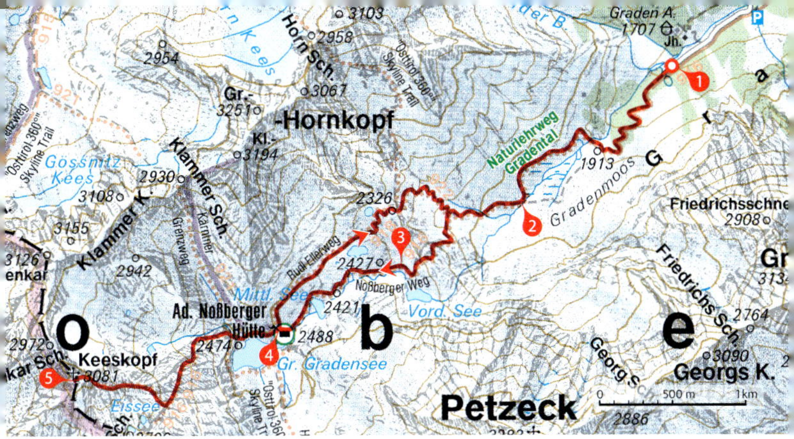

Vom **Parkplatz Gradental** ❶ führt ein noch breiter Weg in 10 Min. zum »Kirchtagsplatzl« in der Nationalpark-Kernzone (Wassertrog, Naturlehrweg Gradental). Vom zauberhaften Bergtal berührt, steigen wir in ein lichtes Lärchenwäldchen auf (Bank) und nähern uns einer breiten Geröllrinne (Gatter), ehe wir bei Tisch und Bänken in das bergumstellte, von Wasser umrauschte und von Pastellgrün durchflutete Gradenmoos schauen. Auf einer Holzbrücke überqueren wir den Wasserfall (Unterstand) und wandern dann am rechten Rand des weithin ebenen, von Tümpeln und Eisenhut gezierten **Gradenmooses** ❷ auf die große, vom Wasser silbern überflossene Talstufe zu.

Wir kommen an mit Latschen bewachsenen Felsköpfen vorbei und gelangen anschließend über eine Geröllrinne und 200 m über dem Gradenmoos zu einer Steigteilung (1.30 Std.): links (südwestlich) am **Seenplattenweg** über die Steilstufe empor zur Adolf-Noßberger-Hütte oder rechts, in nordwestlicher Richtung am Tierleitenweg zur Hütte (je 1.30 Std.). So bietet sich ein Rundweg an: Im Aufstieg überwinden wir die große Talstufe am Seen-

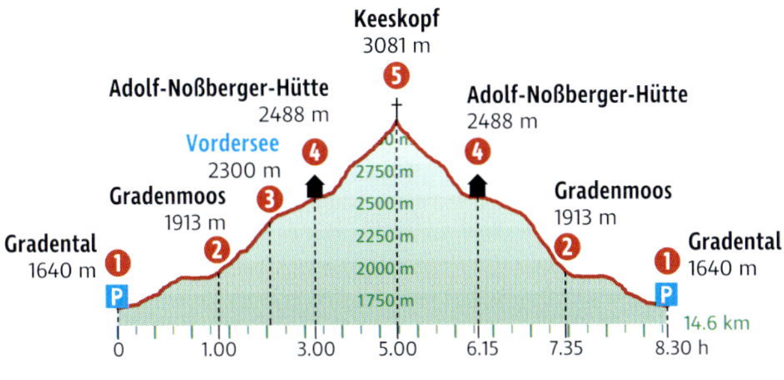

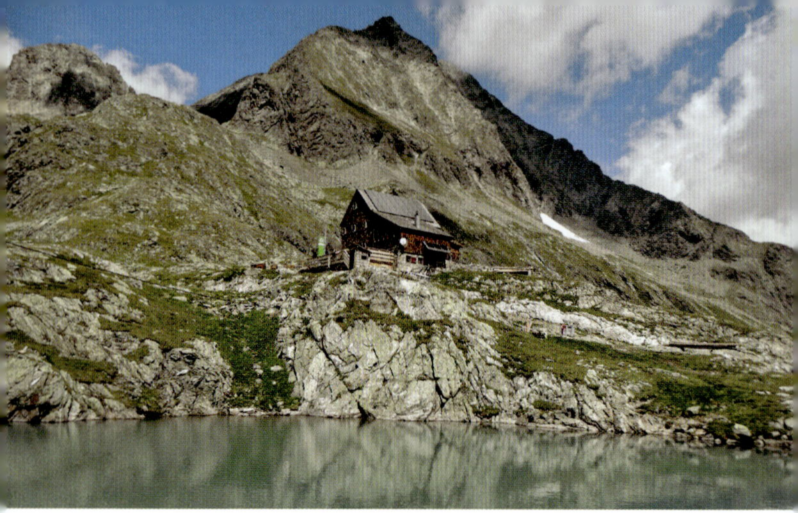

Adolf-Noßberger-Hütte im Gradental, überragt von den Hornköpfen.

plattenweg und nähern uns am Kehrensteig dem olivgrünen **Vordersee** ❸ (Steinmann), den ein felsgebetteter Zufluss nährt. Über Gletscherschliffe aufwärts gelangen wir zum trübgrünen Mittersee, 2421 m, wo die Zeit angesichts der flaumigen Wollgrasblüten und der in den Himmel ragenden Gipfel des Georgs- und Friedrichskopfs still zu stehen scheint. Weiter zur nahen Adolf-Noßberger-Hütte gehen wir neben dem Bach, entlang von Gletscherschliff, weichen Moosbeeten und kleinen Sandbänken, bis hin zur nahen, auf Fels gebauten **Adolf-Noßberger-Hütte** ❹, 2488 m, am Nordostufer des Großen Gradensees.

Weiter in Richtung Keeskopf schreiten wir nördlich am **Großen Gradensee** entlang und bei Wegtafeln über seinen Zufluss (zur Klammerscharte rechts, Niedere Gradenscharte links). Wir wählen den linken Weg und steigen ca. 20 Min. über Rasen- und Felsbänke empor (Steinmann), weiterhin südwestlich zwischen Rasen und Gletscherschliff aufwärts (Markierungspfeile). Auf schmalen Hangabsätzen schillern vereinzelt fels- und moosumfasste Tümpel, während die vom Gletscher großräumig geschliffenen Felsparkette die Landschaft prägen. Unsere bisher dicht markierte Route wendet sich der Niederen Gradenscharte zu, doch gilt es, etwa 10 Min. vor dem Übergang den Hinweis zum Keeskopf zu beachten (Steinmann, Tafel).

Dorthin reihen sich kleine Steinmänner, bevor wir uns auf Gletscherschliffen, Schuttbändern und Felsstufen aus östlicher Richtung und ohne ernsthafte Kletterstellen dem **Keeskopf** ❺ nähern (derzeit locker markiert). Nahe dem Gipfel formt sich das Gelände gratähnlich, und Steigspuren bzw. Schuttpfade verbinden von Block zu Block bis zum Gipfelkreuz (Buch).

Vom Gipfel geht es auf bekanntem Weg zurück zur **Hütte** ❹, hinab ins Tal wählen wir dann den **Tierleitenweg**, der vorerst flach zu Füßen der Hornkopf-Südostflanke talauswärts verläuft und bald an der Schwarzen Lacke vorbeiführt. In Kehren hinab zur Steiggabel: Zur Hornscharte zweigt der Rudl-Eller-Weg links ab (bez. 918), während wir rechts seilgesichert, über zehn Kehren vorsichtig eine Felsstufe ins Gradental absteigen. Nach der erwähnten Felsstufe folgt ein steingarnierter, von einem markanten Bachgraben begrenzter, mittelsteiler Berghang, wo sich nach 30 Kehren die Rundtour ca. 200 m oberhalb des **Gradenmooses** ❷ schließt.
Vom Erreichen der Aufstiegsroute sind es zurück zum Ausgangspunkt am **Parkplatz Gradental** ❶ noch gute 60 Min.

Rechts des Großen Gradensees duckt sich klein die Adolf-Noßberger-Hütte. Darüber die Klammerscharte mit Klammerköpfen und Kleinem und Großen Hornkopf (rechts).

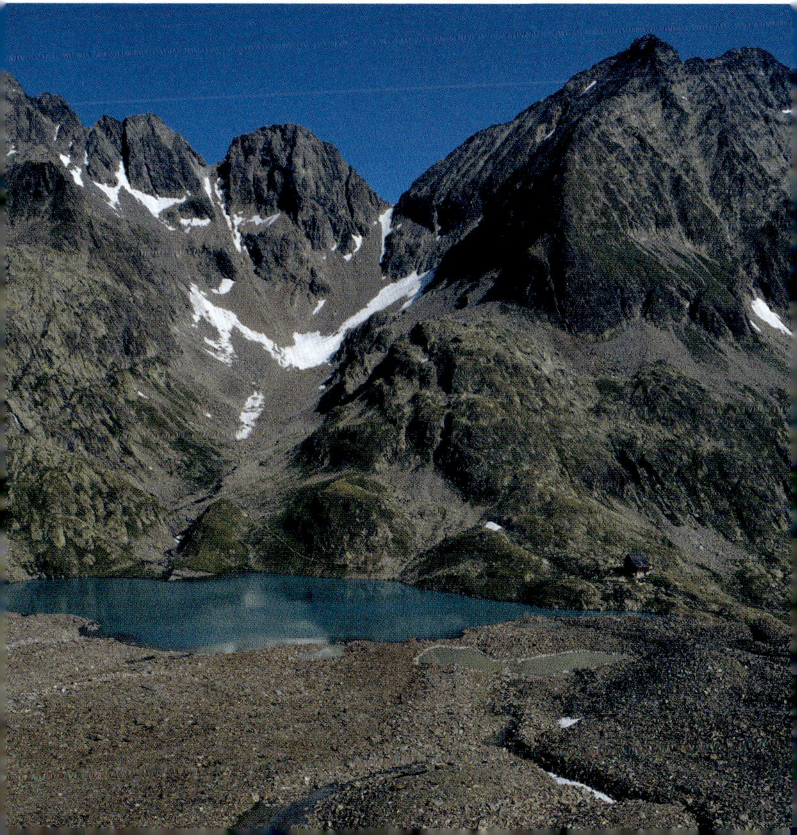

↗ 750 m | ↘ 750 m | 6.4 km

4.30 h

20 Mitten – Stanziwurtenkopf, 2707 m

Die Weiße Wand umrunden

Von Großkirchheim im oberen Mölltal gilt die Bergtour dem Stanziwurtenkopf – oder auch Stanziwurten – einem besuchenswerten Gipfel am südlich verlaufenden, vom Sandkopf aussendenden Bergkamm. Das Zirknitztal südöstlich und das Kleine Fleißtal nordwestlich begrenzen diesen Gebietsteil mit schönen, den Höhenstufen angepassten Landschaften. Das schließt auch den Bereich der landschaftsformenden Moränen mit ein, die der Gletscher aus dem Trögerkar im oftmaligen Vor- und Zurück am »Mauerboden« hinterlassen hat.

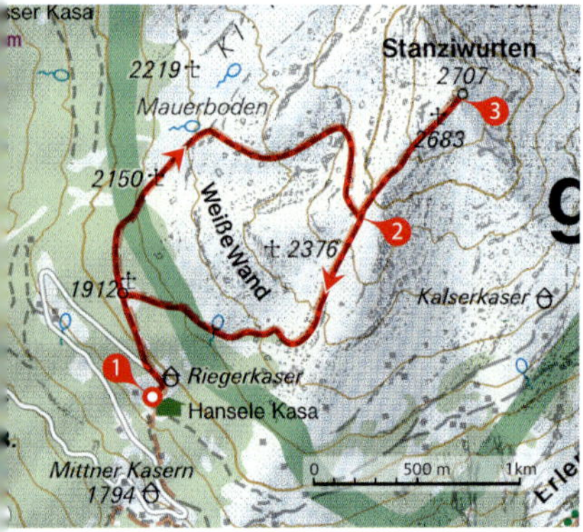

Ausgangspunkt: Nationalpark-Parkplatz, 1970 m, auf der Riegerkaser. Zufahrt ab der Ortstafel Döllach über die Bundesstraße (ADEG-Markt). Wir folgen dem Wegweiser Mitten bis auf 1350 m (3 km) und kommen dort an zwei Bergkapellen vorbei. Beim Parkplatz Mitten, 1440 m, endet die asphaltierte Straße. Eine Naturstraße führt 7 km weiter hinauf in den Bereich der Riegerkaser; Parkplatz mit übersichtlichen Infotafeln.
Anforderungen: Unschwierig, markiert, bizarre Zirbenhaine und mittelsteile Bergwiesenhänge prägen das Erscheinungsbild dieser Berglandschaft.
Einkehr: Gaststätten in Großkirchheim (Döllach), unterwegs keine.

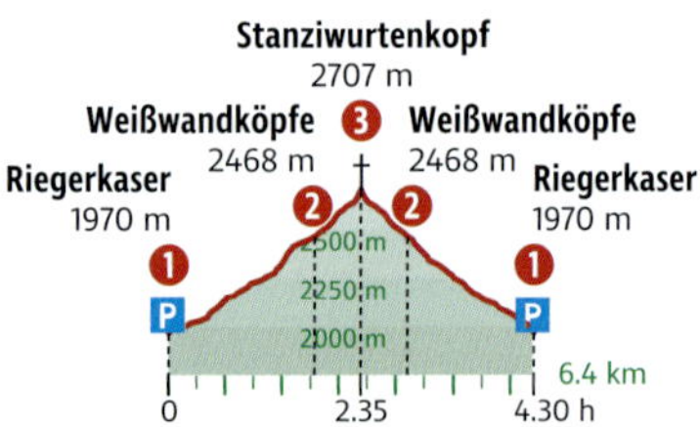

Vom erwähnten fest umbauten Parkplatz auf der **Riegerkaser** ❶ auf 1970 m Seehöhe beginnen wir auf einem Karrenweg, ehe nach wenigen Minuten ein Steig anschließt und ein umzäuntes **Wiesenkreuz** passiert. Im Lärchen-Zirben-Wald geht es in wohltuender Stille bergan und bald am Anna-Grogger-Gedenkkreuz vorbei. Unübersehbar ist an höherer Stelle die auf einem kleinen Mäuerchen aufgestellte Tafel (50 Min.), wo rechts haltend aufgestellte Steintafeln die Richtung weisen. Sie lenken auf mehrere parallel gereihte, vor Ewigkeiten aufgeschobene Moränen hin. Der markierte Steig wählt die äußerste, mit kleinen Lärchen

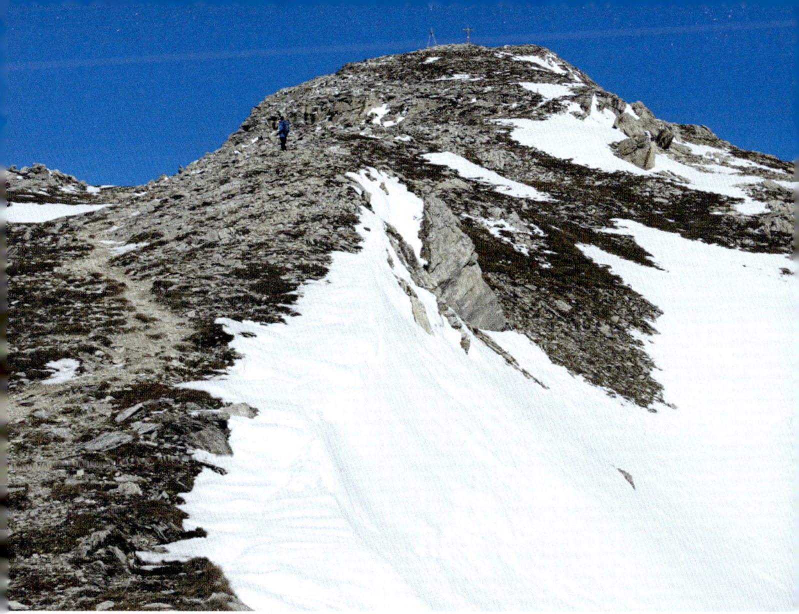

Auf plattigen Gestein hinauf zum Stanziwurtenkopf.

schütter bewachsene Moräne bis zur Tafel neben einem riesigen Felsblock am erwähnten »Mauerboden«. Dort überwinden wir eine relativ steile Blockflanke und anschließend einen nicht minder steilen Rasenhang hinauf zu den stumpfen sogenannten **Weißwandköpfen** ❷ zu Füßen der zum Gipfel auffahrenden **Rasenflanke** (1 Std. ab der Tafel am Mäuerchen).
Zum Stanziwurten führen Steig- und Pfadspuren die südwestlich geneigte große Rasenflanke empor, markiert, ehe wir auf steinigem Grund den **Gipfel**, 2683 m und das Kreuz mit Kruzifix, Buch und Trigonometer erreichen. Vom nahen höchsten Punkt des **Stanziwurtenkopfs** ❸, 2707 m (45 Min.), mit zwei großen Steinmännern, trennt nur noch eine seichte Rasenmulde. Der Rückweg führt hinab zur **Rasenflanke** ❷ (Tafel), wo wir nun östlich der Weißwandköpfe zur Rundtour ansetzen. Ein mittelsteiler breiter Rasenhang und später eine Rasenkante erlauben den Abstieg in eine hügelige, von Zirben und Lärchen bestockte Hangverflachung mit hölzernen Wassertrögen – ein Gebietsteil, den Einheimische das »**Kelderle«** nennen. Dort schwenken wir halb rechts, wo an tieferer Stelle wiederum Wassertröge auffallen, eine Örtlichkeit, die der Hirte als **»Kuchl«** kennt. Dann im Wesentlichen an einem Zaun im Wald entlang und später oberhalb der Bergwiese im Nahbereich des umzäunten **Almkreuzes**.
Hinab zum Parkplatz auf der **Riegerkaser** ❶ in wenigen Minuten.

↗ 1250 m | ↘ 1250 m | 14.2 km

7.15 h

21 Eckkopf, 2871 m, und Kegelesee

Rundwanderung am Nationalpark-Panoramaweg Zirknitztäler

Auch das tief eingekerbte, von Döllach nordöstlich aufsteigende Zirknitztal verrät die schwierige Lebensweise der Bergbauern am Steilhang. Das Tal ist bis auf eine Höhe von 1300 m bewohnt. Wo sich das Zirknitztal auf fast 1600 m Seehöhe gabelt, ist der Eingriff der E-Wirtschaft infolge der Bachableitungen spürbar, wenngleich mit beinahe »trotzigem« Zauber dem Tal ein ganz eigenes Flair bis hinauf zu den Felsgipfeln anhaftet.

Ausgangspunkt: Parkmöglichkeit vor der Bachfassung im Großen Zirknitztal, 1693 m, ca. 8 km von Döllach. Zufahrt: Unweit der Filialkirche zum hl. Andreas in Großkirchheim folgen wir der asphaltierten Bergstraße und dem Hinweis Zirknitz (die Abzweigung nach Mitten beachten wir nicht). Auf der orografisch rechten Talseite hoch über der Bachschlucht gelangen wir zum Bachtrichter, dem Zusammenfluss von Großem und Kleinem Zirknitzbach, 7 km, von dort noch 1 km weiter nach Norden in das Große Zirknitztal (Kelag-Bachfassung).
Anforderungen: Landschaftlich reizvolle Bergwanderung durch ehemalige Goldbergbaustätten; markiert, Tafeln. Im Gipfelbereich einige Kletterschritte; vor allem bei Schnee erhöhte Vorsicht.
Einkehr: Unterwegs keine.

Am Parkplatz im **Großen Zirknitztal** ❶ überqueren wir das Bachbett nach links (Tafel), kehren bald wieder auf dessen rechte Seite zurück und folgen dem grasbewachsenen Weg. Er führt in ein Zirbenwäldchen (Gedenktafel) und durch üppigen, hüfthoch zwischen Felsblöcken ausgebreiteten Wacholderbestand, ehe er beim sogenannten **Zahltisch** ❷, 2114 m, zur großen Wende ansetzt. Hier war einst ein bedeutender Standort des Goldbergbaus. Heute stehen unter dem schirmenden Felsblock eine Rastbank und eine Infotafel (1.30 Std. vom Parkplatz).

Mit etwas Steigung queren wir nun die Westflanke des Eckkopfs und wandern auf schmalen Hangterrassen um eine Geländekante auf die Südwestseite, worauf nach fast ebenem Steigverlauf die bergumstellte **Eckhütte** (Ochsnerhütte; Tafeln, Wassertrog) ❸, 2263 m, erreicht wird.

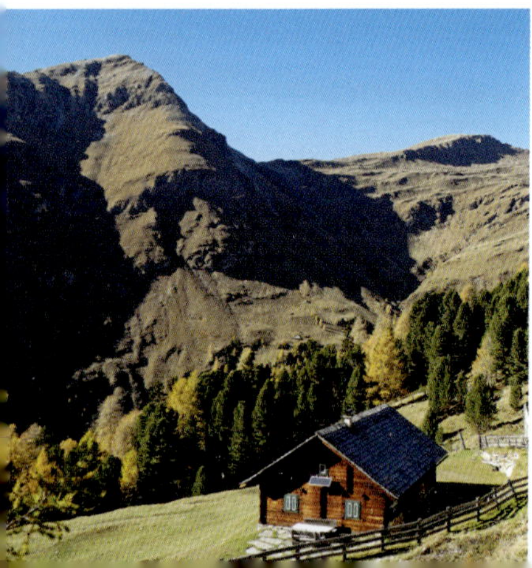

Die Färberkaser mit Blick zum Stanziwurtenkopf.

Zum **Eckkopf** (oder »Eckberg«) steigen wir vorerst am breiten Südwestkamm an (Steindauben), der sich im oberen Bereich als schmaler Blockrücken fortsetzt und teilweise rechtsseitig begangen wird. Bei Schnee Vorsicht! Der **Gipfel** ❹ gleicht mit seinen haushohen Blöcken einer Trutzburg; zum Kreuz (Buch) sind einige vorsichtige Kletterschritte notwendig (1.30 Std. von der Eckhütte).

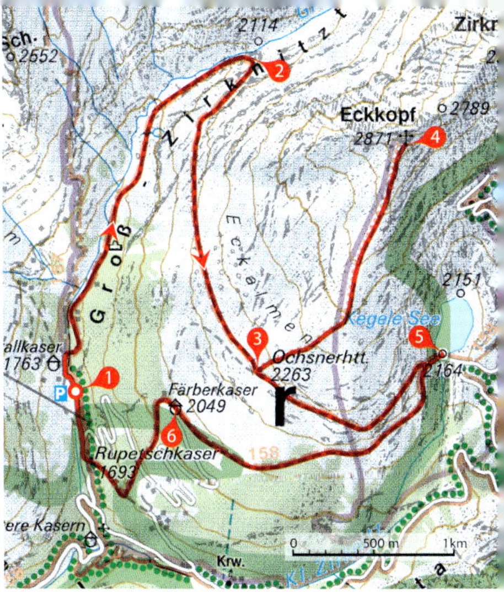

Der Abstieg erfolgt auf derselben Route bis in den Bereich der **Eckhütte** ❸ (1 Std.). Dort wenden wir uns nach Osten und steigen zwischen Blöcken und kleinen Zirben ca. 15 Min. bergan (Bank), ehe der Panoramaweg (Steinmann) in Kehren etwas abfällt und schließlich geradeaus bis nahe an den **Kegelesee** ❺ heranführt (30 Min. von der Eckhütte).

Der Rückweg setzt ca. 80 m oberhalb des Kegelesees an. Wir wandern in südlicher Richtung durch eine märchenhaft anmutende Fels-Zirben-Landschaft. Durch Waldinseln und über Lichtungen fällt der Steig sanft zur **Färberkaser** ❻, 2049 m, auf einer sonnigen Bergwiese ab (0.45–1 Std. vom Kegelesee). Wir beachten die Wegtafel 80–100 Schritte nordwestlich der Kaser und den dort steil im Wald bergabführenden Kehrensteig. Im Bereich einer aalglatten Felswand queren wir den Forstweg und bleiben weiter am abwärts lenkenden Steig. Bei der **Rupetschkaser** ca. 150 m unterhalb vom Parkplatz im **Großen Zirknitztal** ❶ gelangen wir auf den Fahrweg, wo sich die Rundwanderung schließt (45 Min. ab Färberkaser).

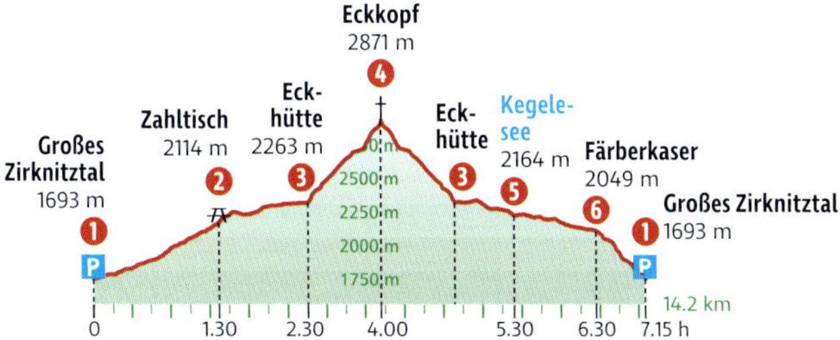

↗ 130 m | ↘ 130 m | 4.2 km

22 Sadnighaus – Astner Moos – Kröllalm, 1961 m

1.30 h

Unterwegs am Naturlehrweg im Astner Hochtal

Das Astner Moos, ein Niedermoor, ist 1 km lang und bis zu 80 m breit und liegt im Talboden des hinteren Asten-Hochtales. Es wird im Nordwesten vom befahrbaren Almweg und im Südosten von einem Weidezaun und Wandersteig am Bergfuß begrenzt. Moore verschiedenster Art gehören als empfindliche Ökosysteme zu den gefährdeten Lebensräumen in Österreich. Das Astner Moos wurde als seltener Landschaftstyp 1979 zum Naturdenkmal erklärt (nähere Infos findet man im ÖAV-Naturführer Asten).

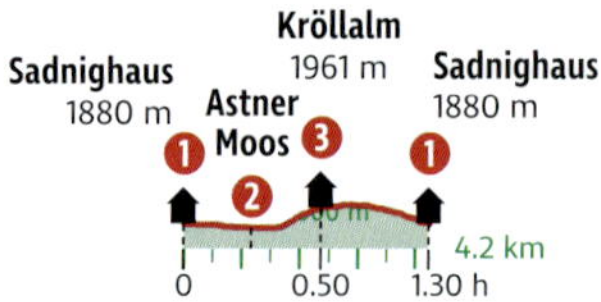

Ausgangspunkt: Sadnighaus, 1880 m, Parkplatz. Beim vierkantigen Bildstock in Mörtschach setzt der kehrenreiche, 10 km lange, asphaltierte Güterweg über den Mörtschacher Berg an, mit bis zu 12 % Steigung. Nach 7 km erreichen wir die Streusiedlung Vorder und Hinter Asten mit der 1926 erbauten Marienkapelle, zum Sadnighaus trennen noch 3 km. Die Straße ist im Winter geräumt.
Anforderungen: Einfache naturkundliche Wanderung, unterwegs die Quellmoore »Teufelslacke«, »Kaltes Wasser«, ein längst erloschener Kalkofen und weitere »Moorgeheimnisse«.
Einkehr/Unterkunft: Sadnighaus, errichtet 1956–58, seit 2001 ÖAV-Sektion Großkirchheim, Mitte Dez.–Ostern und Anf. Mai (Muttertag)–Ende Okt., 30 Betten, 10 Lager, 2 Vierbettzimmer behindertengerecht ausgestattet, Sonnenterrasse, Wintergarten, Tel. +43 4825 20050, sadnighaus.at; Jausenstation Kröllalm, Tel. +43 676 4556 958.

Das Sadnighaus der ÖAV-Sektion Großkirchheim.

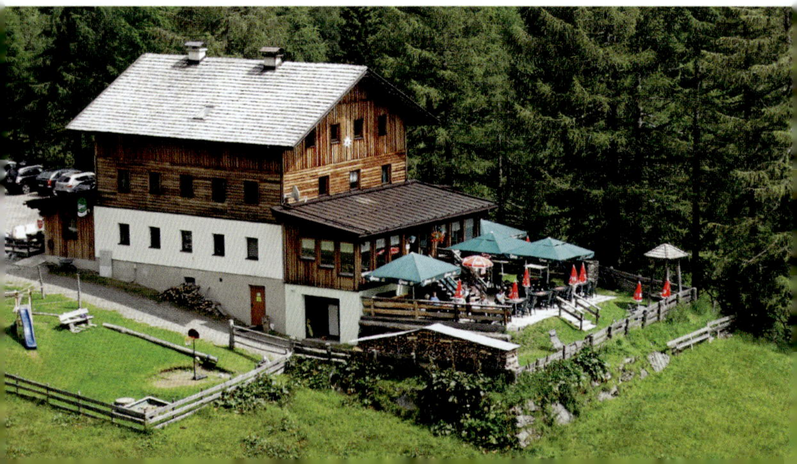

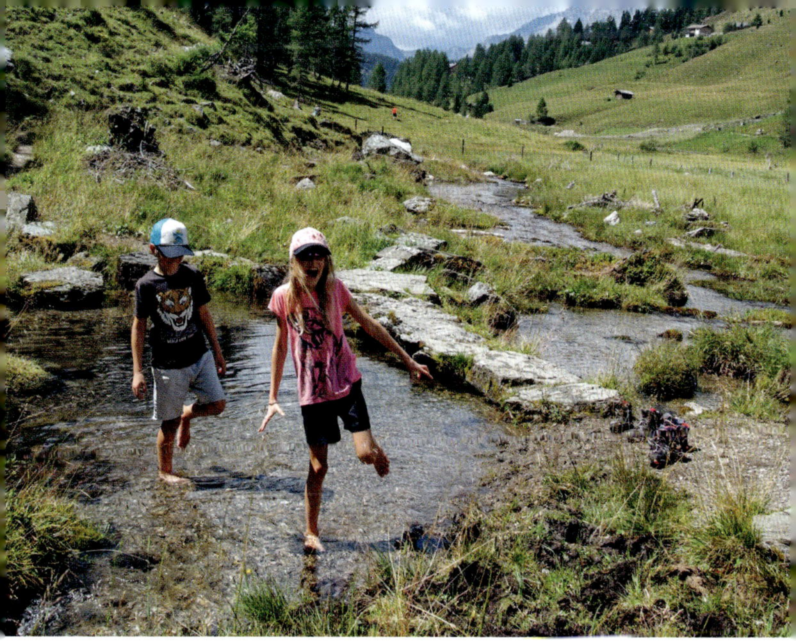

Durchs Astner Moos führen ein informativer Lehrpfad und der kalte Astenbach.

Vom **Parkplatz** beim **Sadnighaus** ❶ geht es einige Minuten hinab zum Almweg und zur nahen Brücke am Astner Bach. Der weitere Wegverlauf durchs **Astner Moos** ❷ folgt einem informativen Lehrpfad bis zum Wendepunkt bei der **Bartleralm**, 1857 m, im Talschluss.

Wer mehr mag, besucht noch die am Berghang sichtbare Kröllalm. Dorthin auf drei Wegkehren (Tafeln) am Berghang hinauf, dann über den Rudenbach (Bank, Lärche) wenige Minuten vor der im Sommer bewirtschafteten **Kröllalm** ❸, 1961 m, mit Fahne (20 Min.).

Zurück zum **Sadnighaus** ❶ auf vorerst leicht steigendem, dann gemächlich fallendem Almweg.

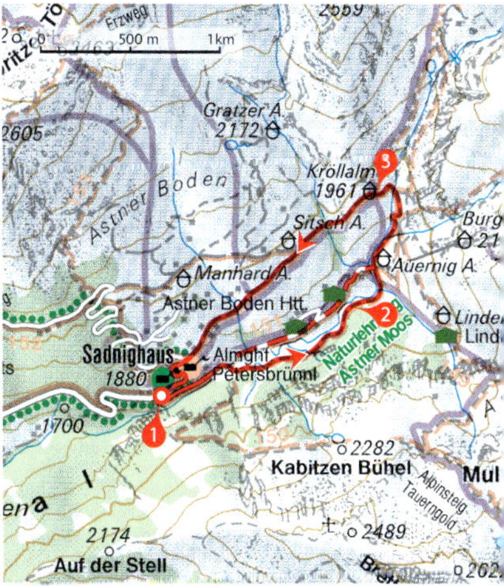

↗ 780 m | ↘ 780 m | 8.9 km

23 Sadnighaus – Mohar, 2605 m, und Moharkreuz

5.15 h

Auf dem Panoramaweg Albitzen in Landschaftsidylle eintauchen

Der Panorama- bzw. Lehrweg Albitzen, der vom Sadnighaus zum Almgasthaus Glocknerblick und weiter zum Moharkreuz führt, thematisiert die Beziehung Mensch und Natur (siehe auch ÖAV-Naturführer Asten). In unserer Marschrichtung beschreiten wir den Lehrweg vom Moharkreuz hinab zum Almgasthaus Glocknerblick und zurück zum Sadnighaus. Um das 13. Jh. lebte der Goldbergbau vor allem um Großkirchheim erneut auf. Bergleute und Abenteurer aus verschiedenen Ländern legten auch im rauen und damals schwer zugänglichen Astental Stollen in Höhenlagen von 2000 bis 2800 m an. Die Knappen förderten Schwefelkies, Gold und Silber und lieferten die Bruchstücke über das Göritzer Törl zur Verhüttung nach Döllach. Noch heute wird dieser Bergpfad als »Waschgang«, im Volksmund »Arzweg« bezeichnet.

Ausgangspunkte: Sadnighaus im Astental, 1880 m. Beim vierkantigen Bildstock in Mörtschach setzt der kehrenreiche, 10 km lange, asphaltierte Güterweg über den Mörtschacher Berg an, mit bis zu 12 % Steigung. Nach 7 km erreichen wir die Streusiedlung Vorder und Hinter Asten mit der 1926 erbauten Marienkapelle, zum Sadnighaus trennen noch 3 km. Die Straße ist im Winter geräumt. Alternativer Startpunkt: Almgasthaus Glocknerblick, 2047 m, mit Zufahrt von Sagritz 5 km auf asphaltierter Straße bis Allas und anschließend 5 km auf Naturstraße (Zufahrt auf eigene Gefahr).
Anforderungen: Leichte, markierte und landschaftlich schöne Bergwanderung mit prächtiger Aussicht.
Einkehr/Unterkunft: Sadnighaus, errichtet 1956–58, ehemals ÖAV-Sektion Wiener Lehrer, seit 2001 ÖAV-Sektion Großkirchheim, Dez.–März und Juni–Ende Sept., 30 Betten, 10 Lager, 2 Vierbettzimmer behindertengerecht ausgestattet, Sonnenterrasse, Wintergarten, Tel. +43 4825 20050, sadnighaus.at. Almgasthaus Glocknerblick, 2047 m. 1. Juni–Ende Okt., 17 Betten, Tel. +43 4825 540, almgasthaus-glocknerblick.at; sehenswert ist die renovierte Antoniuskapelle auf der angrenzenden Bergwiese. Jausenstation Kröllalm (etwas abseits der Route), Tel. +43 676 4556 958. Im Astner Hochtal lassen sich gut ein Dutzend komfortable Almhütten mieten.
Variante: Vom Göritzer Törl 2 über die Taxer Alm zum Almgasthaus Glocknerblick 5, Beschreibung siehe Tourentext.

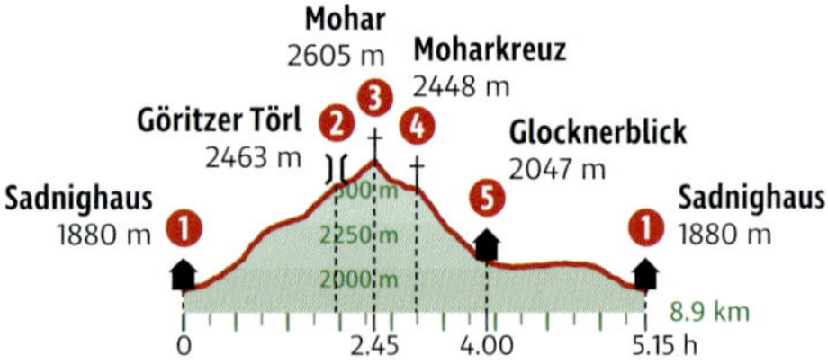

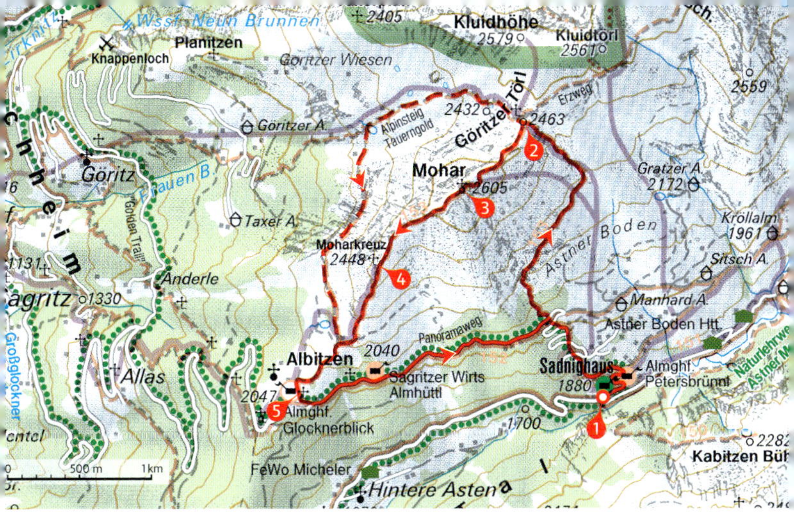

Zum Mohar beachten wir 1 Min. nördlich vom **Sadnighaus** ❶ die Wegtafeln. Von dort führt ein Kehrensteig im lichten Föhren-Lärchen-Wald empor, wobei wir den zum Almgasthaus Glocknerblick führenden Almweg 6-mal queren. Mit zunehmender Höhe überwinden wir eine schmale Waldschneise, queren eine kleine Blockriese und erreichen eine Hangkante, wo wir einem Zäunchen zur Seite und noch vor einem seichten Bachgraben bergauf schwenken.

Auf mittelsteilen Rasenhängen begleitet uns ein Heer von Stängellosem Enzian und Alpenanemonen an der Schwelle zum Sommer. Wir gelangen zum **Göritzer Törl** ❷, 2463 m (2 Std.), mit Holzkreuz und Tafeln. Dort wendet sich der Steig nach Südwesten und führt leicht gestuft und nah am Grat bergan. Seitlich verlaufende Moränen bezeugen die einst auch hier herrschende Eiszeit. Etwas felsdurchbaut ist der Schlusshang zum Gipfel des **Mohar** ❸ (45 Min.), mit eigenwilligem Bildstock, Buch und Christusbildnis.

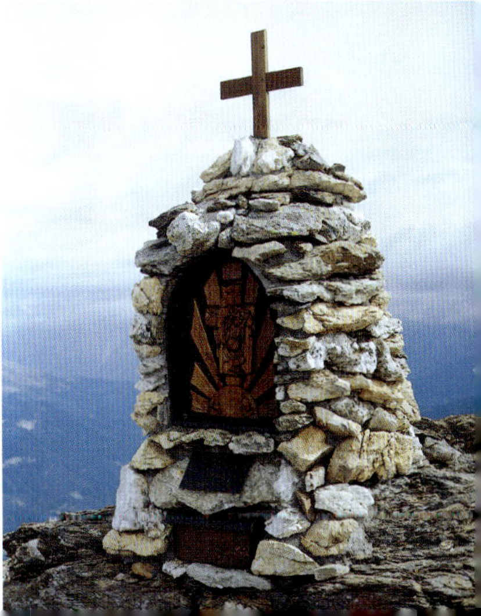

Am Gipfel des Mohar. Der Hausberg des Sadnighauses ist auch als Skiberg beliebt.

Zum tiefer gelegenen Moharkreuz lenkt die Markierung vorerst ziemlich steil bergab, dann gemächlich an einem Kamm entlang, mit schützendem Zaun zu den gegen das Zirkniztal steil abbrechenden Halden. So gelangen wir sicher zum **Moharkreuz** **4** (30 Min.).

In Richtung Südwesten absteigend, folgen wir dem kehrenreichen, teils mit Treppen ausgestatteten Kammsteig. Wir passieren an tieferer Stelle einen steingemauerten, flach abgedeckten Stall; dort fließt die ebenfalls vom Göritzer Törl herkommende Steigvariante in den Hauptweg ein. Wo Lärchen in kleinen Gruppen stehen und Zirben einzeln, sind wir dem **Almgasthaus Glocknerblick** **5** und der Antoniuskapelle, 2047 m, im Grün einer Bergwiese, bereits nahe (45 Min.).

Variante: Abstieg über die Taxer Alm zum Almgasthaus Glocknerblick (1.30 Std.)

Wir verlassen das **Göritzer Törl** **2** in nordwestlicher Richtung und passieren jeweils linker Hand die Obere und Untere Göritzer Lacke. Weiter abwärts durch Hangmulden, an einer kleinen Jagdhütte vorbei und stets den markierten Holzpflöcken vertrauend zu einer wichtigen Wegtafel (45 Min. vom Göritzer Törl).

Hier schwenken wir links Richtung Süden und kommen nach 2 Min. an der schindelverkleideten, allein stehenden **Oberen Taxer Almhütte** vorbei. Zwischen großen Felstrümmern queren wir die Westseite des Mo-

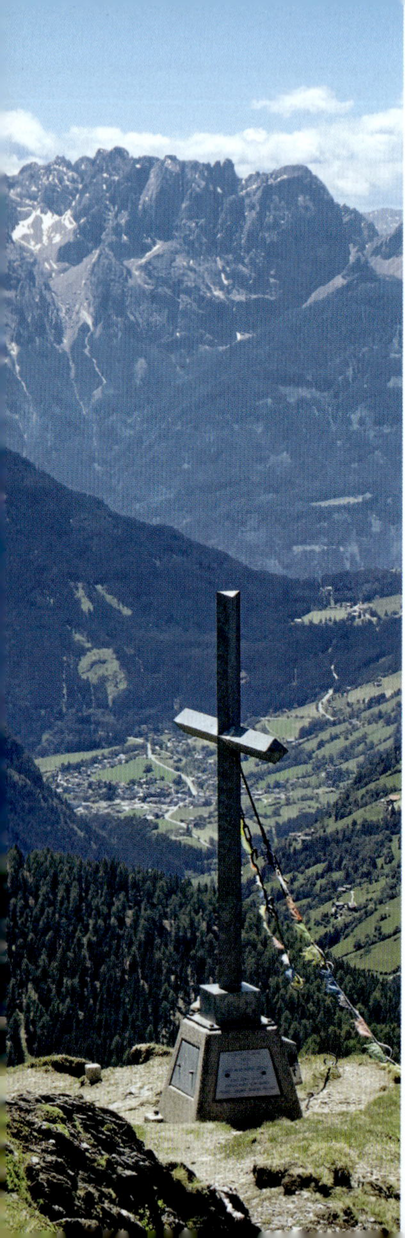

Das Moharkreuz – Schaufenster in die Lienzer Dolomiten.

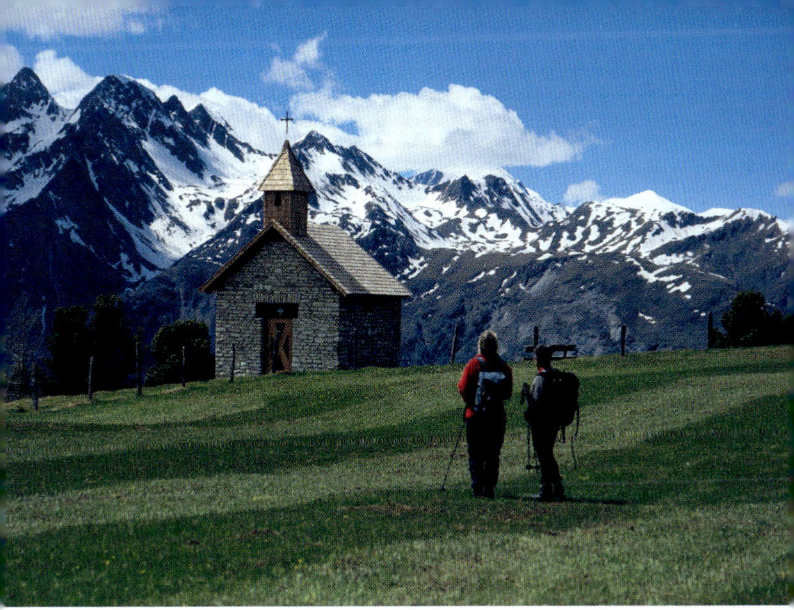

Die Antoniuskapelle, gegenüber Hinterer Seekamp und die Bretterköpfe in der Schobergruppe. Ganz rechts der Johannisberg.

har, überschreiten eine Hangkante (Zaun, Pflöcke) und bleiben im oberen Lärchensaum bis zum Südwestkamm des Moharkreuzes. Bei dem dortigen flach gedeckten, aus Stein gemauerten Stall steigen wir noch 10 Min. zum **Almgasthaus Glocknerblick** 5 ab.

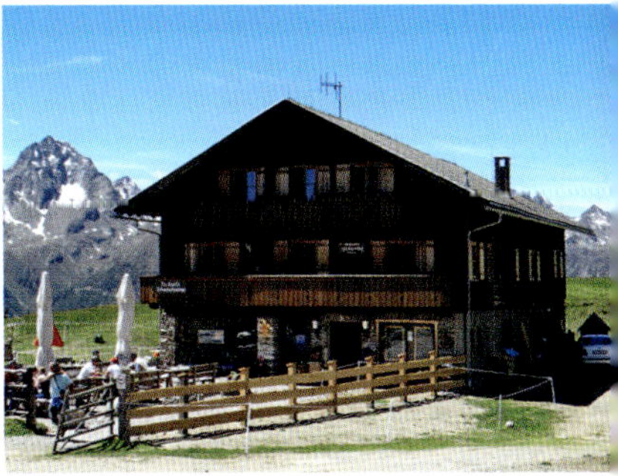

Das Almgasthaus Glocknerblick.

Vom **Almgasthaus Glocknerblick** 5 geht es dann auf dem **Panoramaweg Albitzen** weiter. Wir kürzen die erste Wegschleife und folgen dem nordöstlich ausgreifenden, teils schattigen Weg. Mehrmals leichte Steigungen und gelegentlicher Anrainerverkehr beeinträchtigen die Wanderung kaum. Wir passieren vereinzelt private Almhütten – u.a. die »Sagritzer Wirtsalm« –, ehe wir abschließend im Wechsel von Weg und Steig zum **Sadnighaus** 1 kommen (1.15 Std.).

↗ 980 m | ↘ 980 m | 10.2 km

6.00 h

24 Sadnighaus – Hoher Sadnig, 2745 m

Zum Hohen Sadnig, dem Namensgeber der Sadniggruppe

Der Hohe Sadnig überragt Mörtschach, die kleinste Nationalpark-Gemeinde des Oberen Mölltales, um 1773 m, und Kärntens höchst gelegenes Bergdorf Hinter Asten immer noch um gut 1000 m. Dem Hohen Sadnig näher ist das Sadnighaus mit dem vom Ernst Rieger aus Großkirchheim verwirklichten Naturlehrpfad im streng gehüteten Astner Moos. Aus so viel Geborgenheit löst sich der »Alpinsteig Tauerngold« hinauf in den Lärchen-Zirben-Hochwald und in die Gras-Heide-Region. Über höher gelegenen, verträumten Felsbeckenseen erhebt sich der Hohe Sadnig in seinem weitum versteinerten Bereich.

Ausgangspunkt: Sadnighaus, 1880 m. Beim vierkantigen Bildstock in Mörtschach setzt der kehrenreiche, 10 km lange, asphaltierte Güterweg über den Mörtschacher Berg an, mit bis zu 12 % Steigung. Nach 7 km erreichen wir die Streusiedlung Vorder und Hinter Asten mit der 1926 erbauten Marienkapelle, zum Sadnighaus trennen noch 3 km. Die Straße ist im Winter geräumt.
Anforderungen: Unschwierige und landschaftlich äußerst ansprechende Bergwanderung; markiert, Tafeln. Lediglich im Bereich des Gipfelgrates (Vorsadnig) ist auf schmalem Steig etwas Aufmerksamkeit erforderlich.
Einkehr/Unterkunft: Sadnighaus, errichtet 1956–58, einst ÖAV-Sektion Wiener Lehrer, seit 2001 ÖAV-Sektion Großkirchheim, Dez.–März und Juni–Ende Sept., 30 Betten, 10 Lager, 2 Vierbettzimmer sind behindertengerecht ausgestattet, Sonnenterrasse, Wintergarten, Tel. +43 4825 20050, sadnighaus.at.

Vom **Sadnighaus** ❶ führt ein Steig hinab zum Almweg und leicht bergan zur nahen Brücke am **Astenbach** (ca. 7 Min.). Gegenüber weisen Tafeln rechts zum Hohen Sadnig. Wir überwinden eine mit Lärchen und Zirben bestockte Waldstufe, an die eine Lichtung anschließt. Deutlich darüber queren wir eine breite Schuttrinne (Quellbach, wenig später ein Brünnl). Noch behaupten sich zwergwüchsige Lärchen und rostblättrige Alpenrosen, bevor wir uns dem eigentümlichen **Kabitzenbühel** ❷, 2282 m, einer urigen Felshöckerland-

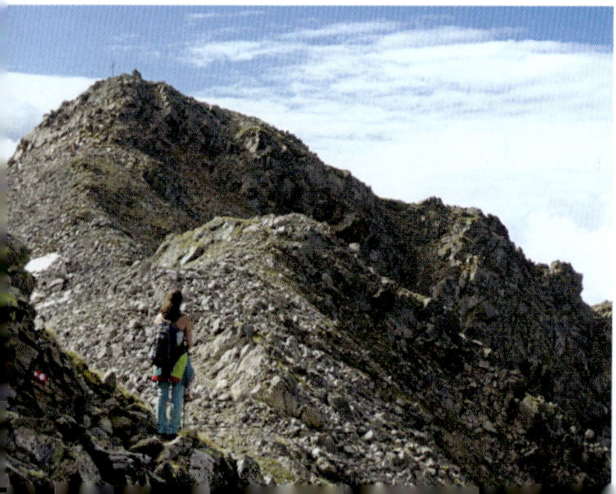

Hoher Sadnig – ein letzter Aufschwung im felsdurchsetzten Gipfelbereich.

schaft nähern (1 Std.). In diesem Bereich weist etwas später eine Tafel zur Lindler Alm (s. Abstieg). In südöstlicher Richtung wandern wir durch ein geräumiges, stark versteintes Rasenkar, dann über ein schmächtiges Bächlein, weiter auf steinigen Grashängen und über schmale Hangstufen hinauf zur **Sadnigscharte** ❸, 2484 m (2.30 Std. vom Sadnighaus; Tafeln, Steinmann).

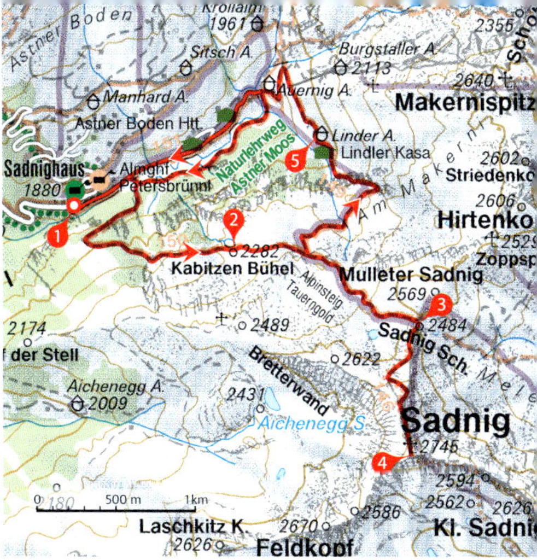

Aus der Sadnigscharte wenden wir uns nach Süden über einen niedrigen Rücken und überwinden einen steinigen Hang, anschließend eine Blockhalde (gut markiert, bez. 146). Der karge Boden ist stellenweise dicht mit Horn- und Seifenkraut bewachsen, weiß und rot blühende Charakterpflanzen, die uns bis auf den Vorsadnig begleiten. Daran schließt derbes Blockwerk und, um Felsecken herum, eine flache Steigpassage. Der Gipfel baut sich aus wuchtigen Felsblöcken auf. Nach wenigen Kletterschritten erreichen wir das Kreuz mit Buch und mächtigem Steinmann (Tafeln) auf dem **Hohen Sadnig** ❹ (1 Std. von der Sadnigscharte).

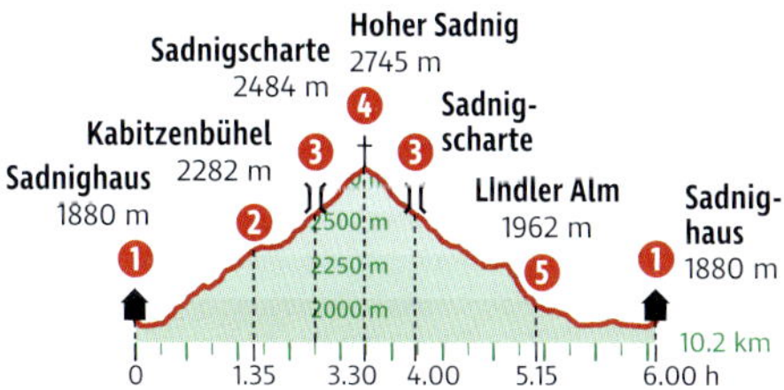

Vom Gipfel retour, bleiben wir vorerst auf der Aufstiegsroute bis zur erwähnten Kreuzung mit Tafel östlich des Kabitzenbühel. Hier zweigt unsere markierte Abstiegsroute nordöstlich ab und führt in ein schönes Rasenkar mit Tümpeln und erfrischendem Bach. Ein Zäunchen mit Gatter begrenzt das Rasenkar nördlich. Dort kippt der Steig (alter Viehtriebweg) über eine felsgesäumte Steilstufe hinab und steuert in Schleifen über einen von Lärchen locker bewachsenen Hang zur **Lindler Alm** ❺, 1962 m. Ein sich über Bergwiesen abwärts schlängelnder Almweg trennt noch vom Naturparadies Astner Moos. Entweder zur Rechten am Almweg oder zur Linken am Naturlehrweg erreichen wir in 45 Min. wieder unseren Ausgangspunkt am **Sadnighaus** ❶.

↗ 820 m | ↘ 820 m | 9.3 km

25 Sadnighaus – Makernispitze, 2640 m

5.15 h

Botanisch lohnende Bergtour und ein exponierter Gipfel

Gehen wir den Weg mit der farbverliebten Bergflora vom Astner Moos auf die Makernispitze: Am Naturlehrpfad entlang mit orange blühendem Gold-Pippau und Kärntner Tauernblümchen in Hellblau. Bei der Bartleralm im Talschluss die üppige Lägerflur mit rundum Alpen-Ampfer. Die Burgstaller Alm mit dem Fest der Alpen-Astern und des Stängellosen Enzians, den Sommer kündend. Auch aus steilem Geröll leuchten die roten Kissen des Stängellosen Leimkrauts, und schließlich Blauer Eisenhut, der die Makernispitze mit stattlichem Wuchs und tiefblauen Blütenhelmen schmückt.

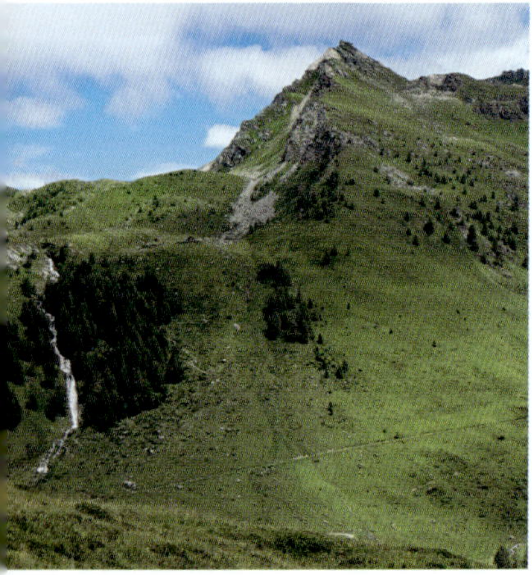

Über die Burgstaller Alm zur Makernispitze.

Ausgangspunkt: Sadnighaus, 1880 m. Beim vierkantigen Bildstock in Mörtschach setzt der kehrenreiche, 10 km lange, asphaltierte Güterweg über den Mörtschacher Berg an (bis 12 % Steigung). Nach 7 km die Streusiedlung Vorder und Hinter Asten mit der Marienkapelle, dann noch 3 km zum Sadnighaus. Die Straße ist im Winter geräumt.
Anforderungen: Landschaftlich wechselvolle Bergwanderung, die lediglich im Gipfelbereich Trittsicherheit erfordert. Markiert, großteils Steiganlage.
Einkehr/Unterkunft: Sadnighaus, errichtet 1956–58, einst ÖAV-Sektion Wiener Lehrer, seit 2001 ÖAV-Sektion Großkirchheim, Dez.–März und Juni–Ende Sept., 30 Betten, 10 Lager, 2 Vierbettzimmer behindertengerecht ausgestattet, Sonnenterrasse, Wintergarten, Tel. +43 4825 20050, sadnighaus.at. Unterwegs keine Einkehrmöglichkeit.

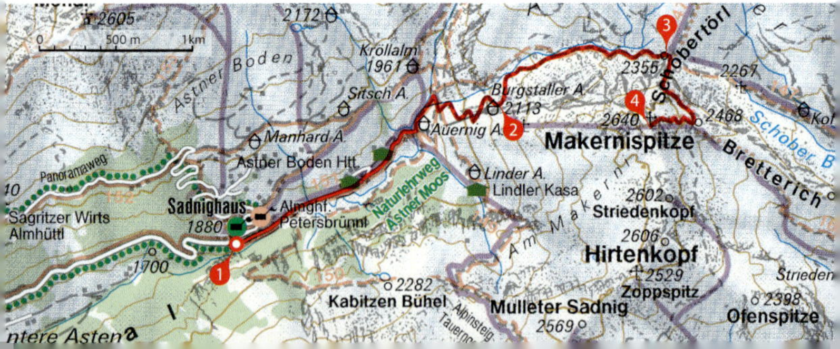

Etwa 7 Min. unterhalb des **Sadnighauses** ❶ führt ein Almweg in den Talschluss und in den Bereich der Bartleralm, 1857 m (35 Min.). Dort überschreiten wir den Astenbach und beachten kurz darauf den vom Almweg ausscherenden Steig. Von Alpenrosen und Heidelbeerlaub gesäumt, führt er rechts an einem kleinen Wasserfall vorbei und in Kehren hinauf zur **Burgstaller Alm** ❷, 2113 m, mit Stall und Materialseilbahn (1 Std.).

Der weiterführende Steig nähert sich kurzfristig dem im Almboden leicht eingekerbten Bach und führt auf eine schwach geneigte Hangstufe hinauf (20 Min.; Holzstempen). In östlicher Richtung wandern wir durch einen ebenen und üppig mit Gras bewachsenen Hangtrog (Pferch), dann über ein Zäunchen und sanft gewölbte Rücken und Hochweiden zum **Schobertörl** ❸, 2355 m (Zaun, Tafeln).

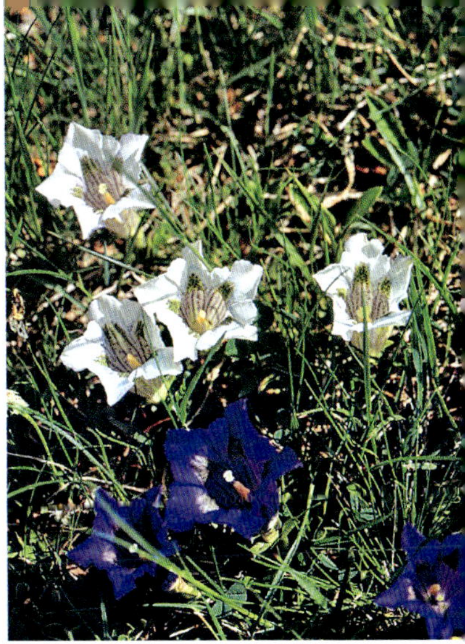

Stängelloser Enzian, üppig in Blau, selten in Weiß.

Zur Makernispitze quert der Steig vorerst eine Rasenflanke und führt anschließend eine Blockhalde hinauf. Dann weicht der Steig von der Nord- auf die Ostseite der Makernispitze und quert fast eben die felsdurchsetzte Bergflanke bis zum schwach hervortretenden Ostgrat mit Tafel und Stange, ca. 2450 m. Nun im Wesentlichen in Kehren auf einem Rasenhang empor, wobei im felsdurchsetzten gipfelnahen Bereich eine saubere Gangart angebracht ist. Bis hin zum nahen Gipfelkreuz (Gedenktafel) begleitet uns dicht wachsender Blauer Eisenhut auf fettem, mineralreichem Grund. Die **Makernispitze** ❹ überrascht mit einem prächtigen Rundumblick, der Großglockner hoch über der Pasterze krönt die Gipfelschau.

Abstieg zum **Sadnighaus** ❶ auf der Aufstiegsroute.

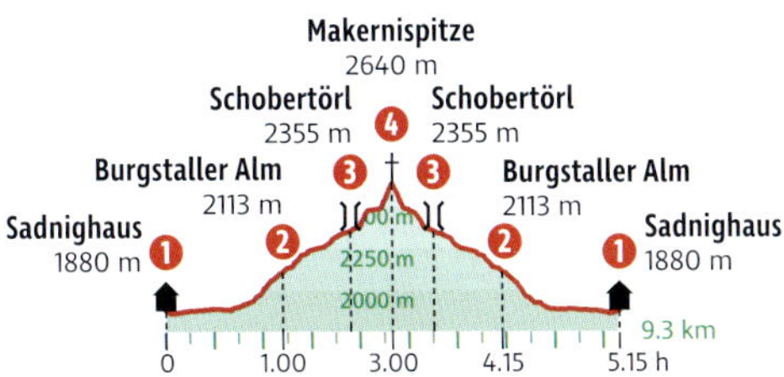

↗ 1060 m | ↘ 1060 m | 11.4 km

26 Sadnighaus – Stellkopf, 2852 m

6.15 h

Ein Sommer-Wander- und Winter-Skitourenberg

Hoch über dem Astner Niedermoor im breiten Boden des hinteren Astentales fahren die Bergflanken bei mittlerer Steilheit zu den talschließenden Gipfeln auf. Nach langer Winterzeit aufgewacht sind im Frühsommer der kurzzeitig lebhafte Ruden-Wasserfall und das reiche Blühen auf weiten Rasenhängen. Eigentümlich wirkt die »Höckerlandschaft« auf Ruden und erwähnenswert ist die Nachbarschaft der Stellhöhe mit etwas abseits gelegenen ehemaligen Goldbergwerken und Geschichten um den legendären »Waschgang«, gemeint ist der Erzweg im Zusammenhang mit dem mühseligen Abtransport der tauben Gesteine und Erze.

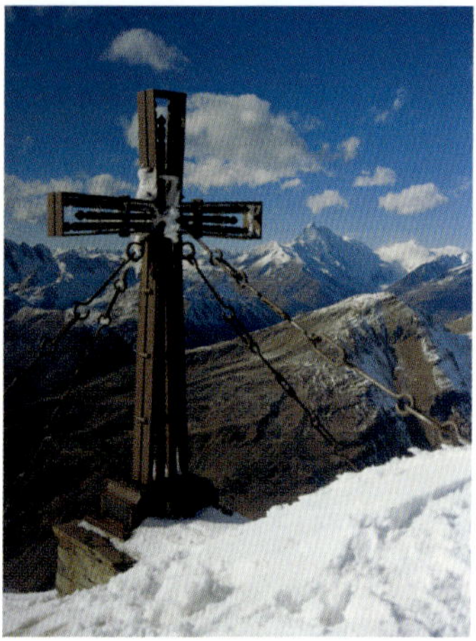

Ausgangspunkt: Sadnighaus, 1880 m. Beim vierkantigen Bildstock in Mörtschach setzt der kehrenreiche, 10 km lange, asphaltierte Güterweg über den Mörtschacher Berg an (bis 12 % Steigung). Nach 7 km die Streusiedlung Vorder und Hinter Asten mit der Marienkapelle, dann noch 3 km zum Sadnighaus.
Anforderungen: Unschwierige, markierte Bergwanderung.
Einkehr/Unterkunft: Sadnighaus, errichtet 1956–58, seit 2001 ÖAV-Sektion Großkirchheim, Dez.–März und Juni–Ende Sept., 30 Betten, 10 Lager, 2 Vierbettzimmer behindertengerecht ausgestattet, Sonnenterrasse, Wintergarten, Tel. +43 4825 20050, sadnighaus.at. Jausenstation Kröllalm.

Der Stellkopf bietet Rast und eine vom Großglockner angeführte Gipfelparade.

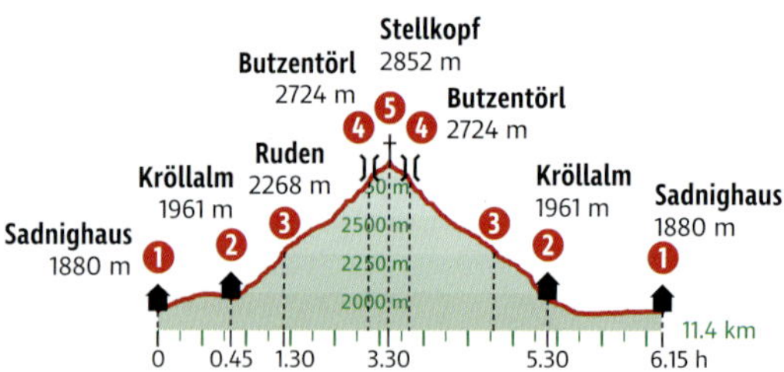

Wir verlassen das **Sadnighaus** ❶ auf einem nordöstlich ausgreifenden Almweg. Im Talschluss überschreiten wir den Astenbach und gelangen nach ca. 45 Min. zur gepflegten **Kröllalm** ❷, 1961 m (Wegtafel bei den drei Zirben).
Von dort führt ein Steig orografisch rechts vom Bach nahezu nördlich empor und hoch in den Bergwiesen an einem am Fels angebauten Stall vorbei. Bald nach der Josef-Feldner-Bank zu Füßen des kleinen Ruden-Wasserfalles erreichen wir auf der höher gelegenen Hangstufe die umzäunte Almhütte auf **Ruden** ❸, 2268 m (45 Min. ab Kröllalm).
Wir gelangen an höherer Stelle in den sogenannten Rudenkessel mit den eigentümlichen Rasen-Fels-Höckern, die der Bergwiesenlandschaft eine besondere Note verleihen. Dort schwenkt die Route gegen Nordwesten und in eine von Eisenhut belebte und von einem trockenen Bachbett durchzogene Verebnung, an die etwas steilere Hangstufen anschließen. Etwas abseits kleiner Stirnmoränen führt der Steig zum **Butzentörl** ❹, 2724 m (1.30 Std. von Ruden; Steinmandln). Noch trennen uns ca. 30 Min. vom eisernen Gipfelkreuz auf dem **Stellkopf** ❺, wohin die Route auf einem breiten, leicht ansteigenden und von Steindauben bewachten Rasenkamm führt. Das 360°-Panorama wird von der Glockner- und Schobergruppe beherrscht.
Abstieg auf der Aufstiegsroute bis zur **Kröllalm** ❷. Vor dort am Almweg oder abkürzend hinab zur Bartleralm, 1857 m, und am Lehrpfad im **Astner Moos** zum **Sadnighaus** ❶.

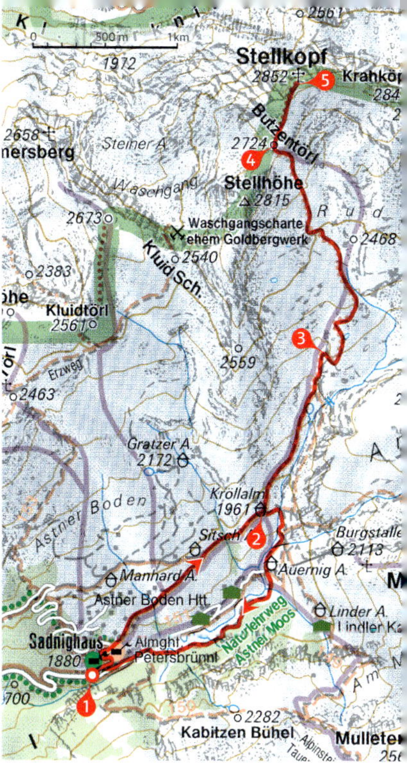

Die Kröllalm mit dem Ruden-Wasserfall.

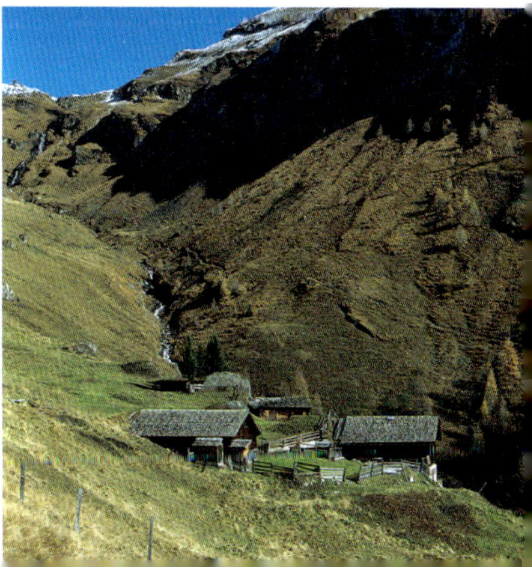

TOP

27

↗ 1960 m | ↘ 1960 m | 19.5 km

Wangenitzseehütte und Petzeck, 3283 m

2 Tage

Bergseen und ein Schutzhaus in einmalig schöner Lage

Nationalpark-Infotafeln verraten bereits am Parkplatz im Wangenitztal besondere Orte am Weg zur gleichnamigen Hütte. Vorgestellt wird die Wangenitzalm, ein familienfreundliches Ziel. Einen Halt gebietet der Prititsch-Wasserfall, am eindruckvollsten während der Schneeschmelze hoch im Prititschkar. Wo wir bei der Ladinigalm die 2000-m-Grenze überschreiten, ruht der kleine Smaragdsee auf einer grünen Hangstufe, während das landschaftlich vollendete Seenplateau mit der Wangenitzseehütte jegliche Mühe vergessen lässt. Für alle mit Gipfelambitionen bildet das Petzeck den Höhepunkt der Tour.

Ausgangspunkt: Parkplatz im Wangenitztal, 1368 m (Wangenitzalm, Nationalpark-Infotafeln). Zufahrt von Mörtschach: Beim Gasthof Fair (ehemals Ghf. Post) folgen wir der asphaltierten Bergstraße über die Möllbrücke und in weiterer Folge auf einem Güterweg in weit ausholenden Schleifen am Pirkachberg empor. Beim höchstgelegenen Haus »Pirkachberg 2« führt eine Naturstraße in das Wangenitztal. Am Hinweis »Moaskapelle« vorbei erreichen wir den Parkplatz am Startpunkt. Gehzeit von Mörtschach 1.30 Std.

Anforderungen: Ausdauer erforderlich, zum Petzeck Trittsicherheit nötig; schneefreie Jahreszeit, sicheres Wetter; markiert.

Einkehr/Unterkunft: Wangenitzseehütte, 2508 m, ursprünglich DAV-Moravia, 1925, abgebrannt im Jahr 1946, Wiederaufbau 1964/65 vom NDV, seit 2011 ÖAV-Sektion Lienz. 20. Juni–Ende Sept., 25 Betten, 60 Lager, Winterraum mit 6–8 Lager (offen), Gepäcktransport ab Seichenbrunn im Osttiroler Debanttal, Tel. +43 4826 229 oder +43 4877 5279 (Tal), wangenitzseehuette.com. Vermietung Obere Roner Kaser (nicht bewirtschaftet), Tel. +43 676 9199317.

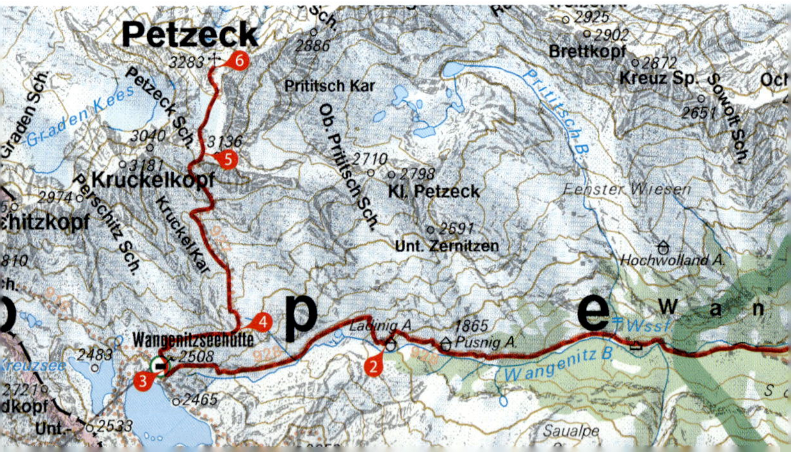

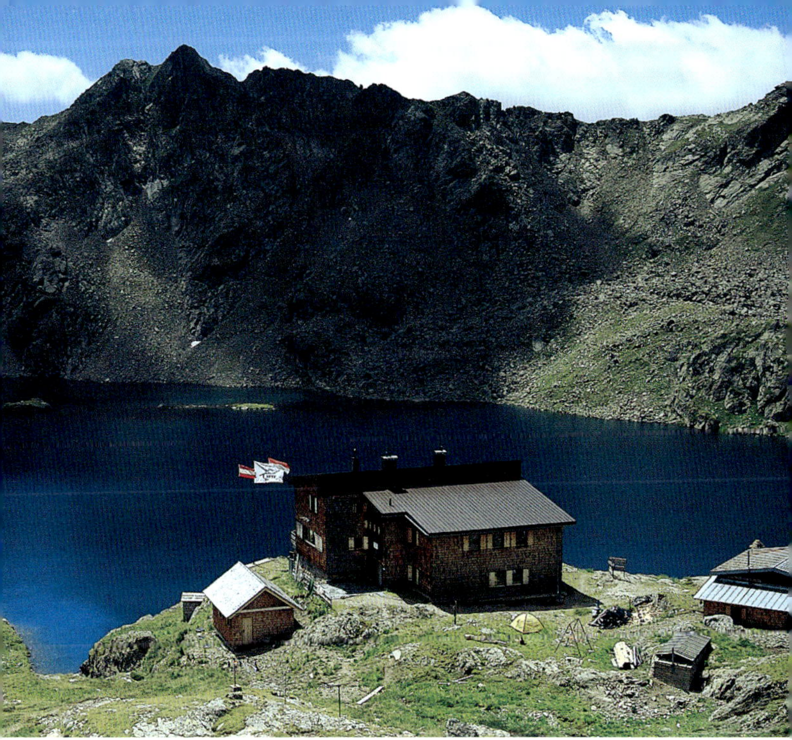

Die Wangenitzseehütte mit Oberer Seescharte (links).

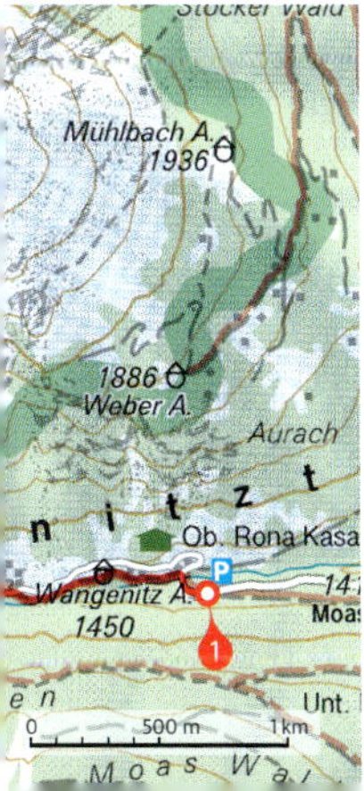

Vom Parkplatz im **Wangenitztal** ❶, 1368 m, über den glasklaren Wangenitzbach und auf der orografisch linken Talseite durch Wald und sonnige Lichtungen hinauf zur Wangenitzalm, 1450 m, mit der Oberen Roner Kaser. Eine zweite kleine Hüttengruppe befindet sich 10 Min. taleinwärts.

Nach abwechslungsreichem Verlauf führt ein Steig über zwei Bachstege in das ausgewiesene Naturschutzgebiet Wangenitztal. Kleine Wasserfälle beleben den von Wald und Fels umgrenzten Raum. Wir wandern am Adolf-Fleisner-Gedenkstein vorbei und queren später den Sonnseithang mit dem erwähnten Prititsch-Wasserfall. Hier löst den bisher breiten Weg ein über Rasen und festsitzende Steine führender Steig ab.

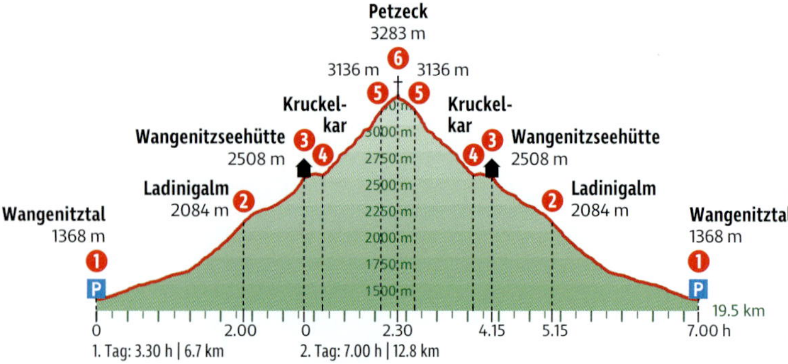

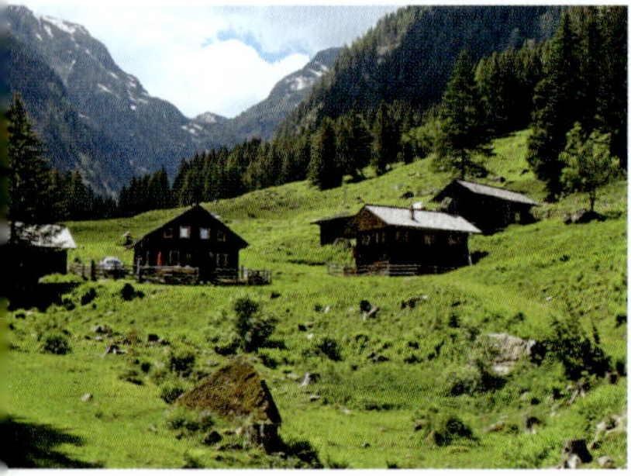

Die Wangenitzalm.

Bereits in der Nationalpark-Kernzone passieren wir die baufällige Hütte auf der **Pußnigalm**, 1865 m (1 Std.), und ähnlich alt, doch gut instand gehalten, stehen weit oben im Schutz hoher Felsen die **Ladinigalm-Hütte** ❷, 2084 m, sowie die erneuerte Schafhalterhütte (gesamt 2 Std.). Der sogenannte Smaragdsee (mit der früheren Bezeichnung »Schoberlacke«) ruht auf einer höher gelegenen Hangterrasse. Nach einem kleinräumigen, rundum steil umschlossenen Kar folgt eine letzte Steilstufe hinauf zum tiefblauen **Wangenitzsee**, 2465 m, und der am Nordufer 43 m höher gelegenen **Wangenitzseehütte** ❸ (1.30 Std. ab Ladinigalm-Hütte), einem imposanten Ort für unsere Übernachtung.

Von der Wangenitzseehütte steigen wir am nächsten Morgen kurz am steinigen Berghang empor. Dort wendet sich der Steig Richtung Osten (talauswärts) und führt nach 20 Min. um ein ausgesetztes, seilversichertes Felseck. Diese Stelle am Südostgrat des Kruckelkopfes verlangt Vorsicht! Es folgt ein kurzer Abstieg ins **Kruckelkar** ❹, wo nach ca. 65 m ein Pfeil bergan zeigt. Auf Rasen- und Felskuppen empor, wo der Steig nach rechts in eine Halde verläuft, eine Felsrippe erreicht und beim Steinmann **P. 3136** ❺ endet (2 Std. von der Hütte). Weiter im Blockgelände hinauf zum Keesrest vor dem Gipfelkegel mit 2002 erneuertem Gipfelkreuz des **Petzeck** ❻ (Buch). Der **Abstieg** erfolgt auf der Aufstiegsroute.

Der kleine Smaragdsee hoch im Wangenitztal.

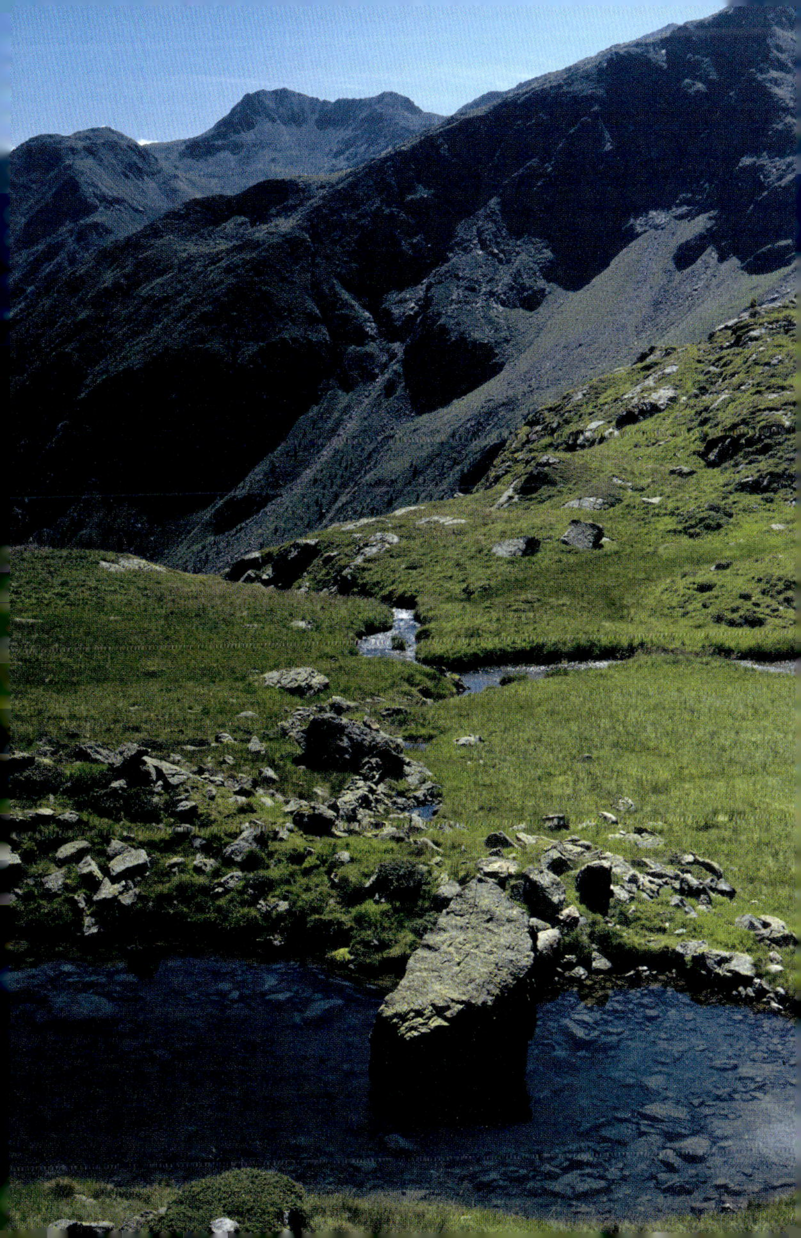

↗ 760 m | ↘ 760 m | 9.1 km

28 Schwarzkofelsee, 2430 m, und Straßkopf, 2401 m

5.00 h

Ein malerischer See am Hausberg der Iselsberger

Der Schwarzkofelsee ist als Karsee ein Kind der Eiszeit. Davon sprechen auch die gewaltigen Moränen und wuchtigen Blockgeschiebe beim Anstieg von den Iselsberger Almen zum Schwarzkofelsee, wo uns ein weit nach Süden offener Rastplatz erwartet.

Ausgangspunkt: Roaneralm (Raneralm), 1903 m. Von Winklern oder Iselsberg zur Iselsberg-Passhöhe und zur Abzweigung »Schöne Aussicht«. Dorthin 2 km lange, asphaltierte Bergstraße. Ein ca. 10 km langer Fahrweg, bez. 7, Maut 4 Euro, ist bis zur Roaneralm für Pkw zulässig; Parkplatz vor der Hütte. Gehzeit ab »Schöner Aussicht« am alten Almweg 2–2.30 Std.

Anforderungen: Anspruchsvolle Bergwanderung mit zwischendurch kurzen steilen Anstiegspassagen; zum Straßkopf an einigen Stellen Trittsicherheit nötig. Markiert, Tafeln.

Einkehr/Unterkunft: Gasthof Schöne Aussicht, 1300 m, auf dem Anfahrtsweg, ganzjährig geöffnet, Mo Ruhetag, Nächtigung möglich, Tel. +43 4852 67490. Roaneralm, Sommerjausenstation, Tel. +43 664 9492883, Winterrodelbahn, die Hütte ist an Wochenenden im Februar und März geöffnet.

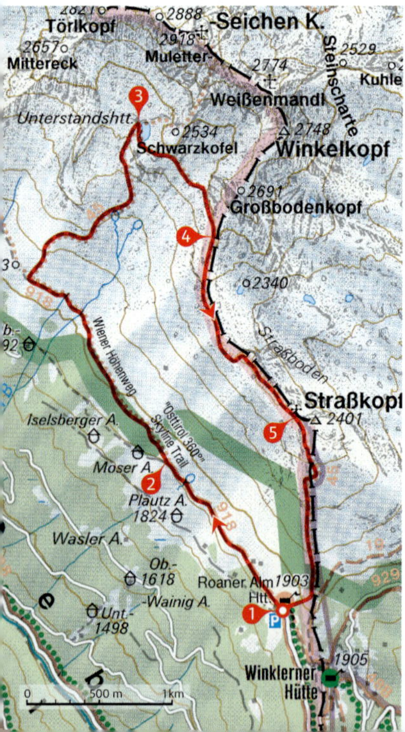

Wir verlassen die **Roaneralm** ❶ auf einem Karrenweg, der nordwestlich taleinwärts führt und nach 20 Min., zwei Gattern und mit leichtem Gefälle die Abzweigung des Wiener Höhenweges erreicht. Dieser führt uns über sanfte Rücken und geneigte Hänge zum Hinweis zum Schwarzkofelsee (45 Min.). Von der Abzweigung steigen wir in nördlicher Richtung an und auf den Rasenhängen der **Iselsberger Alm** ❷ aufwärts. Nach ca. 45 Min. überschreiten wir den schmächtigen Dietenbach und erreichen an seinem Ursprung den sogenannten Brennstall, das ineinander verkeilte Blockwerk einer Moräne. Auch den weiteren Aufstieg prägen große Blöcke in guter Abstimmung mit den darüber wuchtig

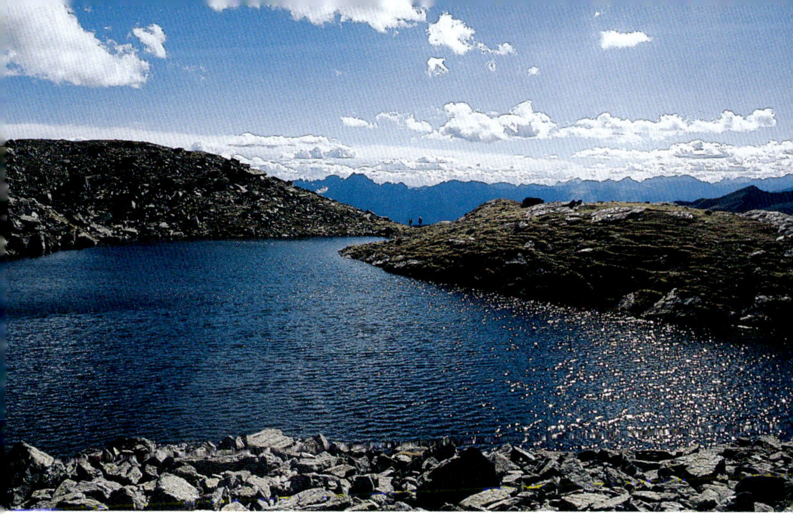

Der Schwarzkofelsee verschönert die Straßkopf-Wanderung.

aufragenden Seichenköpfen. In diese urige Landschaft passt blau und verträumt der **Schwarzkofelsee** ❸ (2.30 Std. von der Roaneralm). Ein Kreuz steht auf der harten Uferböschung und Seppl's Hütte, ein provisorischer Unterstand, schützt bei unsicherem Wetter.

Der fortsetzende Steig quert ein Blockfeld mit anschließender Steigung in Richtung **Großbohnscharte** ❹, 2509 m, am Fuß des Großbohn-Südkammes (30 Min. ab See). Dort halten wir kurz bei der Dr.-Toni-Egger-Bank, die an diesen begeisterten Bergsteiger und bedeutenden Geologen erinnert. Der Steig fällt talseitig etwas ab und kehrt zum »Wiesl« auf dem Blockkamm zurück, bevor mit dem **Straßkopf** ❺ (Gipfelkreuz, Buch) ein schöner Aussichtsplatz der Rundtour erreicht ist (45 Min. ab Großbohnscharte).

Der Abstieg zur Roaneralm führt über gutartige Rasenhänge südlich hinab auf eine Rasenkanzel (Bank), später an einem Zäunchen und Klaubsteinmauern entlang, ehe im schütteren Lärchensaum Tafeln zur **Roaneralm** ❶ westlich und zur Winklerner Hütte (ÖAV) östlich weisen.

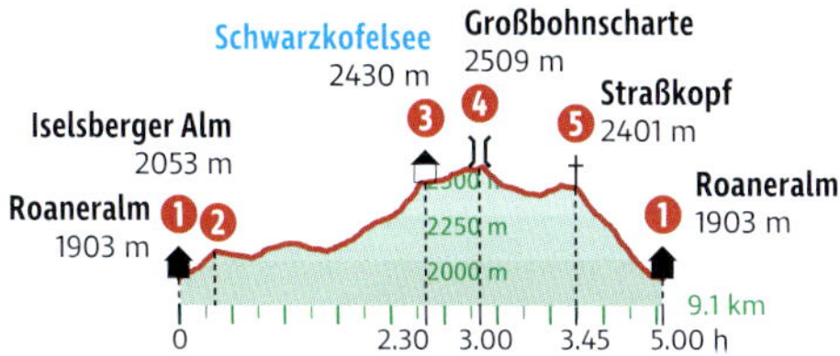

↗ 680 m | ↘ 680 m | 8.4 km

29 Winklerner Hütte, 1905 m, und Almsee-Rundwanderung

4.30 h

Auf dem Waldsteig unterwegs zur Winkleren Hütte

Die alte Viehkaser bei der Winklerner Hütte gilt als ein besonderes zeitgeschichtliches Dokument und als Zeugnis einer bäuerlichen Lebens- und Arbeitsweise, die über Jahrhunderte gleich geblieben ist und auch heute noch ihre Gültigkeit hat. Bemerkenswert ist beim Eingang des St.-Benedikt-Kirchls ein Propeller in Erinnerung an ein hier im Ersten Weltkrieg abgestürztes Postflugzeug.

Ausgangspunkt: St.-Benedikt-Kirchl, 1375 m. Vom Iselsberg-Pass zweigt im Bereich der Antonius-Kapelle der Güterweg Penzelberg ab. Bei der ersten Weggabel rechts weiter und nach der Galerie und dem Tunnel zum Kirchl, begrenzter Parkplatz.
Anforderungen: Am Waldsteig zur Winklerner Hütte etwas mühsam, die Almseerunde dagegen landschaftlich schön und auch für Kinder gut geeignet.
Einkehr/Unterkunft: Winklerner Hütte (ÖAV), 1905 m, erbaut 1966/69 von der Sektion Winklern, Anf. Juni–Mitte Okt. und an Winterwochenenden, 18 Schlafplätze, Tel. +43 664 5313113, winklernerhuette.at. Winklerner Viehkaser, 1976 m, Jausenstation im Sommer.
Variante: Aufstieg vom St.-Benedikt-Kirchl nicht am Waldsteig, sondern am Fahrweg bis zum Josef-Kogler-Gedenkkreuz und dort auf einem Naturweg hinauf zum Parkplatz 10 Min. unterhalb der Winklerner Hütte.

Die Winklerner Hütte mit Sommer- und Winterbetrieb.

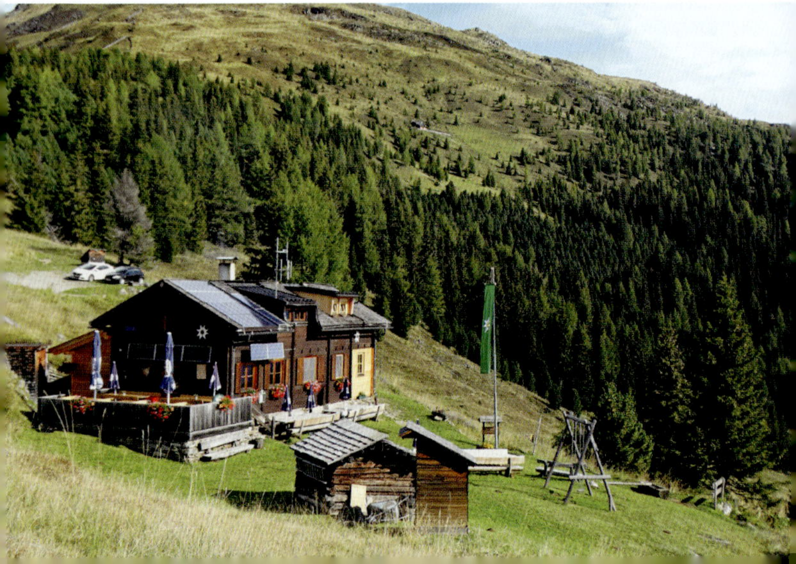

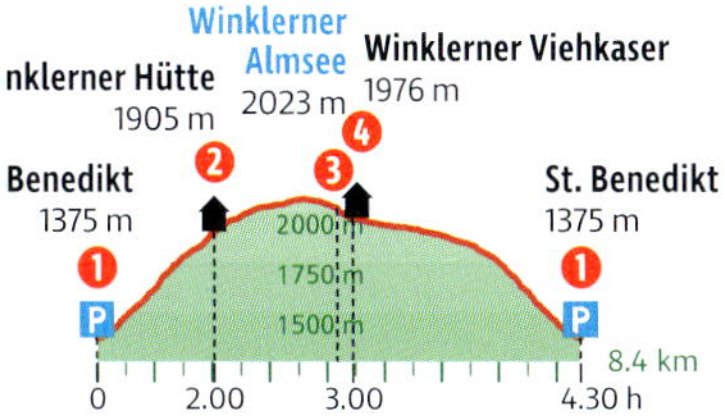

Beim **St.-Benedikt-Kirchl** ❶ folgen wir dem links abzweigenden Weg, ehe nach ca. 250 m ein Waldsteig bergwärts führt. Teilweise steil, queren wir den Fahrweg neun Mal. Wir schreiten nach gut 1 Std. am **Pirknerkreuz** vorbei und später an zwei umzäunten Almhäusern. Dann ist es am Wiesenpfad hinauf zur **Winklerner Hütte** ❷ nicht mehr weit (gesamt 2 Std.).

Ein Wiesenpfad führt von der Hütte in 5 Min. hinauf zum zaungesäumten Waldkamm und höher oben zur beschrifteten Abzweigung zum Almsee. Bei leichter Steigung kommen wir an der **Erlacher Hütte** vorbei und an der Scheitelstelle des Steiges an einem tischgroßen Felsblock. Rast bietet das S'Namlach Bankl mit freier Sicht in das Untere Mölltal. Schließlich steigen wir zwischen Heidekraut und fest sitzenden Blöcken zum **Winklerner Almsee** ❸, 2023 m, ab, wo das Blau von Wasser und Himmel ineinanderfließen.

Nun in 10 Min zur tiefer gelegenen **Winklerner Viehkaser** ❹ und weiter auf dem Almweg abwärts. Wir kommen am Wetterkreuz vorbei, später beim Almgatter mit NP-Tafel und beim »Zachlerch«. Nach 30 Min. zweigt der Waldsteig zum **St.-Benedikt-Kirchl** ❶ ab (gesamt 1.30 Std. ab Winklerner Viehkaser).

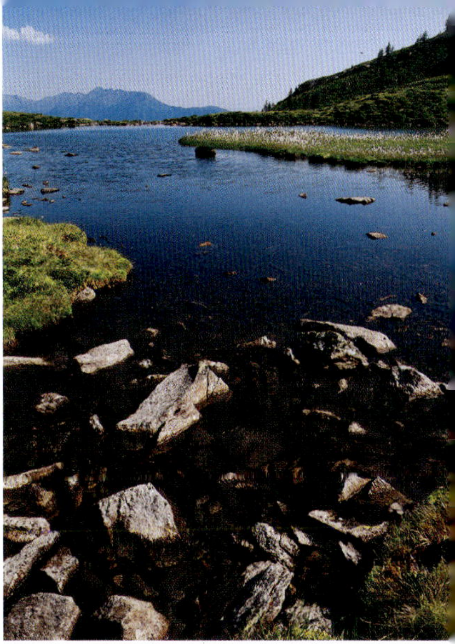

Der Almsee oberhalb der Winklerner Viehkaser.

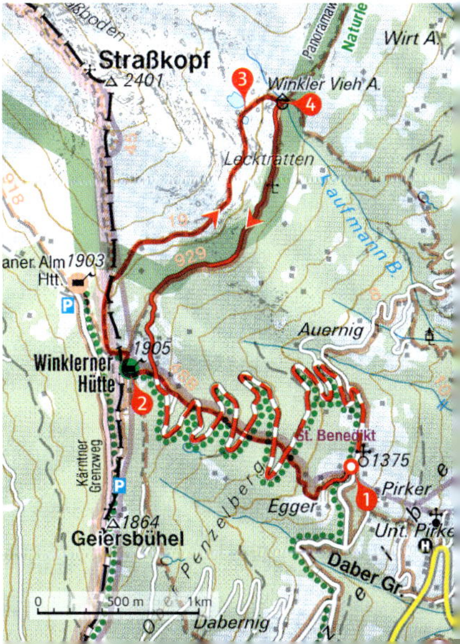

↗ 400 m | ↘ 400 m | 12.1 km

30 Pichleralm – Winklerner Viehkaser – Winklerner Hütte

3.45 h

Am Nationalpark-Panoramaweg hoch über dem Mölltal

Der als Familienwanderweg bekannte und angenehm begehbare Nationalpark-Panoramaweg ist auch Kindern ein zumutbares Bergerlebnis. Murmeltiere sind nah, Gämsen gelegentlich auf hohen Bergflanken sichtbar. Sicher sind uns aber die Alpenrosenblüte im Früh- und Preiselbeeren im Spätsommer. Die Bergwanderung lässt sich mit dem Besuch des Almsees stimmungsvoll erweitern und zur Winklerner Hütte deutlich verlängern.

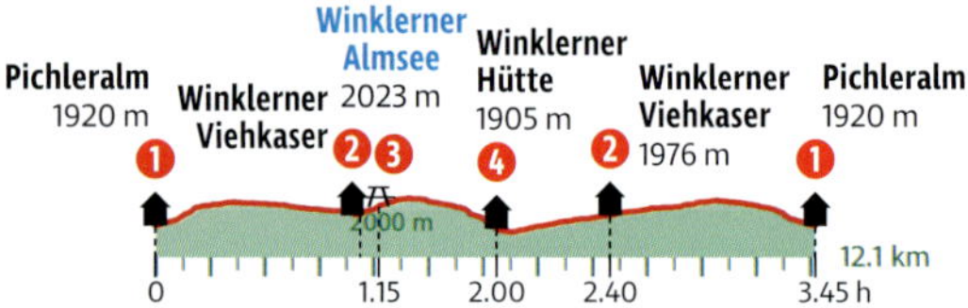

Ausgangspunkt: Parkplatz Pichleralm, 1920 m. Zufahrt: Von Mörtschach, Gasthof Fair (ehemals Ghf. Post) über die Möll und am Rettenbach bis zum höchstgelegenen Haus (Nr. 4), dann am Naturweg zum Parkplatz.
Anforderungen: Unschwierige, aussichtsreiche und lohnende Wanderung im Kärntner Teil des Nationalparks.

Einkehr: Pichleralm, 1920 m, seit 1976, 2020 gediegen umgebaut, ganztägig bewirtschaftet, Tel. +43 676 5309632. Winklerner Hütte (ÖAV), 1905 m, erbaut 1966/69 von der Sektion Winklern, Anf. Juni–Mitte Okt. und an Winterwochenenden, 18 Schlafplätze, Tel. +43 664 5313113, winklernerhuette.at. Winklerner Viehkaser, 1976 m, Jausenstation im Sommer.

Die Untere Pichleralm hoch über Rettenbach.

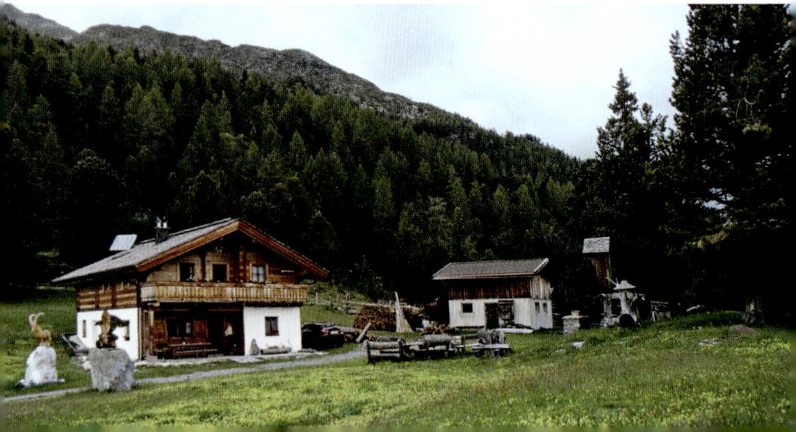

Der naturbelassene Nationalpark-Panoramaweg steigt bergseitig der **Pichleralm** ❶ zwischen Föhren und Zirben leicht an und führt an einem umzäunten Stadel vorbei. Am **Kammerbühel**, 2033 m, haben wir schon den höchsten Punkt unserer Wanderung erreicht und beachten die Hinweise »Alpinsteig zur Wangenitzseehütte« nicht. Im leichten Auf und Ab geht es südwestlich entlang sanfter Hangrücken. Im Weiteren überschreiten wir das Kaufmann- und später das Mühlbachl, ehe wir zur **Winklerner Viehkaser** ❷, 1976 m, gelangen (1 Std.); Jausenstation während der Sommerzeit.

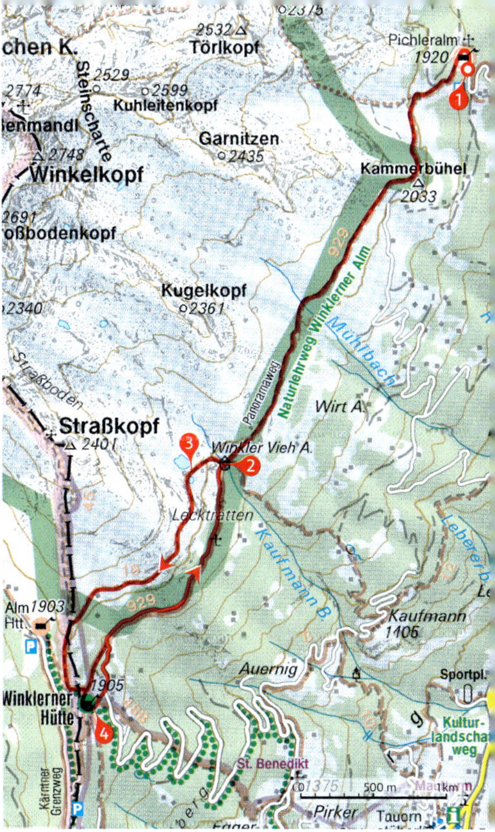

Zum Almsee verlassen wir die Viehkaser auf einigen Steinstufen und gelangen, einen Rasenhang locker ansteigend, in 15 Min. zu einem ausgesucht schönen Rastplatz. Gemeint ist der idyllische **Winklerner Almsee** ❸ (Bänke), 2023 m, mit dessen vorgelagerten, mit Wollgras geschmückten Tümpeln. Dann weiterhin aufwärts zum S'Namlach Bankl und kurz zur Scheitelstelle, auf der ein kantiger Blockwürfel ruht. Bei leichtem Gefälle kommen wir an der **Erlacher Hütte** vorbei und weiter zur Wegtafel am Straßkopf-Kamm, wo bergab und zaungesäumt die Roaneralm westlich und die **Winklerner Hütte** ❹ östlich erreichbar sind.

Der Rückweg führt ab der Winklerner Hütte über eine Bergwiese (Gatter) und durch eine Waldparzelle hinab zum Almweg. Etwas Aufmerksamkeit gilt den Nationalpark-Infotafeln beim Weggatter, der »Zachlärche« knapp unterhalb und Rastbänken neben dem Weg. Schließlich noch beim Wetterkreuz vorbei zur **Winklerner Viehkaser** ❷ (ca. 40 Min.). Dann bleibt noch der Panoramaweg (Steig) zurück zur **Pichleralm** ❶ (gut 1 Std.).

↗ 1350 m | ↘ 1350 m | 20.7 km

31 Ederplan, Zietenkopf, 2483 m, und Wildsee, 2267 m

9.00 h

Grate, Seen, Almen und unberührte Waldszenerie

Mit der Tour vom Anna-Schutzhaus zum Wildsee und dem Rückweg auf der Mölltaler Seite des Zietenkammes bietet sich eine Ausdauer verlangende Rundwanderung an, bei der wir die Höhenstufen vom Wald bis hinauf zur felsigen Gipfelregion durchstreifen. Am Zwischenbergensattel liegt das Feuchtbiotop und Naturdenkmal Zwischenbergenlacke. Die Geschichte des Anna-Schutzhauses beginnt mit dem bedeutenden Genre- und Historienmaler Franz von Defregger und seiner ursprünglich 1882 erbauten kleinen Hütte, benannt nach seiner Gattin Anna. 1990 übernahm der ÖTK Dölsach unter der bewährten Führung von Sepp Mayerl, vulgo Blasl, die Hütte und gestaltete sie zum gediegenen Schutzhaus um.

Der Wildsee mit Kegelstattkegele und Kesserkogel.

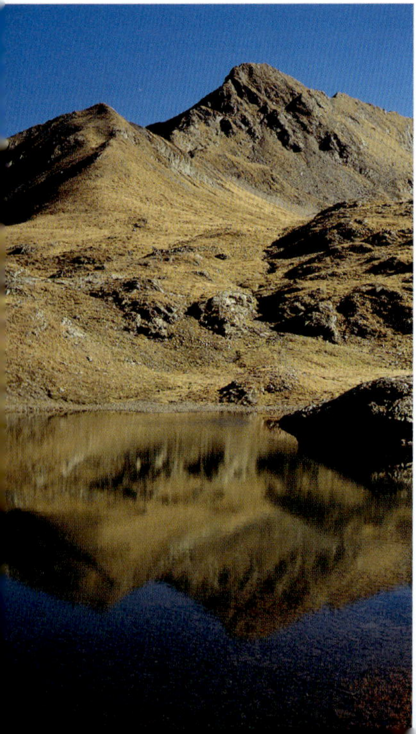

Ausgangspunkt: Zwischenbergensattel, 1474 m. Zufahrt von Iselsberg-Stronach über mautpflichtige Naturstraße zum Parkplatz am Sattel, zu Fuß 1 Std. ab Stronach. Oder von Winklern auf der Iselsbergstraße 1,5 km hinauf zur ersten großen Kehre und zum Abzweig in den Ortsteil Zwischenbergen. Dort auf Asphaltstraße zum höchstgelegenen Bauernhof, 1320 m, begrenzte Parkmöglichkeit. Dann zu Fuß in 30 Min. am Naturweg zum Zwischenbergensattel. Eine Mautstraße führt vom Dölsacher Ortsteil Görtschach (Gebühr beim Hubergehöft, 7 Euro) über 9 km in das Ruhegebiet 30 Min. unterhalb des Anna-Schutzhauses (Parkplatz).
Anforderungen: Trittsicherheit, Ausdauer und Schönwetter erforderlich, schneefreie Jahreszeit vorteilhaft.
Einkehr/Unterkunft: Anna-Schutzhaus, 1992 m, ÖTK Dölsach, Anf. Juni–30. Okt., 11 Lager, 20 Betten, Tel. +43 677 63690679, annaschutzhaus.at. Die Planek-Halterhütte, 1997 m, ist versperrt, Trinkwasser 5 Min. östlich am Wandersteig.
Variante: Bald nach dem Michelsberger Törl zweigt ein markierter Steig zum Lussensee ab und führt weiterhin übersichtlich zum tiefer liegenden Steig 318a, ca. 12 Min. vor der Planek-Halterhütte (ca. 1 Std.; insgesamt ca. 3 Std. kürzer)

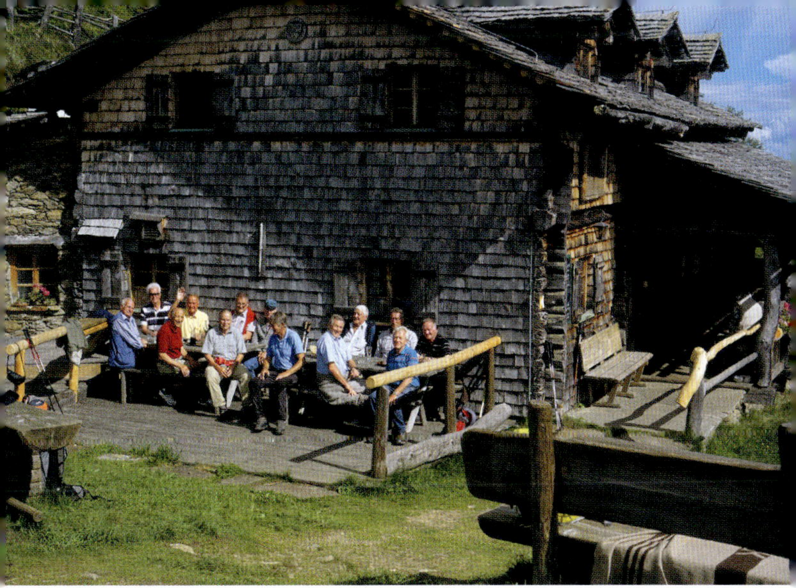

Das Anna-Schutzhaus, ein von früh bis spät im Jahr beliebter Treffpunkt.

Vom Parkplatz am **Zwischenbergensattel** ❶ lenken Wegtafeln zum Ederalmweg, eigentlich nur ein Steig, der nach einer steileren Waldparzelle an der Ederalmhütte vorbeiführt. Wir betreten eine Lichtung, die im oberen Teil vom Fahrweg begrenzt wird. Wiederum dringt der Steig in den Wald ein und holt nach einigen Kehren südlich aus, wo wir auf einer Bergwiese beim originellen **Anna-Quell** kurz innehalten. Unweit davon ist ein mit Rasen und Steinen umböschter Teich als Löschwasserbecken gedacht. Einzelne private Almhütten stehen etwas abseits vom Steig, der nach einer letzten Kehre zum **Anna-Schutzhaus** ❷ lenkt (1.30 Std.). Zum Heimkehrerkreuz am Gipfel des **Ederplan**, 2061 m, sind es von der Hütte aus noch 15 Min.

Der Rundwanderweg über den Zietenkopf verlässt das Anna-Schutzhaus in östlicher Richtung und erreicht zwischen buschigen Fichten das Lainacher Törl, 2064 m (20 Min.; Hinweistafel nach Lainach). Vor uns erhebt sich der Loneskopf, 2316 m (Kreuz), den wir rechts (südlich) umgehen. Wir queren sonnige Hänge, kommen am Wernischbrünnl vorbei und betreten den Zietenkamm wieder am **Lindsberger Törl** ❸, 2296 m (1.30 Std. vom Anna-Schutzhaus). Der Steig führt nun entlang kleiner Kammhügel und erreicht das grasbedeckte **Michelsberger Törl**. Ab hier wandern wir auf der Schattseite des Zietenkammes weiter. In der Folge weist eine Tafel hinab zum 15 Min. tiefer gelegenen Lussensee, 2185 m. (Hier kann man sich für eine kleinere Runde entscheiden, siehe Variante.)

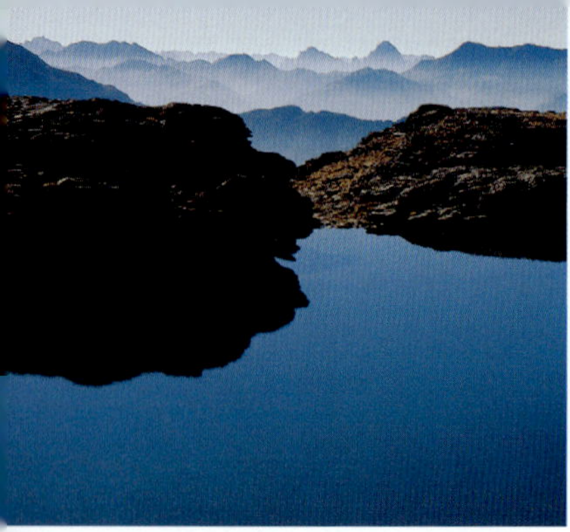

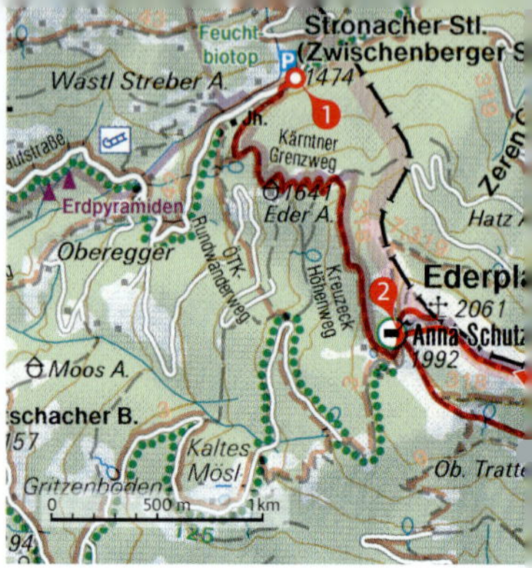

Der Wildsee und die verblauenden Berge unter südlicher Sonne.

Wir bleiben der großen Runde treu, bez. 318, die unschwierig über den teils felsdurchsetzten, schattseitigen Berghang führt. Der abschließende Aufstieg zum **Zietenkopf** ❹, 2483 m, fordert noch ein wenig Kraft (Kreuz der Nikolsdorfer Landjugend).

Es folgt ein Abstieg über eine Grasflanke und zwischen kulissenartigen Felsen zum Damer Törl, 2318 m (15 Min.). Mit unverändert prachtvoller Sicht auf die Lienzer Dolomiten und in das Herz der Kreuzeckgruppe queren wir den Damerkopf (auch »Dannknopf«) zur Linken und erreichen später am nordöstlich abdrehenden Kamm ein Gedenkkreuz. Mit abschließend leichtem Gefälle gelangen wir zum lichtblau schimmernden **Wildsee** am **Wildseetörl** ❺, 2268 m (1 Std. ab Zietenkopf, ca. 3.30 Std. vom Anna-Schutzhaus).

Hier liegt der Wendepunkt der großen Rundwanderung. Wir wechseln nun auf Mölltaler Gebiet, wo der Weg (bez. 318a) durch naturbelassene Hochwaldzonen und über Hanglichtungen verläuft. Vom Wildsee abwärts erreichen wir einen Karboden mit einem lang gestreckten Klaubsteinmäuerchen. An diesem entlang und einen kleinen Bach überspringend führt der Weg durch Alpenrosenböden (auf markierte Steine und Holzpflöcke achten). Im

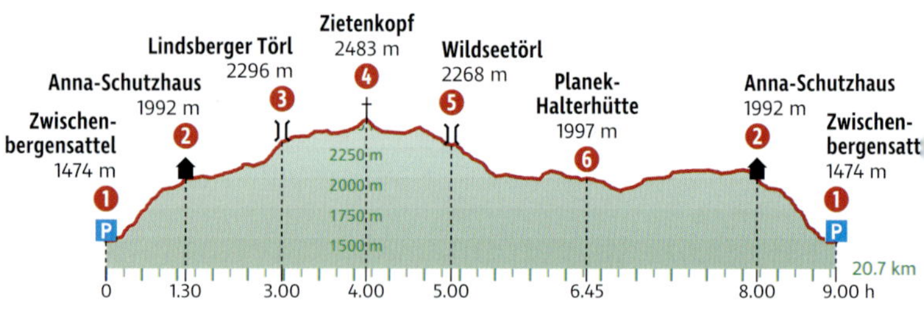

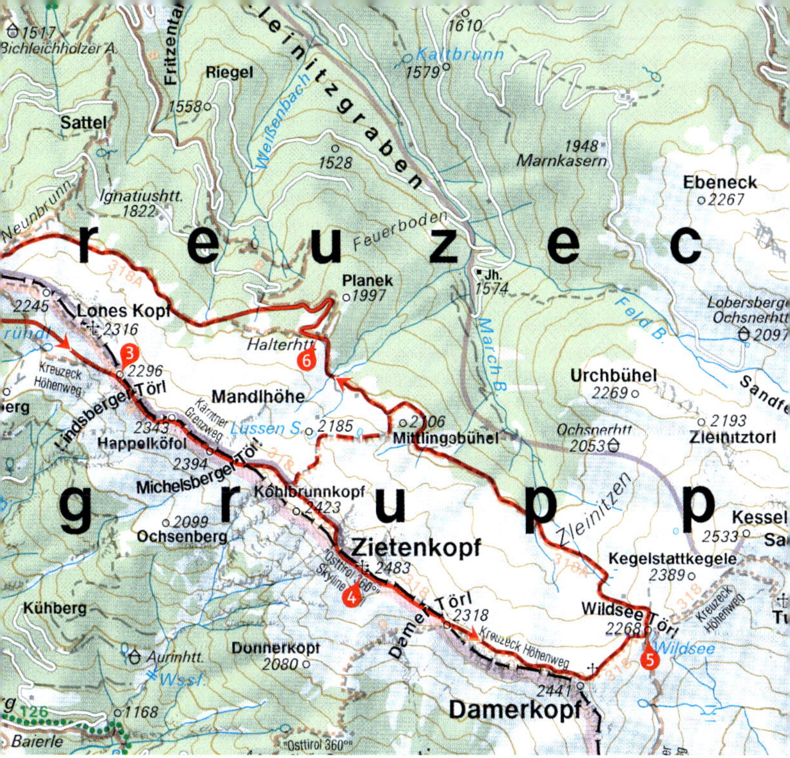

weiteren Verlauf überschreiten wir zwei mit urigen Lärchen und Zirben bewachsene Geländekanten und gelangen in eine von kleinen, sauberen Bächen belebte, großräumige Hangbucht. Dort erwartet uns ein ca. 20-minütiger Aufstieg zu einer dritten waldbestandenen Geländekante, von der aus die Planekhütte schon sichtbar ist. Dorthin verläuft der Steig fast eben an einem türlosen Stall vorbei und schließlich über einen Bach mit erfrischender Quelle, ehe neben urigen Baumriesen die erwähnte, rundum erneuerte **Planek-Halterhütte** 6, 1997 m, erreicht wird (1.45 Std. vom Wildsee).

Mit weiteren kleinen Gegensteigungen durchqueren wir die gegen das Mölltal geneigten Lärchenhänge und erreichen das anfänglich erwähnte Lainacher Törl (Tafelhinweis nach Lainach), wo uns vom **Anna-Schutzhaus** 2 noch 20 Min. trennen. Die Schlussstrecke kann man auch über das Heimkehrerkreuz am Ederplan legen, von dem man in 10 Min. zum Schutzhaus absteigt.

Am Aufstiegsweg kommen wir zurück zum **Zwischenbergensattel** 1

↗ 880 m | ↘ 880 m | 16.0 km

32 Lainacher Kuhalm (Ronehütte) – Planek – Lussensee, 2185 m

6.00 h

Ein Projekt »Schule auf der Alm«

Die Ronehütte bzw. Lainacher Kuhalm besteht seit 1962, betreibt eine Almkäserei mit Sennereiführungen und liegt auf baumfreien Bergwiesen. Die Almkapelle zum hl. Leonhard steht 8 Minuten höher.

Ausgangspunkt: Ronehütte, 1416 m. Auffahrt von Bad Lainach, dort bei der westlichen Ortstafel zur Aufzughütte im Ort. Ein Forstweg (beleuchtete Winterrodelbahn) führt anfänglich asphaltiert, dann als Naturweg zur Ronehütte.
Anforderungen: Rundtour über Planek und zurück zur Ronehütte, landschaftlich schön, doch etwas Ausdauer erforderlich, dies im Wechsel von Steig- und Forstwegpassagen.

Einkehr: Lainacher Kuhalm (Ronehütte), 1416 m, am Ausgangspunkt, 15. Juni–15. Sept., Tel. +43 650 8464544, lainacher-kuhalm.at.
Variante: Gehweg »Kniebiß« von Lainach: Wir zweigen kurz vor der Schranke links ab, dort 100 m zum Kniebiß-Einstieg. Anfänglich geht es sehr steil empor, dann gemäßigter im Wald und auf Bergwiesen zur Ronehütte/Kuhalm (1.45 Std.).

Haben wir die **Ronehütte** ❶ mit Pkw erreicht, dann beginnt unsere Wanderung beim Parkplatz (Weggatter) wenige Minuten oberhalb der Alm. Wir gehen noch eine Wegkehre aus und sind in ca. 8 Min. bei der Abzweigung Ederplan/Anna-Schutzhaus (Bank und Tafeln). Dort tauchen wir auf fast ebenem Steig in den schattigen Wald ein und beachten die Tafel »Anna-

Die Ronehütte ist auch als Lainacher Kuhalm bekannt.

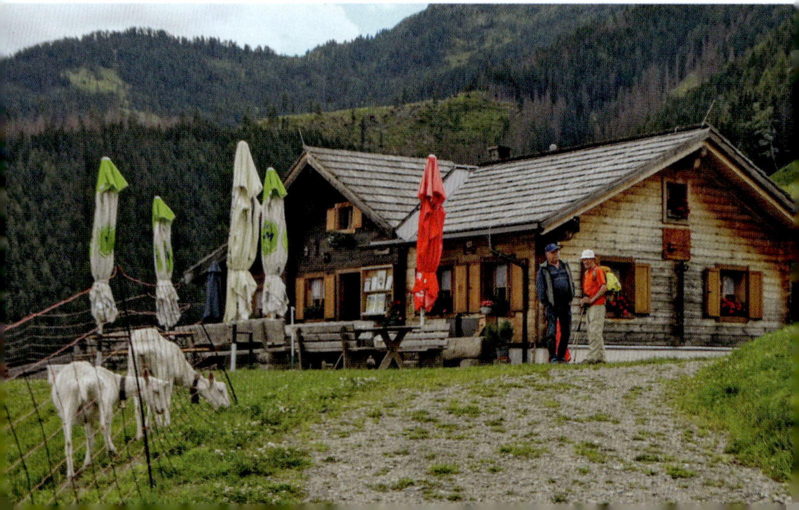

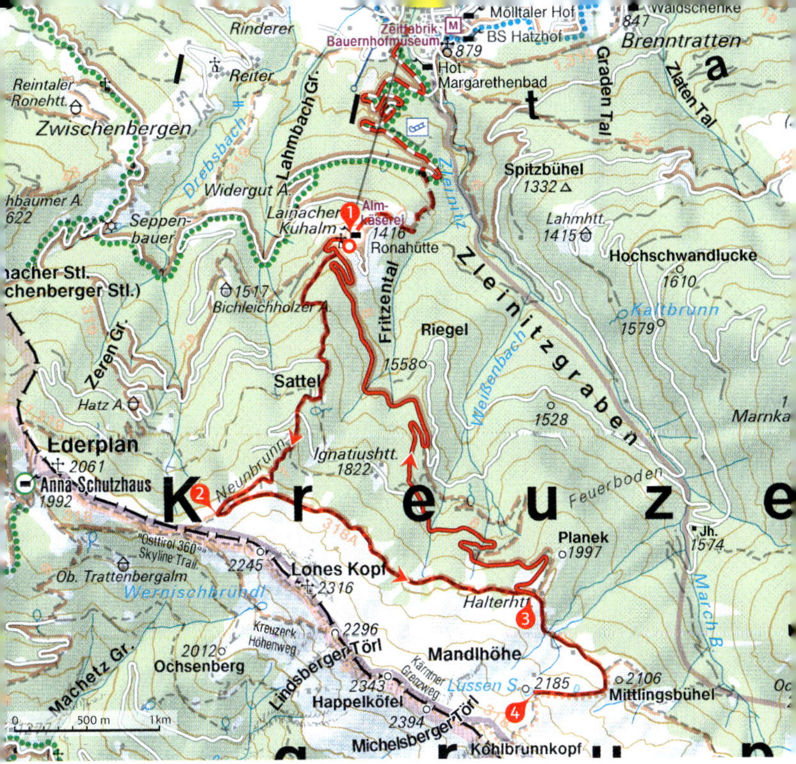

haus« auf einem dünnen Baumstämmchen. Etwas höher und steiler im geschlossenen Wald fällt ein riesiger Ameisenhaufen neben einer doppelstämmigen Fichte auf. Mehr Licht und Sonne fängt der Waldkamm ein und anschließend eine steile Lichtung, an deren rechtem Rand wir ansteigen. Später erzwingen vom Sturm entwurzelte Bäume eine kurze Umgehung. Wald und Hangwiesen wechseln und Quellwasser schöpfen wir aus einem

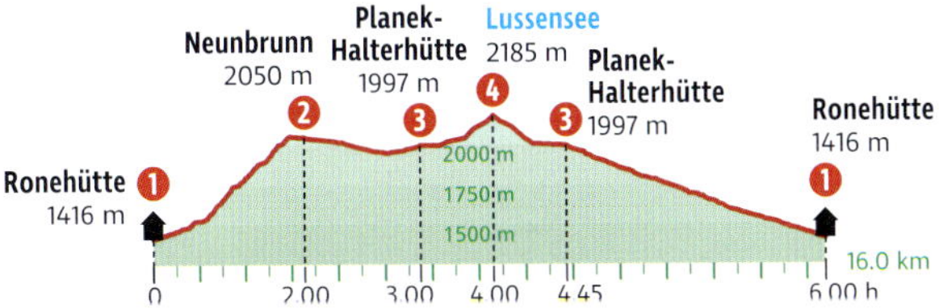

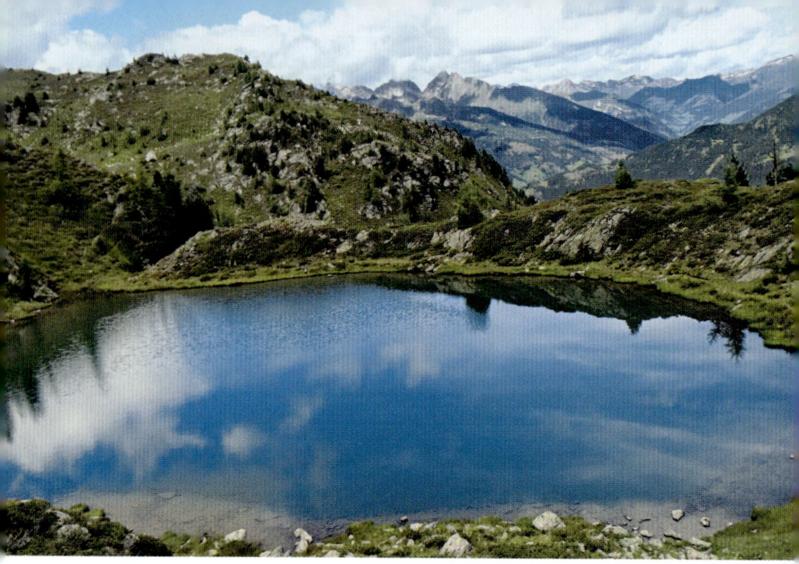

Es lohnt sich, der Wanderung den Lussensee anzuhängen.

Trog unweit eines fest gemauerten Stalles. Hier beachten wir einen am Waldkamm weiterführenden Karrenweg bis hin zur Steigteilung **Neunbrunn** ❷ (2 Std.), wo bei einem hölzernen Trog die Route 318a in Richtung Planek führt (nach rechts, westlich zweigt der Steig zum Lainacher Törl (Ederplan) ab. Der in unserer Marschrichtung – ostwärts – lenkende, markierte Steig durchmisst in leichtem Auf und Ab lichtdurchfluteten Hochwald. Lärchen, Heidekraut und Alpenrosen breiten sich zu unseren Füßen weitflächig aus. Wo wir eine fast baumlose breite Hangbucht queren, überrascht ein kräftiger Quellaustritt direkt am Steig. Dieser steigt im Weiteren stetig etwas an und mündet unmittelbar vor der **Planek-Halterhütte** ❸, 1997 m, in den Forstweg ein (1 Std. ab Neubrunn).

Weiter zum Lussensee nützt uns vorerst noch der Forstweg über zwei kleine Bäche bis zu einem offenen Stall, dann ein Steig zur Wegtafel Lussensee. Dort am Rasenhang und zwischen Zirben aufwärts und in einer sanften Hügellandschaft mit kleinen Tümpeln und vereinzelt Wollgrasbeeten zum einsamen **Lussensee** ❹, 2185 m (1 Std. ab Planek-Halterhütte.).

Zurück zur **Planek-Halterhütte** ❸ auf bekanntem Weg. Da das Sturmtief Vaia im Oktober 2018 den alten Steig weitgehend unbenützbar machte, bleibt uns für den weiteren Abstieg nur der Forstweg zur Lainacher Kuhalm. Dabei beachten wir drei Weggabeln, wobei für uns immer der markant breitere Weg gilt, ehe sich die Runde bei der **Ronehütte** ❶ schließt (2 Std. ab Lussensee).

↗ 850 m | ↘ 850 m | 8.8 km

4.30 h

Wallfahrtskirche Marterle – Hoher Leitenkopf (Zellinkopf), 2597 m

33

Wallfahrtswege und lohnende Gipfelüberschreitung

Die Geschichte des Marterle-Kirchls mit Bildstöcklweg führt in das Jahr 1854 zurück. Dieser Platz wurde nach einem Wetterkreuz benannt, das seinerzeit der »Walkerbauer« oberhalb des Weneberges aus Dankbarkeit zu einer kleinen Kapelle erweiterte. 1902 entstand die derzeitige Kirche und seit 1906 darf viermal jährlich der päpstliche Segen erteilt werden.

Ausgangspunkt: Wallfahrtskirche Marterle, 1849 m; Parkplatz. 12 km asphaltierte Bergstraße von Rangersdorf, über Ortsteil Witschdorf (Tafeln), auch für Busse möglich. Zu Fuß von Rangersdorf zum Kirchl (markiert, 1000 Hm, 3 Std.).
Anforderungen: Landschaftlich schöne und anspruchsvolle Bergtour. Am Kamm (markiert) gelegentlich nur ein Pfad. Einige Stellen seilgesichert, Trittsicherheit, insgesamt aber mäßig schwierig.
Einkehr/Unterkunft: Alpengasthof Marterle, 1849 m, 1. Juni–30. Sept., 19 Betten, Tel. +43 676 9373585. Rangersdorfer Hütte, 1. Mai–30. Sept., 10 Schlafplätze und Kinderlager, Selbstversorgerhütte in der Vor- und Nachsaison, Tel. +43 4823 455 oder +43 676 3925710.

Vom Parkplatz am **Marterle-Kirchl** ❶ gehen wir in westlicher Richtung etwa 8–10 Min. bis zur Fercher-Jagglhütte (Almkreuz). Dort zweigt ein Waldsteig bergwärts ab (Tafel) und führt nach ca. 30 Min. auf einen kleinen flachen Boden hinauf, mit verfallener Schupfe. Alpenrosen und Wacholder beengen

Steine und Blauer Eisenhut bedecken den Hohen Leitenkopf.

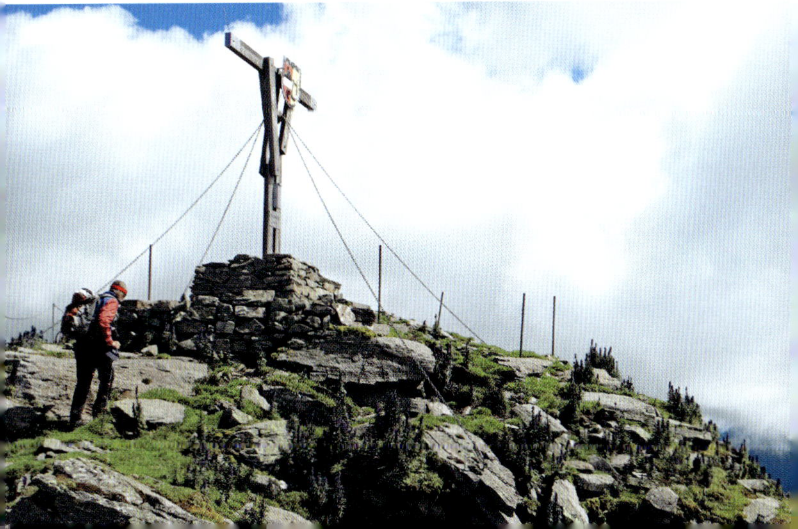

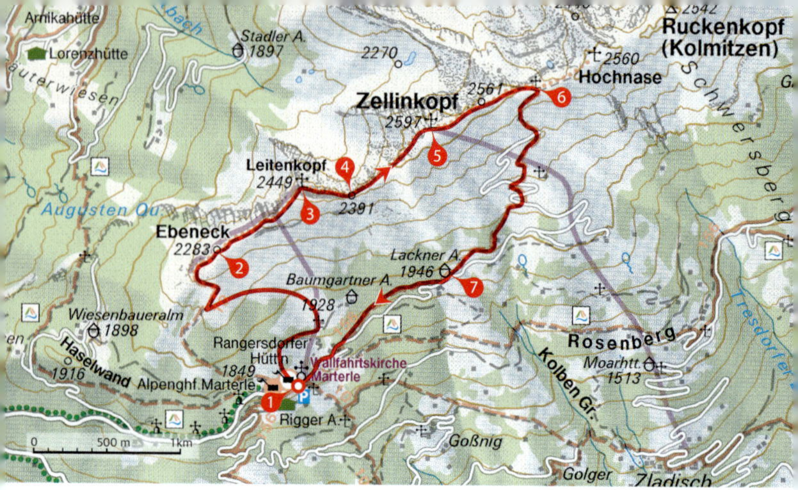

den Hangsteig, der felsig und sehr steil den Bergkamm erreicht und zum unscheinbaren **Ebeneck** ❷, 2283 m, führt (1.30 Std.). Dort umschreiten wir felsdurchsetzte Kammhügel südseitig, überwinden problemlos zwei kleine felsige Absätze und gelangen zum **Kleinen Leitenkopf** ❸, 2449 m, mit Kreuz (Klangspiel, Buch). Ein kleineres Kreuz ist dem Primizianten Herbert Zwischenberger gewidmet.

Der Abstieg führt in die zwischen Kleinem und Hohem Leitenkopf gelegene **Scharte** ❹, 2391 m. Anschließend umschreiten wir mit Vorsicht einige Felsköpfe nordseitig. Der Aufstieg zum **Hohen Leitenkopf** ❺ erfolgt am Südwestgrat, wobei geringe Abweichungen erforderlich sind (1 Std. vom Ebeneck). Weiter geht es bergab in nordöstlicher Richtung, wobei zwei unbedeutende Kammhügel unschwierig überschritten oder auch südseitig auf Steigspuren umgangen werden können. Wir erreichen einen **Kammsattel** ❻ (Steinmann) mit dem südseitig etwas tiefer stehenden Gedenkkreuz für Alois Steiner. Ein Steig führt hinab zur Bauhütte (Felsblock), wo wir die Wahl haben, auf der Werksstraße (im Zuge der Lawinenverbauun-

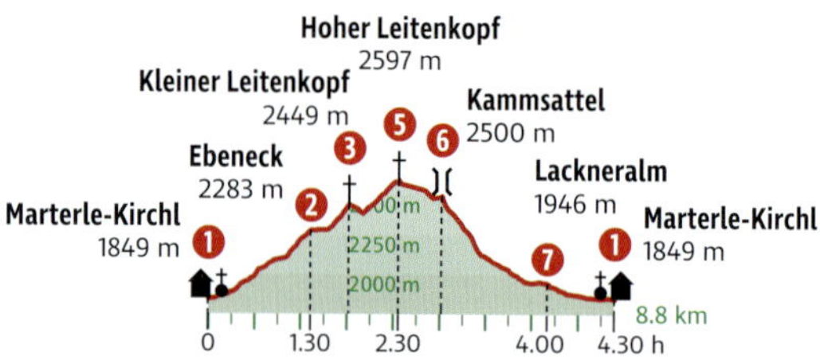

gen angelegt) oder weiterhin am Steig hangabwärts zum Ausgangspunkt zu gehen. Diesbezüglich queren wir dreimal die Werksstraße und gelangen an der Waldgrenze ins Quellschutzgebiet (0.45–1 Std.). Wir passieren die **Lackneralm** 7, 1946 m, und erreichen nach einer flach abgedeckten Schupfe (Gatter) auf einem grasbedeckten Karrenweg und schließlich am Wallfahrerweg das **Marterle-Kirchl** 1 (30 Min.).

Bemerkenswerte Kammtour über den Kleinen und Hohen Leitenkopf.

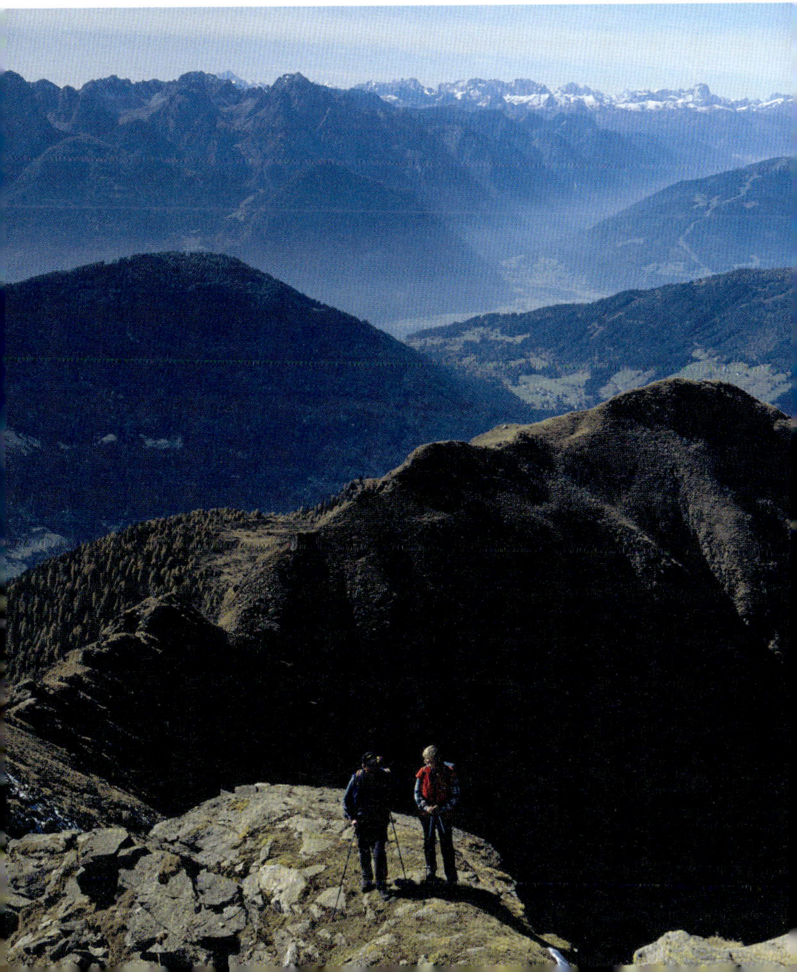

↗ 1220 m | ↘ 1220 m | 12.2 km

34 Staller-Wölla-Hochalm, Kirschentörl und Hochkreuz, 2709 m 6.45 h

Schöner Aussichtsgipfel am Kreuzeck-Höhenweg

Die Kärntner E-Wirtschaft (Kelag) hat die 7,5 km lange, asphaltierte Werksstraße im Wöllatal erbaut, deren Befahrung ist auf eigene Gefahr für den Pkw-Verkehr zulässig. Die Almen und idyllischen Bergseen im oberen Wöllatal sind für Wanderer aller Altersstufen ein überaus lohnendes Ziel.

Ausgangspunkt: Kelag-Speichersee im Wöllatal, 1500 m. Zufahrt von der Ortschaft Stall flussabwärts zur Möllbrücke. 100 m danach zweigt beim Haus Nr. 23 eine asphaltierte Werksstraße in das Wöllatal ab und endet nach 7,5 km knapp vor dem Kelag-Speichersee (versperrtes Gatter, Parkmöglichkeit).
Anforderungen: Unschwierige Bergwanderung auf den vierthöchsten Gipfel der Kreuzeckgruppe. Markiert, bez. 320, G1.
Einkehr: Keine.

Beim **Kelag-Speichersee** ❶, ca. 1500 m (Tafeln, Wassertrog, Wöllabachfall) führt ein alter Almweg auf einer Lichtung empor und lenkt zwischen Grauerlen und Lärchen in das südlich aufsteigende Wöllatal. Mit dem Rauschen des Wöllabaches im Ohr gelangen wir zu verstreut stehenden Almhütten mit Almkreuz und erfrischendem Quellwasser, so auch die **Obere Gößnitzer Hütte** ❷, 1684 m (30 Min.). Wir durchschreiten eine steinige Bergwiese und kommen später, von Zirben und Lärchen beschattet, am Grab eines Kosakenkindes vorbei (gestorben Ende Juni 1945).
Bald darauf wechseln wir auf ca. 1750 m Seehöhe die Bachseite (50 Min. vom Parkplatz; Abzweigung zum Törlkopf, bez. G2). Ein Kehrensteig führt zwischen hohen Bäumen am Schattseithang hinauf zu höher gelegenen Wollgrasböden, worauf wir neben Latschenköpfen

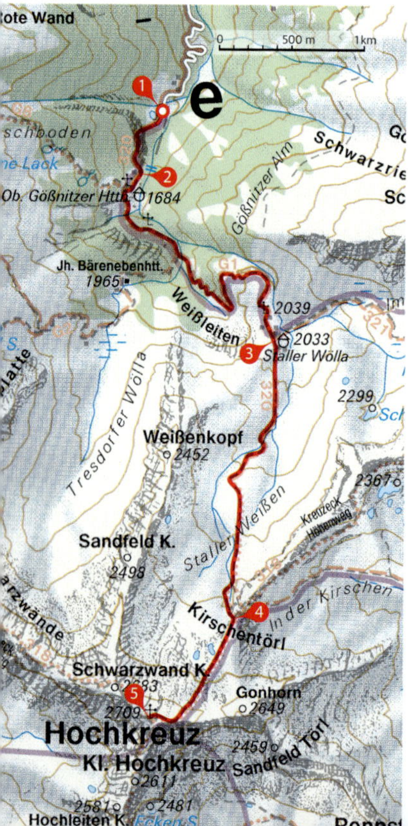

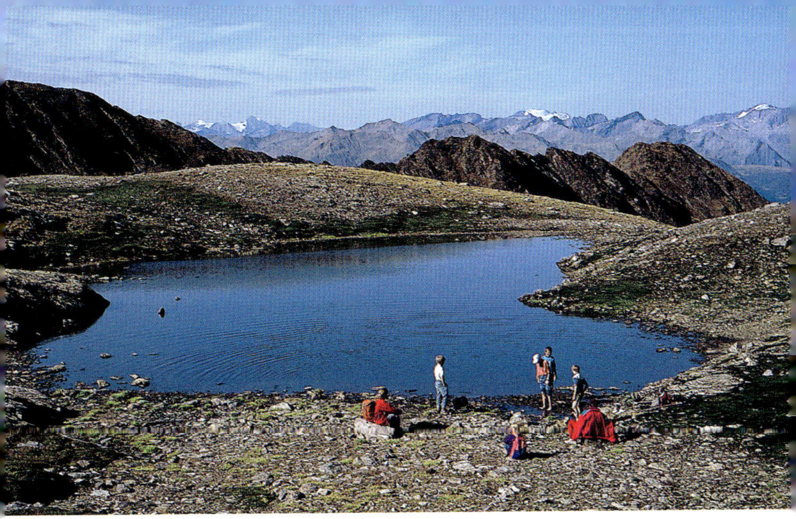

Rast beim Bergsee in der Staller Weißen.

und Gletscherschliffen zum »Wölla Kreuzl« und zur **Staller-Wölla-Hochalm** 3, 2033 m, gelangen (1.45 Std. vom Speichersee). Die aus mehreren Hütten bestehende Alm liegt geschützt und aufgeräumt in einem wuchsfreudigen Bergtrog.

Zum Hochkreuz weist eine Tafel in südliche Richtung. Der Steig erklimmt einen Fels-Rasen-Rücken, auf dem Zirben wie Wächter stehen, bez. 320. Anschließend breitet sich eine vom Bach geteilte, hügelige Bergwiesenlandschaft aus (Staller Weißen), die Tümpel und ein Bergsee erfrischend beleben. Über das **Kirschentörl** 4, 2450 m (Tafel »Feldnerhütte«), betreten wir den Nordostgrat, auf dem abschließend der Gipfel des **Hochkreuzes** 5 mit Kreuz und Buch unschwierig in 20 Min. zugänglich ist.

Abstieg auf der Aufstiegsroute in rund 3 Std.

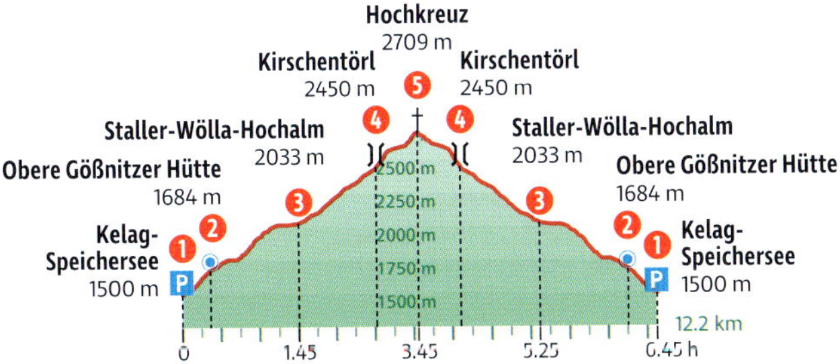

↗ 1250 m | ↘ 1250 m | 12.4 km

35 Staller-Wölla-Hochalm und Kreuzeck, 2701 m 7.00 h

Almen, Bergseen und ein lohnender Gipfel

Die Feldseen westlich des Kreuzecks bilden einen landschaftlich äußerst reizvollen Ort mit eindrucksvoller Flora. Schon zur Zeit der Schneeschmelze erwachen die Kleinen Alpenglöckchen mit nickenden glockenförmigen, zartrosa Blütenkronen. Der am höchsten aufsteigenden Blütenpflanze der Alpen, dem Gletscherhahnenfuß, begegnen wir noch am Gipfel des Kreuzecks, wo uns die vom reinen Weiß über Rosarot bis ins tiefe Weinrot variierenden Blüten erfreuen.

Ausgangspunkt: Kelag-Speichersee im Wöllatal, 1500 m. Zufahrt von der Ortschaft Stall flussabwärts zur Möllbrücke. 100 m danach zweigt beim Haus Nr. 23 eine asphaltierte Werksstraße in das Wöllatal ab und endet nach 7,5 km knapp vor dem Kelag-Speichersee (versperrtes Gatter, Parkmöglichkeit).
Anforderungen: Unschwierige, landschaftlich sehr schöne Bergwanderung, etwas Umsicht am Gipfelgrat nötig.
Einkehr: Keine.

Vom **Kelag-Speichersee** ❶, ca. 1500 m (Tafeln, Wassertrog, Wöllabachfall), führt ein alter Almweg auf einer Lichtung empor und lenkt ins südlich aufsteigende Wöllatal. Wir gelangen zu verstreut stehenden Almhütten mit Almkreuz und frischem Quellwasser, darunter die **Obere Gößnitzer Hütte** ❷, 1684 m (30 Min.). Danach gehen wir über eine steinige Bergwiese und kommen später am Grab eines Kosakenkindes vorbei (gestorben Juni 1945). Bald darauf queren wir den Bach (50 Min. vom Parkplatz; Abzweig zum Törlkopf). Ein Kehrensteig führt zwischen hohen Bäumen am Schattseithang hinauf zu Wollgrasböden, über die wir neben Latschenköpfen und Gletscherschliffen

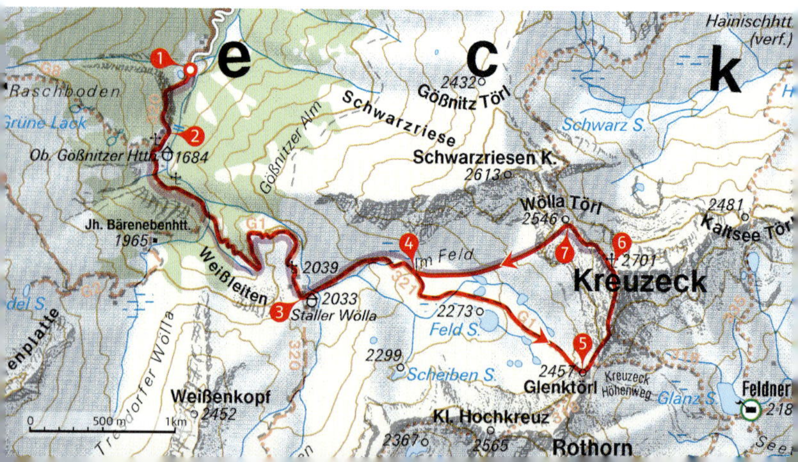

zum »Wölla Kreuzl« und zur **Staller-Wölla-Hochalm** 3, 2033 m, gelangen (1.45 Std. vom Speichersee).
Tafeln weisen in Richtung Feldsee und zum bereits sichtbaren Kreuzeckgipfel. Auf einer schmalen Brücke überqueren wir den Wöllabach und steigen ostwärts in das sogenannte »Feld« auf (45 Min.). Wir überschreiten einen im Gelände leicht eingetieften Bach und gelangen über sanfte Rasenstufen zum **Feldsee** 4 in einer stillen und unberührten Landschaft. Weitere Bergaugen schillern auch im nächsthöheren Karboden, ehe wir über Blöcke und Schutt zum **Glenktörl** 5, 2457 m, aufsteigen (1.15 Std. von der Stalla Wölla, Tafeln; Übergang zur Feldnerhütte 45 Min.).

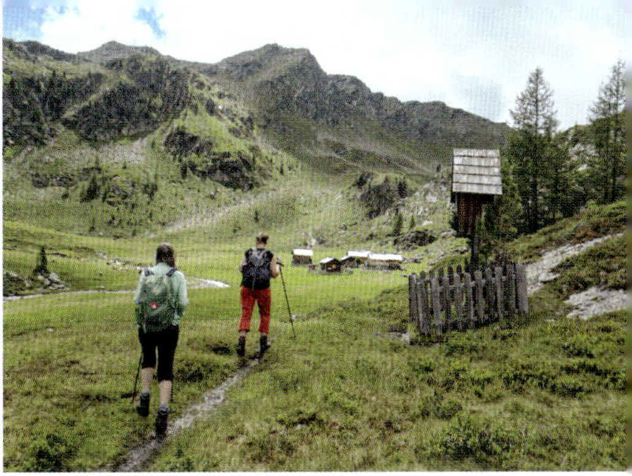

Die idyllische Staller-Wölla-Hochalm mit Gedenkkreuz.

Auf das Kreuzeck nützen wir großteils einen Steig bzw. Pfad, der ausreichend markiert am Südwestgrat emporführt, anfänglich auf der linken, dann auf der rechten Gratseite, wo auch der Steig von der Feldnerhütte einmündet. Noch einmal wechseln wir die mit Blöcken bestückte Gratseite, ehe wir von Süden über Rasen und Schutt und vorbei an blühfreudigem weißem Hornkraut den Gipfel des **Kreuzecks** 6 mit seinem stattlichen Metallkreuz erreichen (knapp 1 Std. vom Glenktörl).
Der Abstieg erfolgt auf der Aufstiegsroute oder unschwierig zum nordwestlich gelegenen **Wöllatörl** 7, 2546 m (knappe 30 Min.). Von dort steiglos entlang einer breiten Rasen-Blockrampe hinab zum weithin sichtbaren **Feldsee** 4 und kleineren Bergaugen (30 Min.). Der weitere Abstieg verläuft hinab zur **Staller-Wölla-Hochalm** 3 und zum **Kelag-Speichersee** 1.

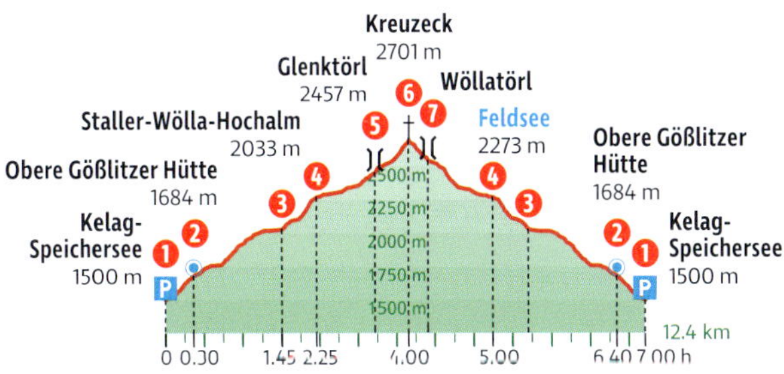

↗ 740 m | ↘ 740 m | 6.9 km

36 Am Sonnberg zu Klenitzenalm und Hochgrubenkopf, 2664 m

4.30 h

Ein stiller Winkel in der Sadniggruppe

Im älteren Sprachgebrauch war der Hochgrubenkopf als Schwarzseekopf bekannt, gleichnamig mit einem ihn nördlich zu Füßen liegenden Bergsee. Auf unserer Wanderung besuchen wir eine weitläufige Almenlandschaft mit der gefälligen Rundsicht am Gipfel, die auch mehrere versteckte Karseen mit einschließt. Darüber hinaus reicht der Blick bis in die Julischen Alpen. Der Hochgrubenkopf gilt auch als beliebter Skitourenberg.

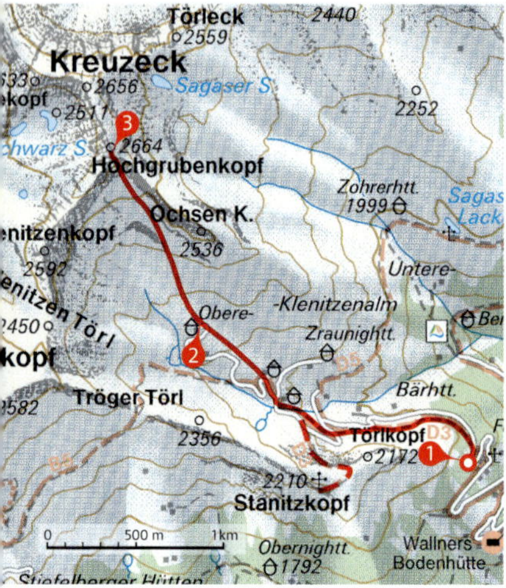

Den Ochsenkopf passieren wir rechts (westlich) entlang der erwähnten Moräne.

Ausgangpunkt: Die höchstgelegene Schranke am Sonnberg, 1940 m. Zufahrt: Vom östlichen Dorfrand von Stall, Gasthaus zur Brücke (Transformator), dann den Wegtafeln Sonnberg-Stranitzkopf folgend auf den Sonnberg hinauf. Beim Zraunighof, ca. 1400 m, endet die asphaltierte Straße bei der Schranke. Eine Maut von 5 Euro billigt die Weiterfahrt am Güterweg bis zur Wallners Bodenhütte, ca. 1760 m, 3,4 km. Der Güterweg reicht noch 1,5 km bis zur nächsthöheren Schranke auf gut 1940 m Höhe.
Anforderungen: Unschwierig und auch für Kinder geeignet.
Einkehr: Wallners Bodenhütte, 1760 m, am Anfahrtsweg, Anf. Juni–Ende Okt. Im Winter je nach Schneelage, keine Nächtigung, Tel. +43 664 4366122, jausenstationwallnersbodenhutte.business.site.
Variante: Stanitzkopf, 2210 m. Ca 35 Min. (Tafel) nach dem Startpunkt bergseitig abzweigender Steig zum Stanitzkopf mit Kreuz und Bank (Aufstieg 20 Min.).

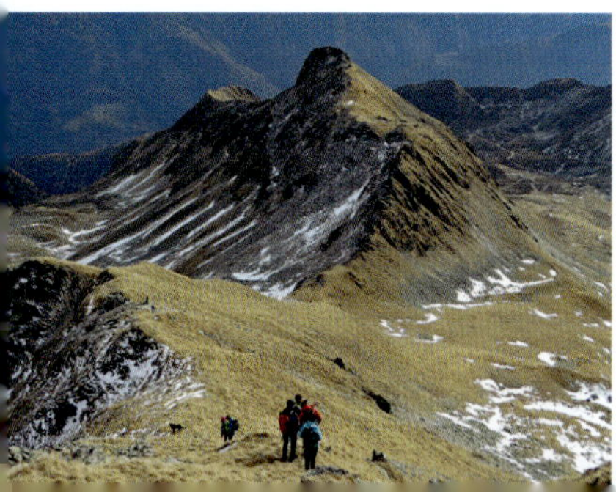

Parken wir bei der höchstgelegenen **Schranke** am **Sonnberg** ❶, 1940 m, dann wählen wir den Almweg oder bergseitig vom Parkplatz einen durch Junglärchenwald bergan führenden Steig. Nach guten 30 Min. passieren wir den Abzweig zum Stanitzkopf (Variante) und erreichen die **Lassnighütte**, 2157 m (Brunnen), auf einer Talstufe (45 Min.). Der Alm-

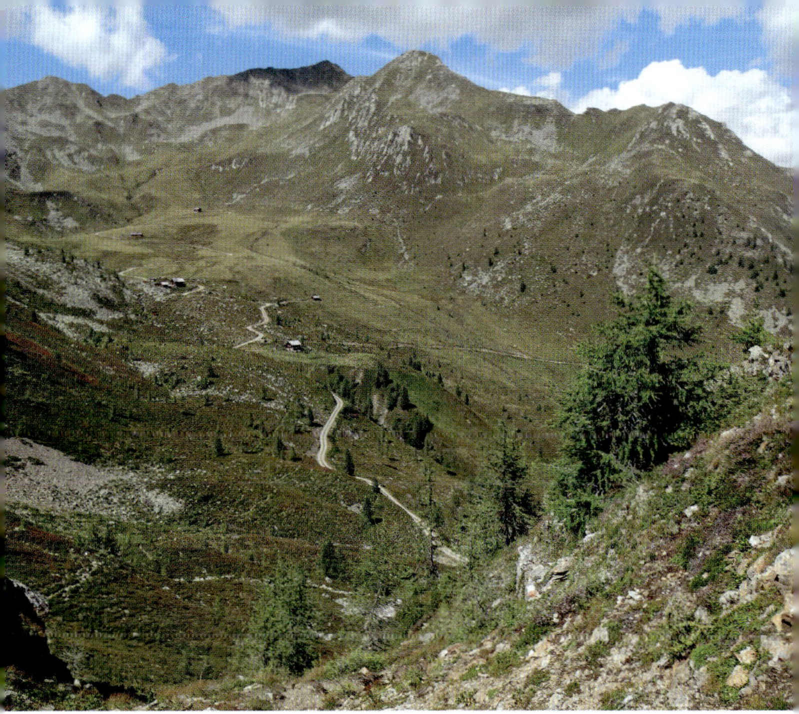

Blick auf das obere Klenitzental und den Hochgrubenkopf dahinter.

weg endet bei der höchstgelegenen Hütte der **Oberen Klenitzenalm** ❷, 2250 m (30 Min.).

Im weit offenen Bergwiesengelände mit räumlich getrennt stehenden Hutten folgen wir der Markierung und gelegentlich nur dem Pfad. Wir nähern uns dem Ochsenkopf, 2536 m, genauer seiner ihm zu Füßen liegenden, spärlich begrünten Moräne. Ihr zur Seite folgt ein kurzer Anstieg auf einen Rasensattel zwischen Ochsenkopf und **Hochgrubenkopf**. Zu unserem Ziel trennen noch 170 Hm auf einer leicht gestuften, nach oben hin ziemlich steilen Rasenflanke. Das **Gipfelkreuz** ❸ mit Inschrift und Buch besteht seit 2017 (knapp 1.30 Std. von der Klenitzenalm).

Abstieg auf derselben Route.

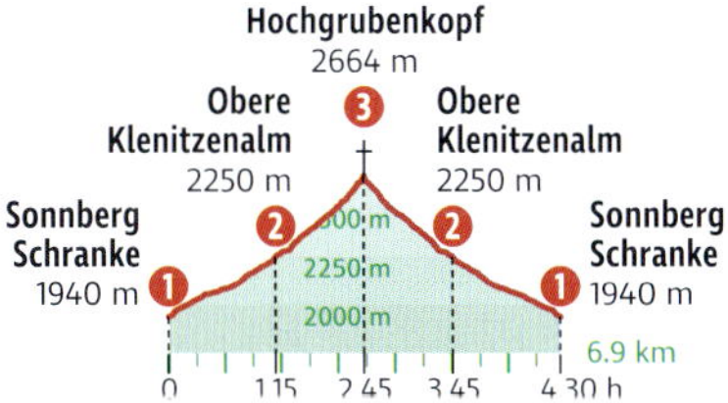

TOP

37 Wildwasser in der Raggaschlucht

↗ 230 m | ↘ 230 m | 2.8 km

1.30 h

Eine der wildromantischsten Schluchten der Alpen

Das heutige Naturdenkmal Raggaschlucht wurde 1882 erstmals für Besucher begehbar gemacht und 1978 zum Naturdenkmal erklärt. In Jahrtausenden hat der Raggabach eine der schönsten Schluchten der Alpen mit einer Länge von 800 m und einem Höhenunterschied von 200 m geschaffen. 2003 zerstörte eine Sturmkatastrophe den Großteil des Wasserschaupfades, dieser konnte jedoch mit vereinten Kräften noch im selben Jahr wiederhergestellt werden. Auch das Sturmtief Vaia im Oktober 2018 hinterließ Schäden, die aber ebenfalls behoben sind.

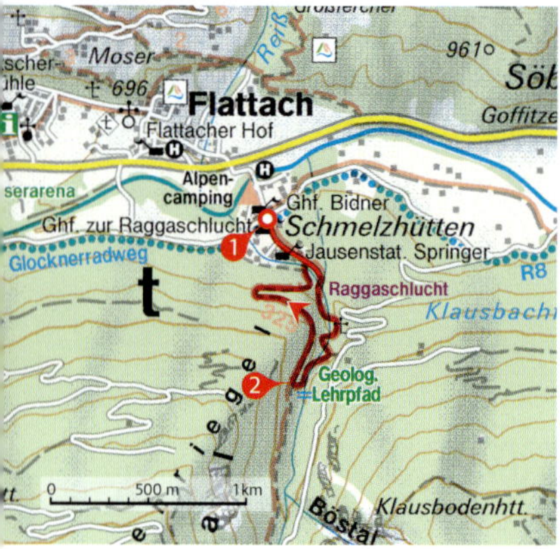

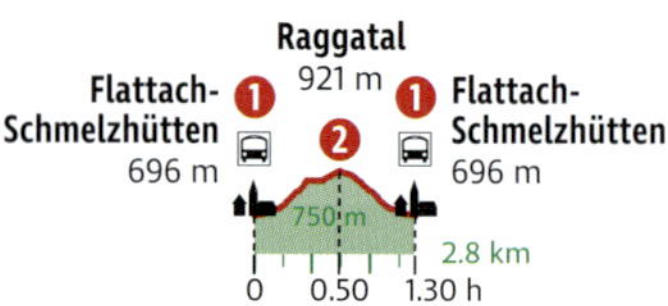

Ausgangspunkt: Flattach, Ortsteil Schmelzhütten, 696 m, Parkmöglichkeit, Postbus-Haltestelle in Flattach.
Anforderungen: In der Raggaschlucht ist auf gesicherter Steiganlage diszipliniertes Verhalten erforderlich.
Einkehr: Am Schluchteingang Gasthof Raggaschlucht, geöffnet in der Sommersaison, Tel. +49 4785 20786 (auch Infos zur Schlucht); Gasthof Bidner mit Camping.
Hinweis: Das Betreten der Schlucht ist gebührenpflichtig, mit der Kärnten-Card aber frei, Anf. Mai–Ende Okt.; während der Hauptsaison von 9 bis 17 Uhr, sonst von 10 bis 16 Uhr, raggaschlucht.info.

Die eindrucksvolle Raggaschlucht (Schautafeln) mündet am schattseitigen Bergfuß bei **Flattach** ❶. Wir folgen einer kühnen Steiganlage, die mehrmals die Schluchtseite wechselt. Ganz nah dem tobenden Wasser ist uns ein fantastisches Abenteuer sicher.

Die Schlucht wird am oberen Ende auf einem Treppensteig verlassen, wo wir den Waldweg im **Raggatal** ❷ erreichen. Er wird als Abstieg, als »Einbahn«, zurück nach **Flattach** ❶ empfohlen (die Raggaschlucht darf nur im Aufstieg begangen werden).

Eine kühne Steiganlage erschließt die eindrucksvolle Raggaschlucht mit brausenden Kaskaden und felsumbauten Gumpen.

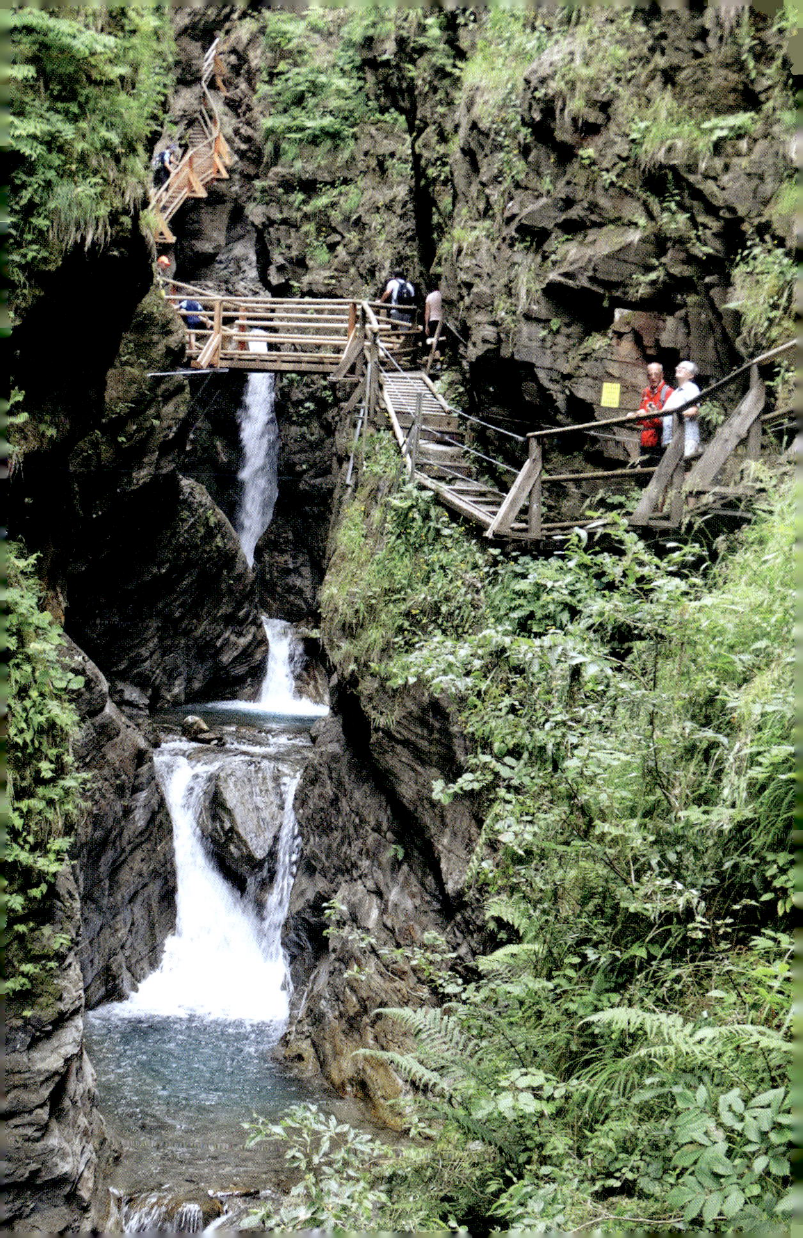

↗ 1500 m | ↘ 1500 m | 13.7 km

38 Polinikhaus und Polinik, 2784 m

7.15 h

Mächtiger Eckstein und beeindruckender Gipfel in der Kreuzeckgruppe

Zum Polinikhaus steigen wir von Norden her durch dichten Wald auf. Er reicht von der Talsohle bis auf 1800 m Seehöhe. Es dominiert die Fichte, die nach der eiszeitlichen Wiederbewaldung in einer Wärmeperiode Kiefer und Föhre bergwärts verdrängte. In der nächsthöheren Vegetationsstufe zeigt sich die Natur verschwenderisch. Wir durchwandern Alpenrosenhänge, die den Eindruck entstehen lassen, als blühe der ganze Berg. Ernst und vegetationsarm ist die Strecke zum Polinikgipfel mit teils verwittertem Gestein, dann wieder hochragenden, den Steig säumenden nackten Plattenwänden. Der Gipfel gewährt bei glasklarem Himmel eine selten schöne Fernsicht.

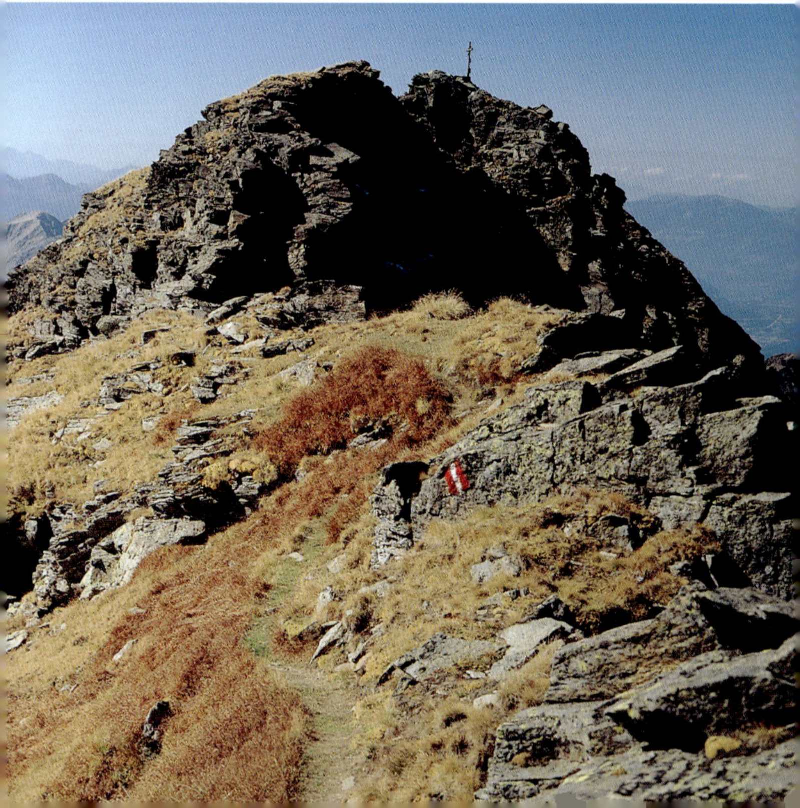

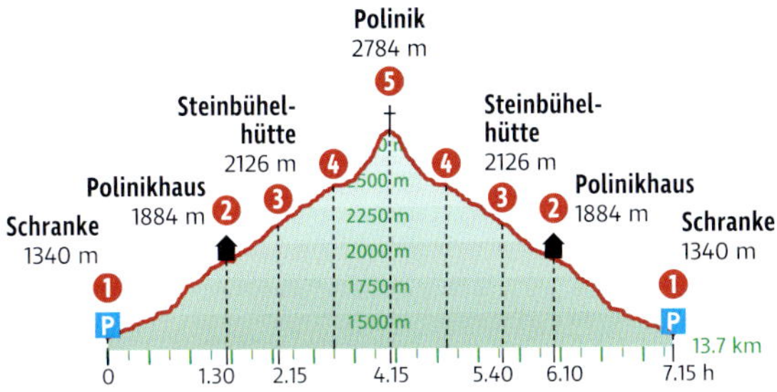

Ausgangspunkt: Schranke, 1340 m, unterhalb des Polinikhauses (auch: Polinikhütte), begrenzter Parkplatz. Zufahrt: Ab der Obervellacher Ortstafel (Hinweise zu Post, Gendarmerie, Apotheke u. a.) zweigen wir von der Bundesstraße nördlich ab und gelangen nach der Straßenunterführung zum Möllfluss. Nach einer Ahornallee beachten wir die Abzweigung links in Richtung Polinikhaus, auf der wir bis zur Schranke fahren können; per Taxi ist auch die Auffahrt bis zum Polinikhaus möglich.
Anforderungen: Abwechslungsreiche und Ausdauer erfordernde Bergtour. Am Schlusshang und im Gipfelbereich ist Trittsicherheit angebracht. Markiert.
Einkehr/Unterkunft: Polinikhaus, 1873 m, ÖAV-Sektion Mölltal, erbaut 1887, geöffnet Anf. Juni–Anf. Okt., 30 Lager, 15 Betten, Tel. +43 664 93015734, alpenverein.at/polinikhuette.
Varianten: Abstieg vom Polinik ins Raggatal, 4.15 Std., 2080 Hm im Abstieg; Rückkehr per Bus nach Obervellach; Beschreibung siehe am Ende der Tourenbeschreibung. Besteigung des Ebenecks, 2231 m, 45 Min., 250 Hm; auf einem Kehrensteig vom Polinikhaus südwestlich empor, an einem Quellschutzgebiet vorbei und weiter zum Gipfel;, von dort weiter zum Poliniksteig bzw. zur Steinbühelhütte; von dort entweder der Hauptroute folgend zum Polinik oder zurück zur Polinikhütte; als Rundtour von der Polinikhütte insgesamt 1.30 Std.

Mit Pkw ist die Auffahrt bis zum kleinen Parkplatz (Wildfütterung) bei einer **Schranke** ❶, 1340 m, möglich. Von hier bleiben wir noch 20 Min. am Forstweg und wechseln dann auf den Steig, bez. 328, der fünfmal den Forstweg quert und bei angenehmem Verlauf zur Stampferalm und zum etwas höher gelegenen **Polinikhaus** ❷ führt (1.30 Std.). (Will man von Obervellach zur Gänze am Steig zum Polinikhaus, dann nimmt man den Kehrensteig ca. 25 Min. nach der der Abzweigung zur Launsberghütte, 3 Std.).
Zum Polinik benützen wir den beim 70 m tiefer gelegenen Aufzughüttl ansetzenden, zwischen Grauerlen südwestlich hinaufführenden Almsteig. Er windet sich auf Alpenrosenhängen und zwischen schütteren Lärchen empor zur Steigteilung (nach rechts zum Ebeneck, 2122 m, 30 Min., lohnend). Wir gehen links zu einer verfallenen Schupfe, im Bereich der ehemaligen **Steinbühelhütte** ❸, 2126 m (45 Min. vom Polinikhaus).

Der Polinik, höchster Gipfel in einem Gebiet zum Schauen und Staunen.

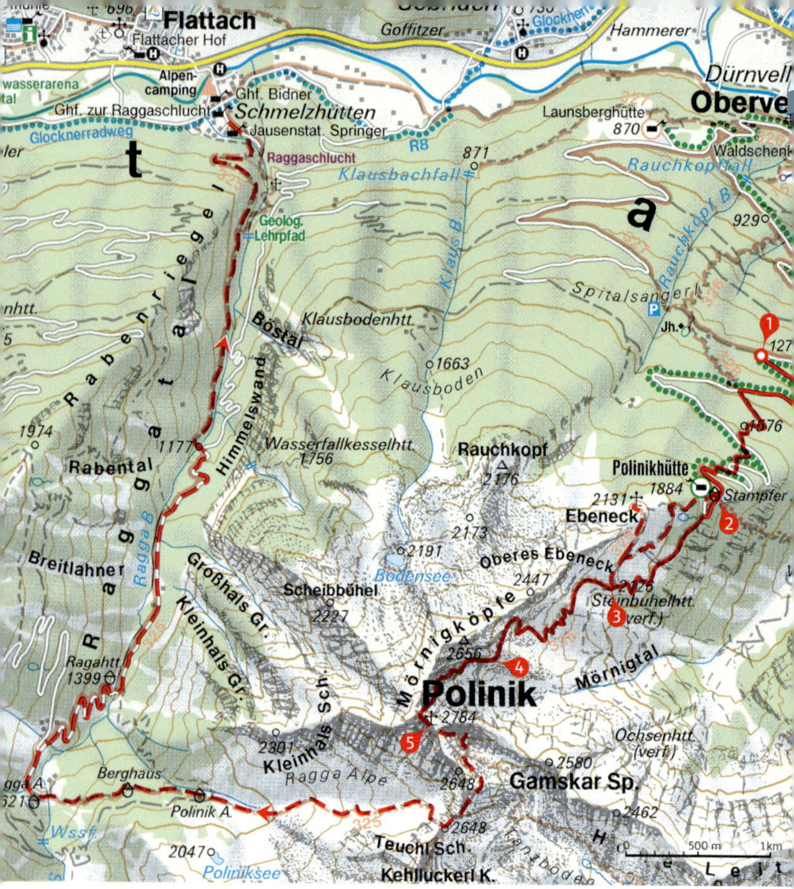

Nach weiteren Steigkehren durchschreiten wir eine geräumige Hangbucht mit vertikal ziehender Erdrinne und schätzen die Labung bei der Quelle knapp vor einer nicht sehr ausgeprägten Hangkante. Wiederum auf Kehren bergan und über eine kleine Blockhalde, anschließend in der Südostflanke der Mörnigköpfe weiter. Vor uns baut sich mit dunklem Fels und steil aufgerichteten Platten der Polinik auf, dessen großes, ihm nordöstlich vorgelagertes **Blockkar** ❹ wir nach einer schärferen Hangkante betreten. Dort gilt es dann gut auf die Markierungen zu achten, wenn wir über Schrofen, Blöcke, Schutt und Plattenfels den Aufstieg zum Nordgrat durchführen, der im oberen Teil eine kurze seilversicherte Stelle aufweist. Der nahe Gip-

fel des **Polinik** 5 weist im festen Gestein ebenfalls eine Seilversicherung auf, zusätzlich Kreuz und Buch der ÖAV-Sektion Mölltal und der Pfarrgemeinde Obervellach.
Der **Abstieg** erfolgt auf der Aufstiegsroute.

Variante: Abstieg durchs Raggatal
Am Fuß der Gipfelfelsen wenden wir uns ca. 80 m südöstlich und steigen dann links haltend eine Steilstufe hinab (zweimal kurze Drahtseile). Nach ca. 15 Min. wandern wir in Richtung Feldnerhütte und folgen dem Flankenpfad, der mit zwei kurzen Drahtseilstellen gesichert ist und etwas Vorsicht erfordert, ehe wir einen begrünten kleinen Kammsattel erreichen. Von dort in ca. 20 Min. zur **Teuchlscharte**, 2468 m, hinab, die gegen das Raggatal überschritten wird, bez. 325. Auf westseitig geneigtem Schutt abwärts, dann am Rasen-Alpenrosen-Hang hinab in den Bereich der Raggaalm. Unweit davon steht die Hirtenhütte der **Polinikalm**, 1900 m (1 Std.), von der ein breiter Weg in weitem Bogen hinab zur Raggaalm führt. Dorthin auch links vom Bachgraben auf dem schmalen alten Steig, der gut markiert, doch fallweise hüfthoch mit Alpendost bewachsen ist. Im unteren Teil schlängelt sich der Steig durch dichten Steilwald zur **Raggaalm**, 1621 m (1 Std.), mit dem aus südlicher Richtung stäubenden Striedenwasserfall. Ab hier auf dem befahrbaren Weg hinab zur Brücke am Raggabach, an dessen linker Seite wir nach **Flattach** kommen. Wir meiden den Abstieg durch die Raggaschlucht, die aus Sicherheitsgründen nur im Aufstieg begangen werden darf.
Von Flattach bringt uns der Bus zurück nach Obervellach.

Das im Sommer blumenreiche Polinikhaus mit weitem Blick zum Tauernkamm.

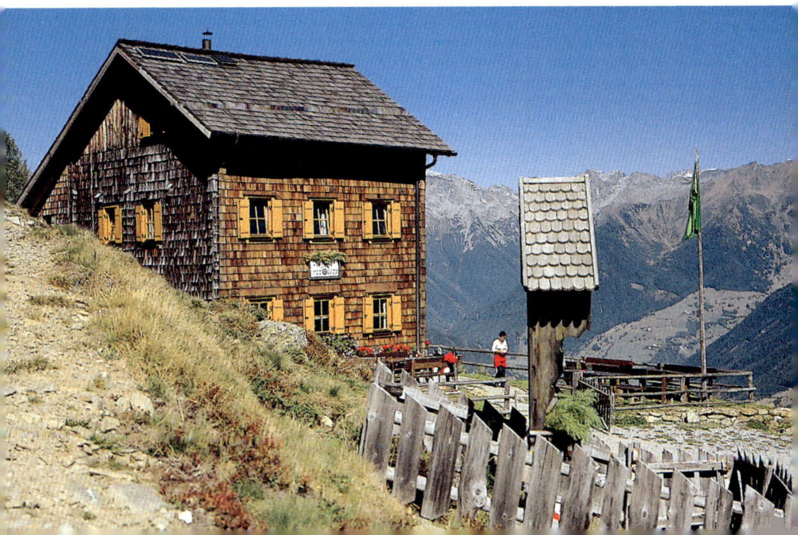

↗ 1130 m | ↘ 1130 m | 19.6 km

39 Kleiner Sadnig, 2626 m, und Hoher Sadnig, 2745 m

8.00 h

Am Rollbahnweg in das abenteuerliche Berggebiet der Großfragant

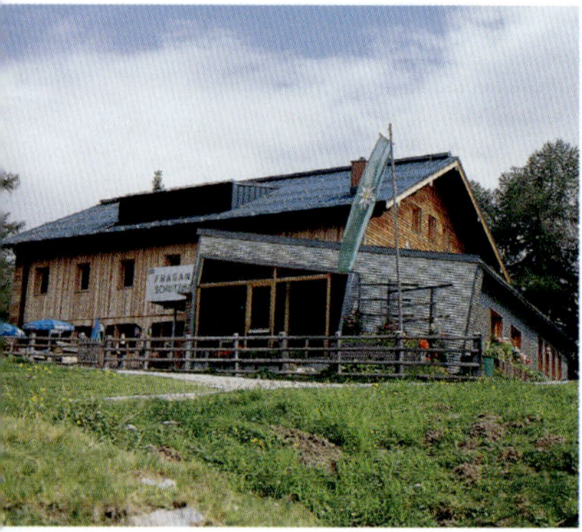
Das Fraganter Schutzhaus zwischen Wald und Bergwiesen.

Das Gebiet der Fragant wird vom Hohen Sadnig beherrscht, in dessen Felskern bunte Erze schlummern. So war die Fragant von alters her ein bedeutendes Bergbauzentrum. Der Transport des Erzes wurde ausschließlich im Winter bei ausreichender Schneelage auf Schlitten durchgeführt. Diese unvorstellbar schwierigen und gefahrvollen Erzfuhren wurden nach und nach erleichtert. Ein besonderes Beispiel stellt die Rollbahn im Bereich der Fraganter Hütte dar, die mit ganz geringem Gefälle, nahezu der Höhenschichtlinie folgend, über den meist sehr steilen Hang talauswärts führte. Die Gleise der am Beginn des 20. Jahrhundert errichteten Rollbahn führten einst über drei Brücken mit kühner Holzkonstruktion und durch damals zwei Tunnels. Von den 4400 m Gleislänge sind heute nur noch vereinzelt einstige Gleisschwellen erkennbar.

Ausgangspunkt: Parkplatz am Rollbahnweg, 1740 m; von Außerfragant 8 km, Maut ab Grafenberg (Schranke). Alternativ auch Innerfragant, Parkplatz bei der Brücke am Fragantbach, 1050 m.
Anforderungen: Beliebte, markierte Gipfeltour, bez. 146 und 164. Der Hohe Sadnig ist bei guten Bedingungen unschwierig. Am »Gratweg« zum Kleinen Sadnig Trittsicherheit im Felsbereich nötig.
Einkehr/Unterkunft: Fraganter Schutzhaus, 1817 m, erbaut 1968/69 von der DÖAV-Sektion Klagenfurt, im Landschaftsschutzgebiet Großfragant gelegen, ÖAV-Sektion Klagenfurt, geöffnet Anf. Juni–Mitte Okt., 25. Dez.–10. Jan., dann ab 24. Jan.–Ostern, je nach Schneelage, 50 Betten, 45 Lager, Winterraum; Aus- und Umbau der Hütte 2004; Kreativwochen, Gepäcktransport mittels Materialseilbahn, Tel. +43 4785 396 oder +43 660 5590606 (WhatsApp), fraganterschutzhaus.at. Jausenstation Eggeralm, 1930 m, höchste bewirtschaftete Alm Kärntens, 2006 neu erbaut; Ferienwohnung für 8 Personen; geöffnet Ende Juni–Anf. Okt., Tel. s. Fraganter Schutzhaus. Dr.-Widder-Jugendherberge, 1770 m, 1932 von der ÖAV-Sektion Klagenfurt erbaut, 35 Lager, Tel. +43 463 513056. Zudem werden einige private Almhütten vermietet.

In den Bereich des Kleinen Sadnig grüßen Petzeck, Georgskopf und Großer Friedrichskopf aus der Schobergruppe.

Vom Parkplatz lädt der **Rollbahnweg** ❶, der einstige Erztransportweg, ein. Er führt nahezu eben und großteils als wahre Waldpromenade auf historischer Route. Sie gilt als bevorzugter und viel benützter Hüttenzugang. Auf bemerkenswerten Steigpassagen durchstreifen wir eine urige Wald- und Felsszenerie mit vagen Spuren der damaligen Rollbahn. Wir passieren eine kleine Hangbrücke, kosten zwischendurch etwas Quellwasser, ehe wir einen kurzen Felstunnel durchschreiten. Im Bereich des Kreuzbödele, 1893 m, genießen wir den Blick ins Tal und auf die Berggipfel der Reißeckgruppe. Der Weg führt den Berghang entlang zur **Gundibrücke** ❷ am Großfragantbach neben brandig gefärbten Abraumhalden des ehemaligen Kupferbergbaues. Auf nun breiterem Weg erreichen wir die nahe Jugendherberge und in weiteren 10 Min. das etwas höher stehende, bereits sichtbare **Fraganter Schutzhaus** ❸ (insgesamt 1.15 Std.).

Variante: Zustieg von Innerfragant
Wir parken das Fahrzeug bei der Einmündung des Großfragantbaches (Brücke, Tafeln). Auf einem kurvenreichen, erlenbeschatteten Karrenweg, bez. 146, setzt die Wanderung ziemlich zügig an und meidet den alten Sommer-

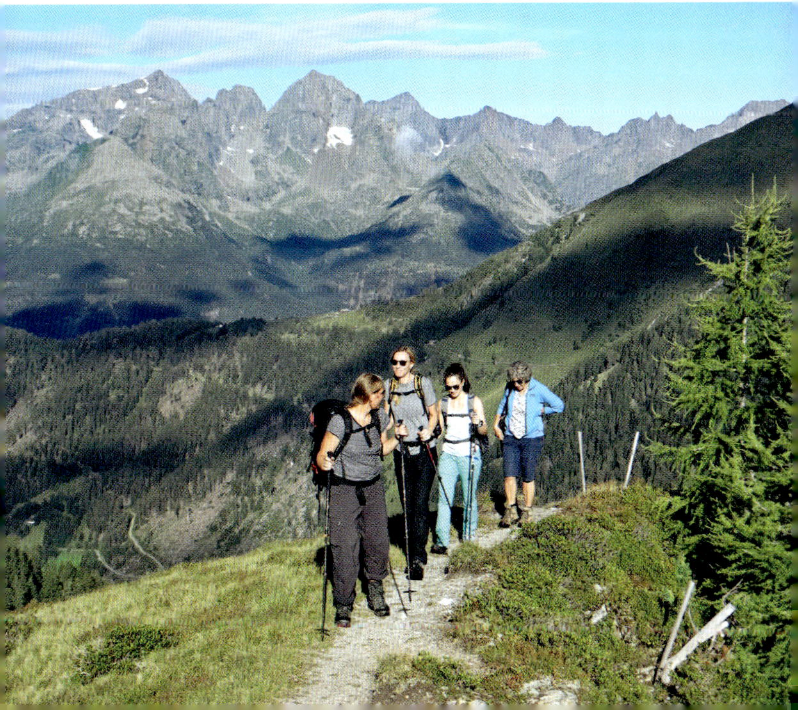

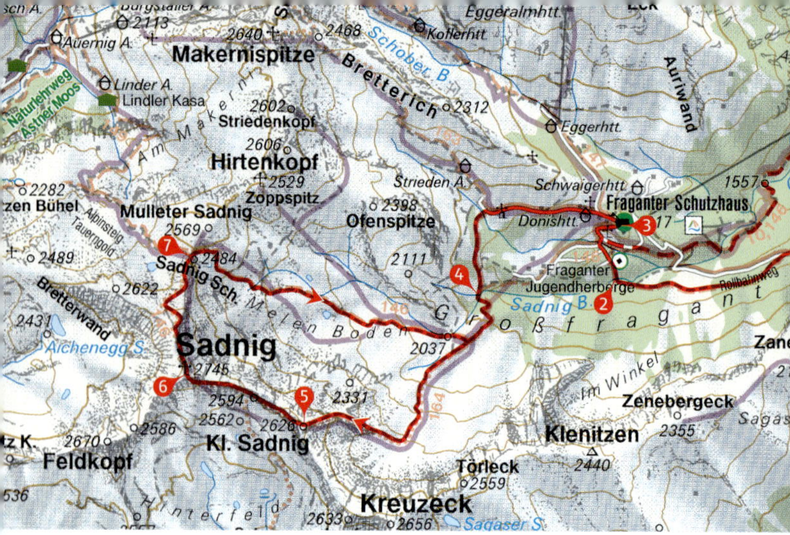

weg, der nicht mehr instand gehalten wird! Wo der Karrenweg von einem Steig abgelöst wird und auf der orografisch linken Bachseite aufwärtsführt, kommen wir an einer verstümmelten Lärche vorbei (Tafeln) und gehen auf der ehemaligen Skitrasse bergan (Stromleitung). An heißen Sommertagen schirmt der Mischwald den Steig und eine Quelle labt unter den geschwungenen Ranken einer blaublütigen Alpenrebe.
Ein weniger idyllisches Bild bietet die Kelag-Kraftwerksanlage am Großfragantbach, 1557 m. Dort überschreiten wir die Brücke und folgen dem Weg im moosbedeckten, grün schimmernden Wald auf eine höher gelegene, breit bewaldete Hochtalebene, die auch eine Forststraße durchquert. Auf ihr oder abkürzend weiter und schließlich mit einer letzten Wegschleife zur **Fraganter Hütte** ❸, 1817 m (1.15 Std.).

Am weiteren Weg zum Großen und Kleinen Sadnig kommen wir 130 m nordwestlich der **Fraganter Hütte** ❸ an Privathütten vorbei und wählen bei der Weggabelung die Route taleinwärts in das Naturschutzgebiet Bretterich. Etwas später beachten wir den umzäunten Bildstock, der »allen Hilfesuchenden« gewidmet ist. Bald darauf übersetzen wir ein Rinnsal und wandern nach einer zweistämmigen Lärche halb links auf einen riesigen Felsblock zu, der zu Kletterübungen einlädt (Bohrhaken, niedere Höhle).
Neben einem Zäunchen aufwärts, dann über die von der ÖAV-Sektion Klagenfurt 1981 errichtete **Andreasbrücke** ❹ am klammartig eingetieften Sadnigbach. Wo sich die Lärchen rar machen und Silberdisteln wie Sterne im strähnigen Gras leuchten, halten wir beim **Bachtrichter** und der Steig-

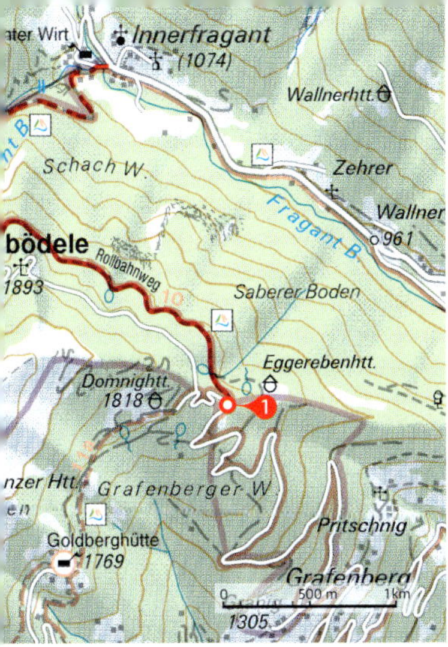

teilung kurz inne (1 Std. ab Fraganter Hütte; Tafeln). Eine Markierung führt rechts zur Sadnigscharte, unsere Route läuft links, südwestlich über einen ziemlich steilen Alpenrosenhang empor (45 Min.).

Oben erwartet uns der »Gratweg« (Rudi-Maier-Weg) mit gutartig gegliederten und sportlich anregenden Blockpassagen (kurze Stellen seilversichert, Trittsicherheit nötig). Zum **Kleinen Sadnig** 5, 2626 m, steigen wir auf einem felsdurchsetzten Rasenrücken empor (Steinmann). Der noch bevorstehende halbstündige Übergang zum **Hohen Sadnig** 6, 2745 m, ist leicht und bietet eine schöne Aussicht (2.30 Std. von der Steigteilung beim Bachtrichter; Kreuz, Buch, Steinmann).

Der Abstieg zur Sadnigscharte ist gut markiert, bezeichnet mit 146. Über eine flache Steigpassage um Felsecken herum und anschließendes derbes Blockwerk steigen wir zum Vorsadnig ab. Über eine grobklotzige Blockhalde und einen steinigen Hang hinab und schließlich über einen niedrigen Rücken zur **Sadnigscharte** 7, 2484 m (30–45 Min. vom Gipfel des Hohen Sadnig).

Von dort wandern wir auf Rasenhängen in nahezu östlicher Richtung auf den Melenboden hinab, weiterhin bez. 146. Vereinzelt weisen Steinmänner und Stangen die Richtung. Der markierte Steig führt an einem rasenumbetteten kleinen See links vorbei und über Alpenrosenhänge hinab zum eingangs erwähnten **Bachtrichter** (1 Std. von der Sadnigscharte; Tafel).

Zur **Fraganter Hütte** 3 (45 Min.) und zurück zum **Parkplatz** 1 oder direkt hinab nach Innerfragant (s. Variante).

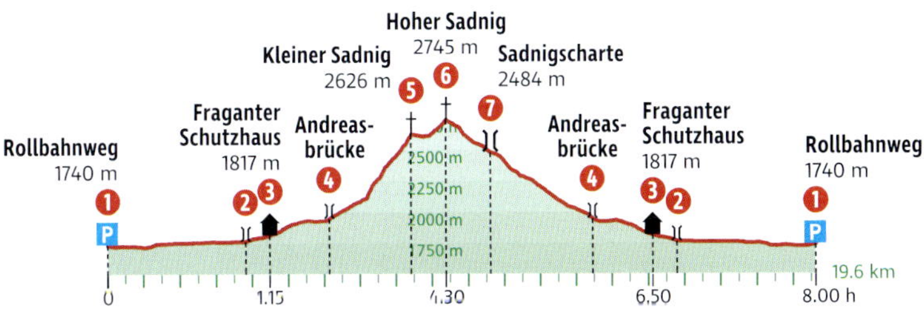

TOP

40

↗ 940 m | ↘ 1940 m | 18.8 km

Sadnig-Höhenweg: Vom Weißseehaus zur Fraganter Hütte

7.30 h

Mit dem Gletscherexpress empor in lichte Höhen

Aus belebten Plätzen und vielseitig erschlossenem Gebiet in die Stille und Weite einsamer Berglandschaften. Der Sadnig-Höhenweg birgt neben dem Schwarzsee, einem Stausee, eine Reihe natürlicher Bergseen und weitläufiges Almenland nach der Saustellscharte. Alpines Flair vermitteln die Melenwände und Bergbaugeschichte der Bereich um das Sadnighaus. Die lange und mehrheitlich unschwierige Wanderung erfordert beim Anstieg zur Melenscharte Trittsicherheit und schneefreie Verhältnisse.

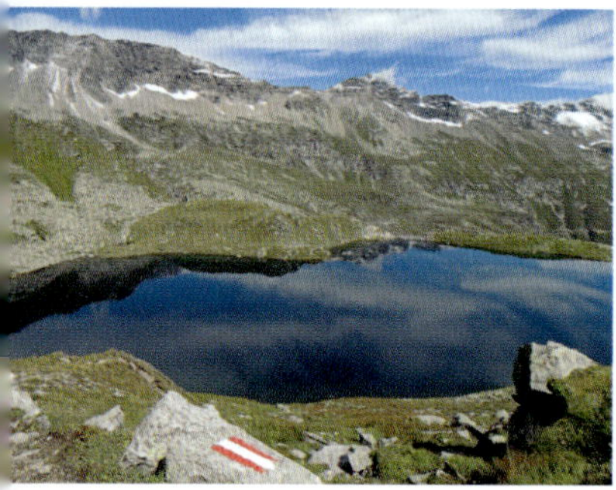

Tiefblau ruht der Schwarzsee am Beginn der Sadnig-Höhenwanderung.

Ausgangspunkt: Talstation der Mölltaler Gletscherbahn bzw. Mittelstation, 2200 m, Sommerbetrieb: 8.30–16 Uhr, moelltaler-gletscher.at, Parkplatz bei der Talstation im Talschluss, 2 km von Innerfragant (Kraftwerk Innerfragant) bzw. 8 km von Flattach auf asphaltierter Bergstraße.

Anforderungen: Ausdauer erforderlich, im Aufstieg zur Melenwand sind Trittsicherheit und apere Steigverhältnisse vorteilhaft. Markiert.

Einkehr/Unterkunft: Restaurant an der Mittelstation, 2200 m. Das Weißseehaus war bei Drucklegung geschlossen. Fraganter Schutzhaus, 1817 m, erbaut 1968/69 im Landschaftsschutzgebiet Großfragant, ÖAV-Sektion Klagenfurt, Anf. Juni–Mitte Okt., 25. Dez.–10. Jan. und ab 24. Jan.–Ostern, je nach Schneelage, 50 Betten, 45 Lager, Winterraum; Gepäcktransport per Materialseilbahn, Tel. +43 4785 396 oder +43 660 5590606 (WhatsApp), fraganterschutzhaus.at. Jausenstation Eggeralm, 1930 m, höchste bewirtschaftete Alm Kärntens, 2006 neu erbaut; Ferienwohnung; geöffnet Ende Juni–Anf. Okt., Tel. s. Fraganter Schutzhaus.

Von der **Talstation** ❶ fahren wir mit der Mölltaler Gletscherbahn zur **Mittelstation** ❷, 2200 m, und folgen dort der asphaltierten Straße zum höher gelegenen **Weißseehaus** ❸, 2381 m (25 Min., bez. 13). Wir bleiben noch 10 Min. auf der leicht fallenden Werksstraße (Tafeln), ehe ein Rasensteig rechts bergseitig abzweigt und über eine kleine Erhebung ans Ufer des großen **Schwarzsees** ❹ führt. Am Westufer entlang (blockig), dann auf kupiertem Rasenhang und im Block-Rasen-Gelände auf einem großen flachen Bergtrog hinauf, den fünf teils von Wollgras umstandene Seen zieren, 2436 m. Zwischen diesen hindurch und über eine Rasen-Blockhalde zur **Saustellscharte** ❺, 2560 m (zwei Wegweiser; 1.45 Std. ab Mittelstation).

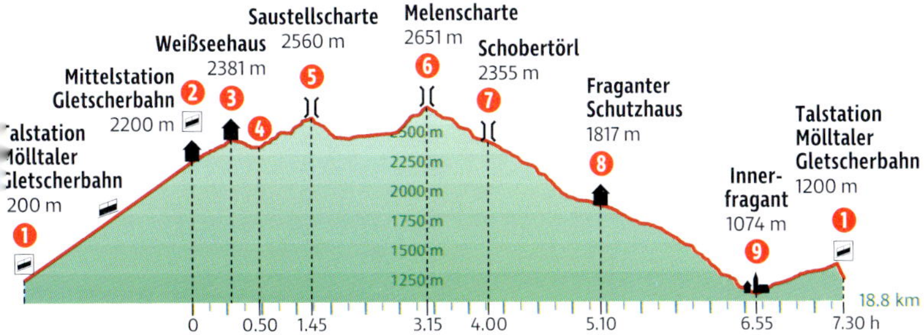

Ein Flankensteig senkt sich südseitig auf Rasenhängen in die Klein Fragant ab. Ungeachtet der zum Sandfeldkopf ausscherenden Markierung (Steinaufschrift), wandern wir oberhalb der Ochsnerhütte, 2304 m, in die Weite der Kleinfraganter Hochalmweiden (Bogenitzen, bez. 147). Im leicht kupierten, von wenigen kleinen Bächen durchrieselten Gelände (Holzpflöcke) streben wir auf die Melenwände zu. Breit und 300 m hoch bilden sie eine nur scheinbar unüberwindliche Hürde. Wir »bezwingen« sie vorerst

Über die See- und Tümpellandschaft gleitet der Blick zum Schareck.

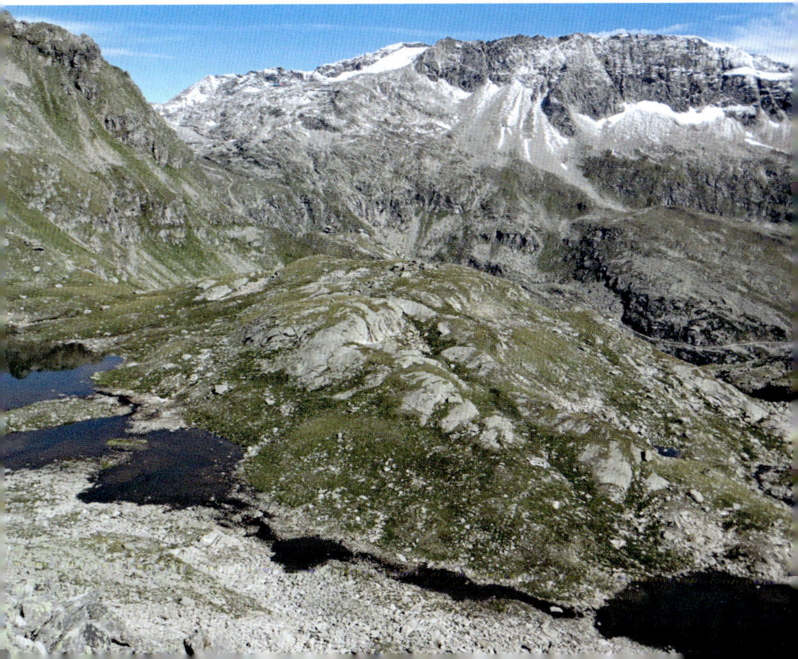

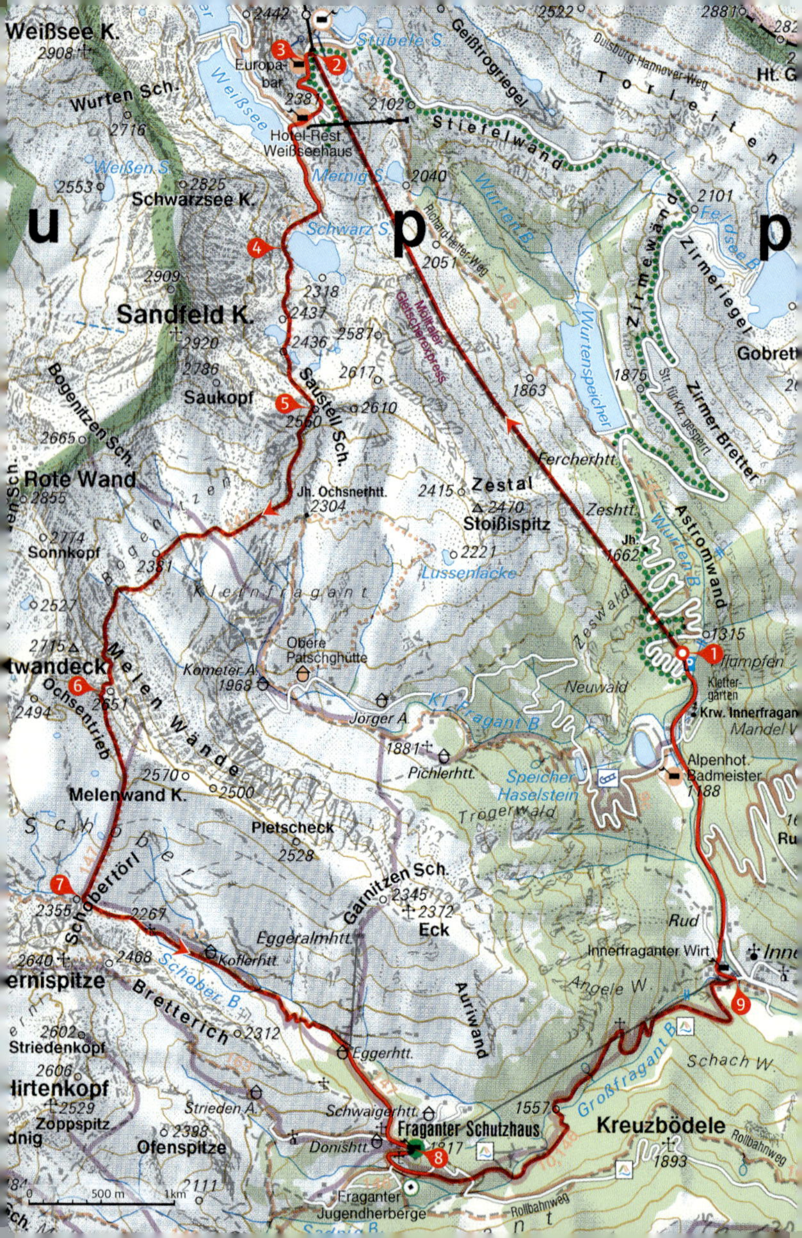

Weißsee K.
Europabar
Hotel-Rest. Weißseehaus
Stübele S.
Geißtrogriegel
Duisburg-Hannover-Weg
Torleiten
Stiefelwand
Weißsee
Wurten Sch.
Weißen S.
Schwarzsee K.
Mernig S.
Schwarz S.
Richard-Reiter-Weg
Mölltaler Gletscherexpress
Wurten B.
Wurtenspeicher
Felsdsee B.
Zirmewänd
Zirmeriegel
Gobret
Zirmer Bretter
Str. für Kfz. gesperrt
Sandfeld K.
Saukopf
Saustell Sch.
Bogenitzen Sch.
Rote Wand
Sonnkopf
Jh. Ochsnerhtt.
Zestal
Stoißispitz
Lussenlacke
Fercherhtt.
Zeshtt.
Astromwand
Kleinfragant
Obere Patschghütte
Kometer A.
Jörger A.
Kl. Fragant B.
Zeswald
Neuwald
Pflampfen
Klettergarten
Krw. Innerfragant
Alpenhot. Badmeister
Mandel W.
Pichlerhtt.
Speicher Haselstein
Trögerwald
Ochsentrieb
Melen Wände
Melenwand K.
Pletscheck
Garnitzen Sch.
Eck
Schober
Schobertörl
Eggeralmhtt.
Koflerhtt.
Schober B.
Auriwand
Rud
Innerfraganter Wirt
Angele W.
Schach W.
Bretterich
Striedenkopf
Hirtenkopf
Zoppspitz
Ofenspitze
Strieden A.
Eggerhtt.
Schwaigerhtt.
Fraganter Schutzhaus
Donishtt.
Großfragant B.
Kreuzbödele
Rollbahnweg
Fraganter Jugendherberge
0 500 m 1 km

gemächlich auf einem Rasenhang, dann etwas steiler in der Schutthalde und im oberen Teil entlang einer senkrechten Schrofenwand, worauf ohne besondere Schwierigkeiten die **Melenscharte** 6 erreicht wird, 2651 m (1.30 Std. von der Saustellscharte). Hier genießen wir die herrliche Aussicht auf das Schareck im Norden und das Astental im Westen. Von der Melenscharte kann man als kleine zusätzliche Gipfeltour in 20 Min. das Rotwandeck, 2715 m, »mitnehmen«.

Der Abstieg auf der Westseite der Melenwände (Ochsentrieb) führt in Kehren über einen Schutthang hinab auf gewölbte Grasböden, dann neben einem Weidezaun hinunter zum **Schobertörl** 7, 2355 m (45 Min. von der Melenscharte, Tafeln).

Vom Schobertörl wandern wir südöstlich auf Rasenhängen hinab (vereinzelt Stangen) und an der Schoberhütte mit dem Misia-Forstner-Gedenkkreuz vorbei. Weiter unten steht neben einer grobblockigen Stirnmoräne die von einem wuchtigen Steinmann bewachte, gemauerte Kofleralm-Hütte. Wir wandern über eine Lärchen-Erlen-Stufe hinab und gelangen zwischen dicht überwucherten Blöcken zur 2006 neu erbauten Eggeralm. Auf einem Fahrweg (für Anrainer) in 15 Min. hinab zum **Fraganter Schutzhaus** 8, 1817 m.

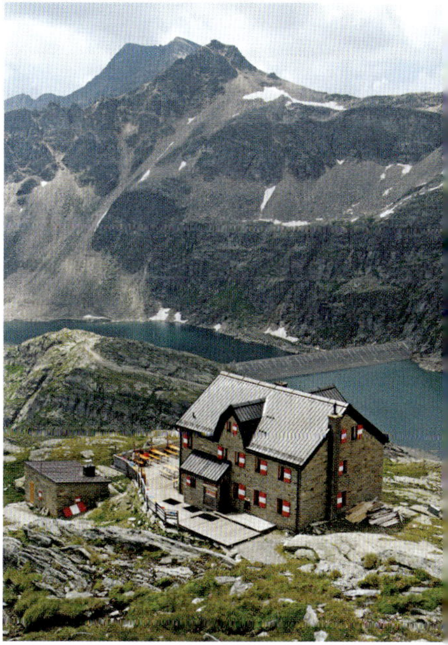

Hochwurten- und Weißsee (links) zu Füßen der Duisburger Hütte.

Für den Abstieg (markiert, teils steinig und steil) bleiben wir ab dem Fraganter Schutzhaus 100 m am talwärts führenden Fahrweg und beachten dann den rechts ausscherenden Steig (Alpe Adria Trail). Teils auf einem Weg gelangen wir zur Kraftwerksanlage der Kelag am Großfragantbach (Brücke). Zeitweise geht es entlang der E-Leitung, wo im Baumschatten eine Steinpyramide auffällt und anschließend eine Gedenkstätte. Danach geht es im Bereich der Bachkaskaden noch etwa 180 Hm hinab nach **Innerfragant** 9. Abschließend geht man auf der asphaltierten, leicht aufwärts führenden Straße zu Fuß zur **Talstation der Mölltaler Gletscherbahn** 1 zurückgehen.

↗ 980 m | ↘ 980 m | 12.3 km

41 Duisburger Hütte, Schareck, 3122 m, und Herzog-Ernst-Spitze

6.00 h

Wurtenkees-Umrundung auf dem Gletscher-Höhenweg

Vom Innerfraganter Talschluss (Parkplatz) bringt der Mölltaler Gletscherexpress (Stollenbahn) zur Mittelstation auf 2200 m Seehöhe, dann die Eisseebahn (Gondelbahn) zum Eisseehaus, 2795 m, und schließlich die Vierersesselbahn (Gletscherjet) auf das Schareck, womit für fast alle Altersstufen das Abenteuer Schareck möglich ist. Zum höchsten Punkt mit Gipfelkreuz ist es etwas ausgesetzt. Hier Vorsicht! Steigen wir bei der Mittelstation aus, dann sind es 2.50 Std. zum Gipfel. Für Geübte bietet sich vom Schareck der weiterführende Bergkamm zur Herzog-Ernst-Spitze an, und weiter zur Fraganter Scharte absteigen, um später am Hochwurtenspeicher entlang zur Mittelstation zu gelangen.

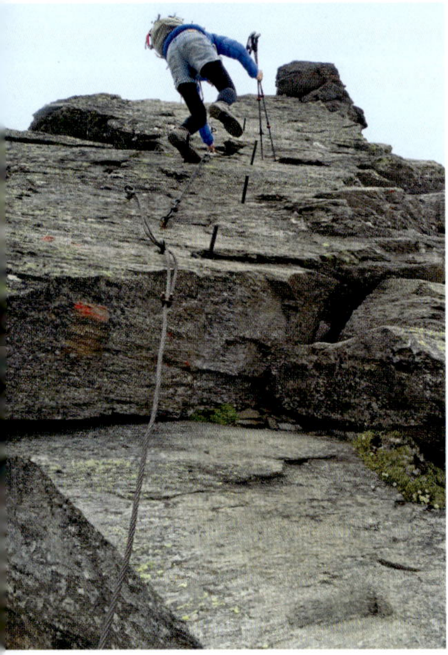

Die Kletterstelle im Bereich der Herzog-Ernst-Spitze.

Ausgangspunkt: Talstation der Mölltaler Gletscherbahn bzw. Mittelstation, 2200 m, Sommerbetrieb: 8.30–16 Uhr, moelltaler-gletscher.at, Parkplatz bei der Talstation 2 km von Innerfragant (Kraftwerk Innerfragant), dorthin 8 km ab Flattach auf asphaltierter Bergstraße.
Anforderungen: Anspruchsvolle Tour, markiert. Trittsicherheit am kurzen Gipfelgrat des Scharecks ratsam. Kletterstelle mit Seilversicherung und Eisenstiften zwischen Schareck und Herzog-Ernst-Spitze (siehe Foto links).
Einkehr/Unterkunft: Mittelstation, 2200 m (Restaurant). Duisburger Hütte, 2572 m, DAV Duisburg, erbaut 1910, geöffnet 1. Juli–Ende Sept./Anf. Okt. (je nach Witterung), im Winter an Seilbahnbetrieb gekoppelt, 10 Betten, 2 Lager, Tel. +43 664 4453353. Panoramarestaurant Eissee (Eisseehaus), eine gigantische Glas-Stahl-Konstruktion am Gletscherrand, 2795 m. Weißseehaus geschlossen (Stand Frühjahr 2024).

Von der **Talstation** ❶ fahren wir mit der Mölltaler Gletscherbahn zur **Mittelstation** ❷, 2200 m. Von dort steigen wir am Richard-Helfer-Weg, bez. 145, auf der Piste ziemlich steil hinauf, ehe wir zwischen Blöcken und Rasenabsätzen zur **Duisburger Hütte** ❸, 2572 m, kommen (1.10 Std.). Von dort

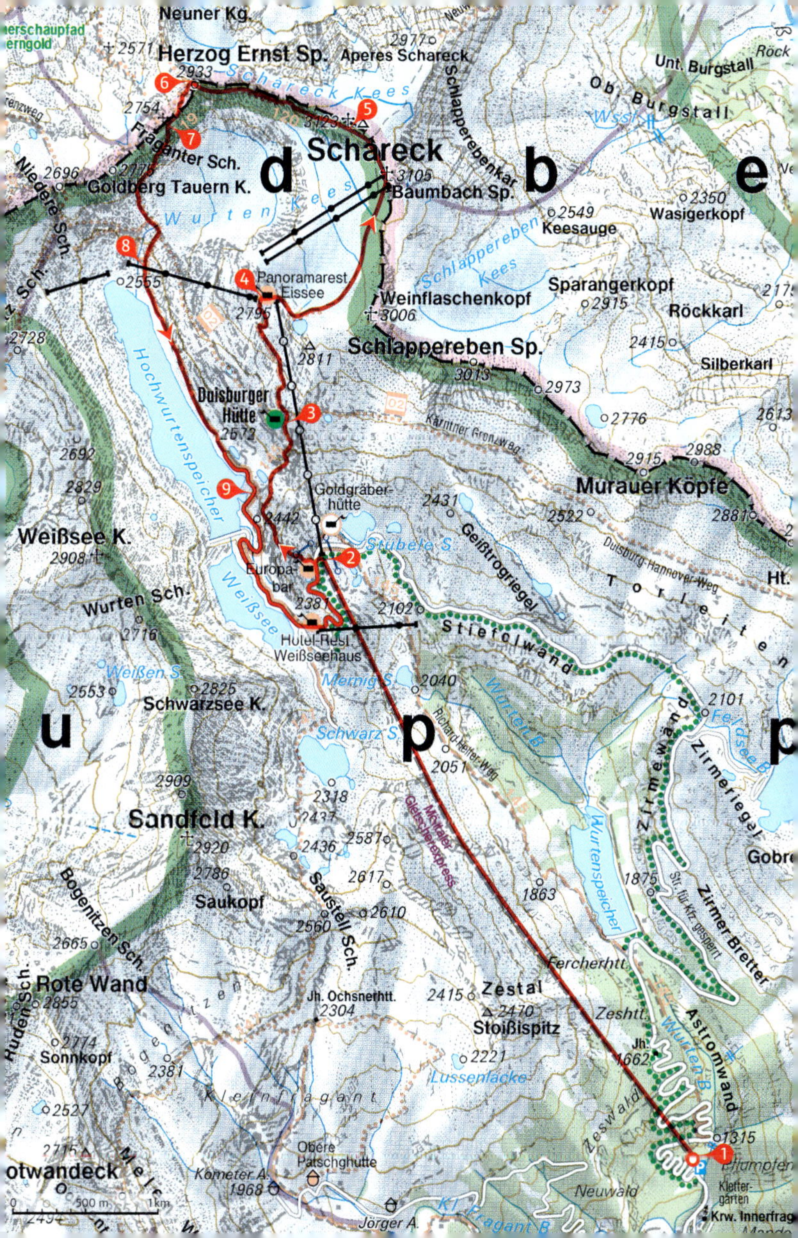

Neuner Kg.
Herzog Ernst Sp.
2933
Apperes Schareck
2977
2571
Schareck Kees
2754
3123
Fraganter Sch.
Schareck
3105
Baumbach Sp.
d
b
e
Schlapperebenkar
Unt. Burgstall
Ob. Burgstall
2696
2775
Goldberg Tauern K.
Wurten Kees
Niedere Sch.
2350
Wasigerkopf
2549
Keesauge
Schlappereben Kees
2555
Panoramarest
Eissee
2795
Weinflaschenkopf
3006
Sparangerkopf
2915
Röckkarl
2728
2811
Schlappereben Sp.
2415
Silberkarl
Duisburger Hütte
2572
3013
2973
2776
Kärntner Grenzweg
Hochwurtenspeicher
2692
2829
2988
2915
Murauer Köpfe
Goldgräberhütte
2431
2522
2881
Weißsee K.
2908
2442
Stübele S.
Geißtrogriegel
Europabar
Duisburg-Hannover-Weg
Weißsee
2381
Wurten Sch.
2716
Hotel-Rest. Weißseehaus
2102
Stiefelwand
Torleiten
Weißen S.
2553
2825
Schwarzsee K.
Mernig S.
2040
Wurten B.
2101
Feldsee B.
u
Schwarz S.
p
2051
Richard-Helfer-Weg
Zirmewand
Zirmeriegel
p
2909
2318
2437
Sandfeld K.
2920
2436
2587
Mölltaler Gletscherexpress
Wurtenspeicher
Gobre
2786
Saukopf
2617
2610
2560
Saustell Sch.
1863
1875
Str. für Kfz. gesperrt
Zirmer Bretter
Bogenitzen Sch.
2665
Fercherhtt.
Rote Wand
2855
Jh. Ochsnerhtt.
2304
2415
Zestal
2470
Stoißispitz
Zeshtt.
Astromwand
2774
Sonnkopf
2381
2221
Lussenlacke
Jh.
1662
Wurten B.
2527
Kleinfragant
Zeswald
1315
Pflumpfen
2715
otwandeck
Obere Patschghütte
Kometer A.
1968
Neuwald
Klettergarten
Krw. Innerfrag
Jörger A.
Kl. Fragant B.
0
500 m
1 km
1
2
3
4
5
6
7
8
9

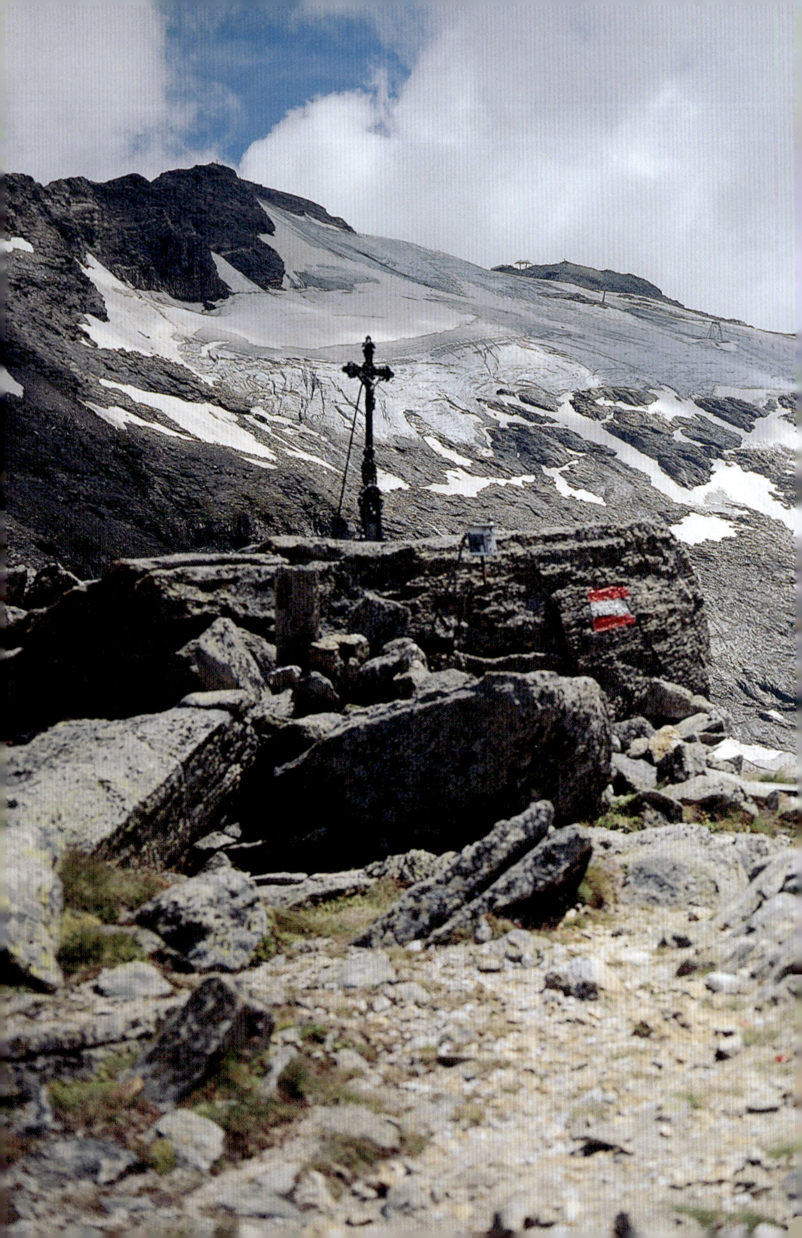

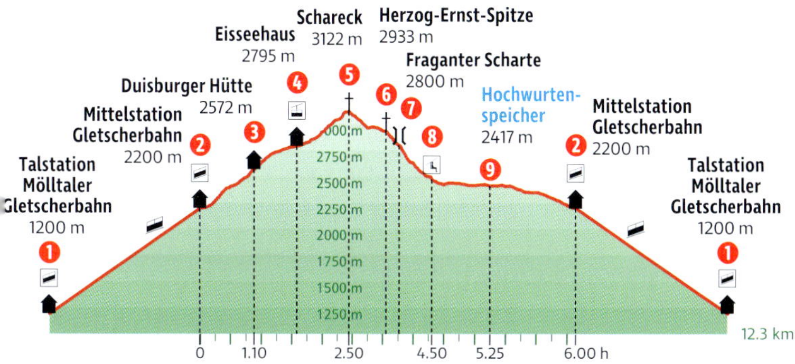

entweder auf der Skitrasse oder am Steig zum **Panoramarestaurant Eissee** 4 hinauf.

Zum Schareck betreten wir eine Skitrasse und erreichen nach 10 Min. den Gletscherrand. Dort auf Steigspuren oder im Schutt bzw. am Blockhang aufwärts, bis wir den Felsgrat südlich der Baumbachspitze erreichen. Auf Gratblöcken oder rechts davon mit etwas Geschicklichkeit zum Gipfel der **Baumbachspitze** mit Kreuz, das an Josef und Alfred Maier erinnert. In Richtung Schareck (markiert) umgehen wir die Bergstation der Sesselbahn Gletscherjet rechts und erreichen etwas ausgesetzt das Gipfelkreuz des **Scharecks** 5 mit der Inschrift »Wir sind Deine Jugend« (gesamt 2.50 Std.).

In Richtung Fraganter Scharte verlassen wir das Schareck auf nordseitig blockbedecktem Gelände, bez. 120. Es senkt sich hinab in einen steinig ausgerundeten Kammsattel, aus dem ein Anstieg auf einen Kammgipfel folgt. Als interessante Stelle entpuppt sich eine 8–10 m hohe, kompakte Felsplatte, wo ein Stahlseil und Eisenstifte den Abstieg erleichtern. Auf dem mit Blöcken reichlich beladenen, weiterführenden Kamm fällt ein massiver »Steintisch« auf, ehe wir zur **Herzog-Ernst-Spitze** 6, 2933 m, absteigen, wo eine Route zum Niedersachsenhaus abzweigt.

Unser Steig schlängelt sich hinab zur **Fraganter Scharte** 7 (1.15 Std.), mit dem Kreuz auf einem breiten Felsblock und Blick auf den spürbar abschmelzenden Westteil des Wurtenkeeses. Den Gletscherverlust bezeugt auch eine Moräne, ehe wir auf einer Halde zur Talstation der 2er-Sesselbahn **Klühspies** 8 (0.45 Std.) absteigen. Im Wurtenboden und am Uferweg entlang, kommen wir zur kleinen Staumauer des **Hochwurtenspeichers** 9, wo bei der etwas tiefer gelegenen **Mittelstation** 2 die Wandertour endet. Mit der Mölltaler Gletscherbahn geht dann abschließend hinunter zur **Talstation** 1.

Die Fraganter Scharte, ein bedeutender Alpenübergang.

TOP

42

↗ 1700 m | ↘ 1700 m | 19.6 km

Arthur-von-Schmid-Haus und Säuleck, 3086 m

2 Tage

Zum herrlichen Dösener See und auf einen lohnenden Dreitausender

Der Weg im Dösener Tal ist in fünf Informations- und fünf Erlebnispunkte gegliedert. Naturkundliche Besonderheiten sind die Konradlacke sowie der Dösener See als größter Karsee im Nationalparkgebiet. Erwähnenswert ist der durch Permafrost gebundene große Dösener Blockgletscher. Er lagert zwischen dem Dösener See, 2269 m, und der Mallnitzer Scharte, 2673 m, ist 900 m lang, 300 m breit und enthält 14 Millionen Kubikmeter je zur Hälfte Eis und Schutt.

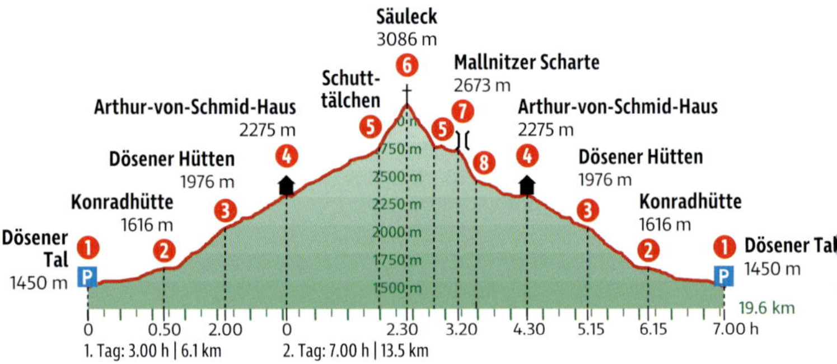

Ausgangspunkt: Parkplatz Dösener Tal, 1450 m. Vom Bahnhof in Mallnitz führt eine Asphaltistraße in den Ortsteil Dösen und weiter Richtung Wolliger Hütte.
Anforderungen: Markiert, Tafeln, Steinmänner. Großteils Blockgelände und Schuttsteige, die Ausdauer erfordern.
Einkehr/Unterkunft: Arthur-von-Schmid-Haus, 2275 m, ÖAV-Sektion Graz, erbaut 1910/11, Anf. Juni–10. Okt., 23 Betten, 66 Lager, 16 Notlager, Winterraum (offen), Tel. +43 664 2501981, arthurvonschmidhaus.at.
Tipp: Im Nahbereich der Hütte Klettergarten Seeriegel mit unterschiedlichen Schwierigkeitsstufen.

Vom Parkplatz im **Dösener Tal ❶**, 1450 m (Schranke, Nationalpark-Infotafeln), wandern wir auf dem Blockgletscherweg und entlang des von Grauerlen gesäumten Dösener Baches zur geschichtsträchtigen Venezianersäge an der Nationalpark-Außenzone. Im noch relativ geräumigen Tal gelangen wir zur Egger Alm und anschließend zur privaten **Konradhütte ❷**, 1616 m. Die daneben flach ausgebreitete **Konradlacke** ist in ihrem Aussehen stark von Niederschlägen abhängig und wurde von einem Murkegel aufgestaut,

Die Dösener Hütten am Weg zum Arthur-von-Schmid-Haus.

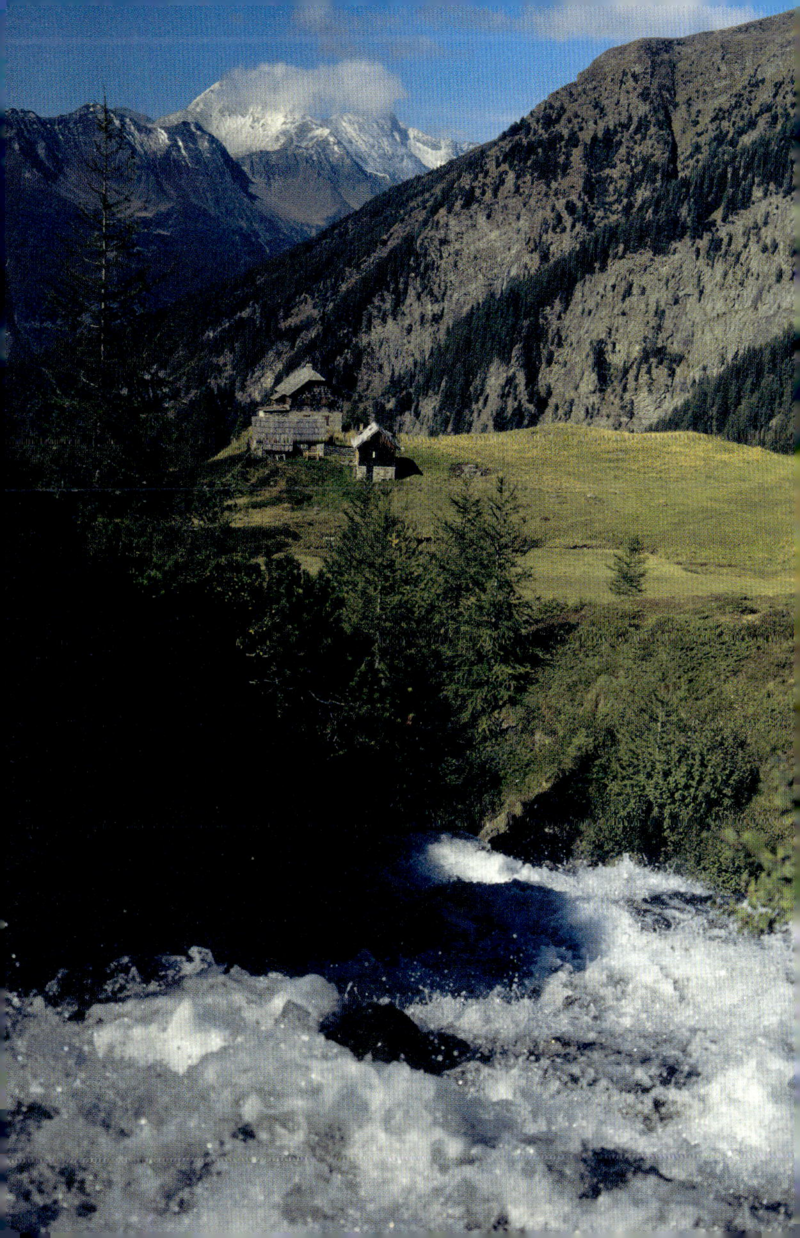

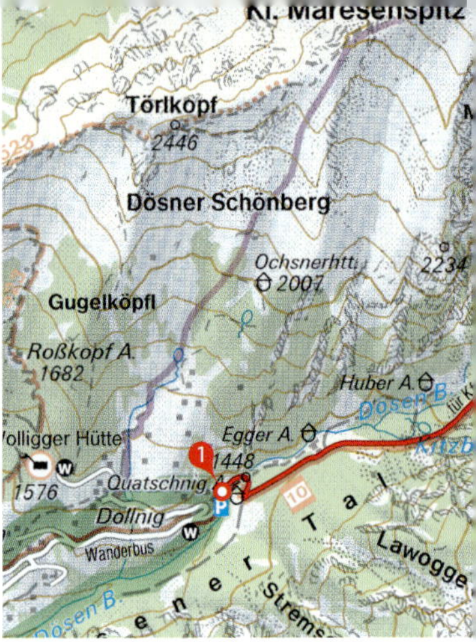

der nach der letzten Kaltzeit das Tal verschüttete. Bei einer Materialhütte im Talschluss, 1620 m, endet der befahrbare Anrainerweg. Ein steiniger Kehrensteig windet sich nun die mit Laub- und Nadelgehölzen üppig bewachsene, im Herbst überaus farbenprächtige große Talstufe empor. Im sich lichtenden Lärchenwald steigen wir weiter bergan und erreichen auf einer Hangterrasse, der sogenannten Strumetz'n, die **Dösener Hütten** 3 mit angrenzender Almweide.

Nach einer schütter bestockten Waldstufe durchstreifen wir einen flachen Bergtrog (Baumkreuz), wo der Bach überschritten wird und alte Moränen zum Schlusshang überleiten. Vier Steigschleifen führen zum Kleinkraftwerk und zum **Arthur-von-Schmid-Haus** 4 (3 Std.; Zugang zum Klettergarten Seeriegel in der letzten Schleife). In dem Haus am Westufer des 40 m tiefen Dösener Sees verbringen wir die Nacht.

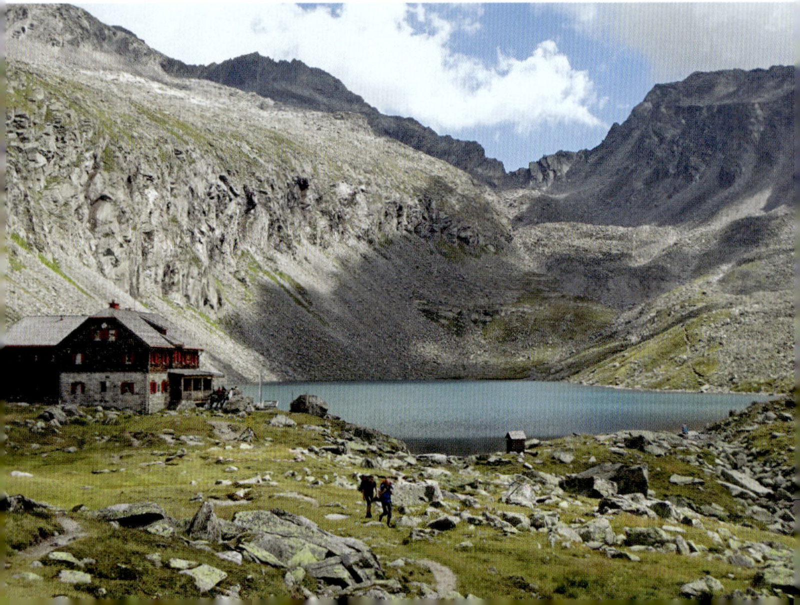

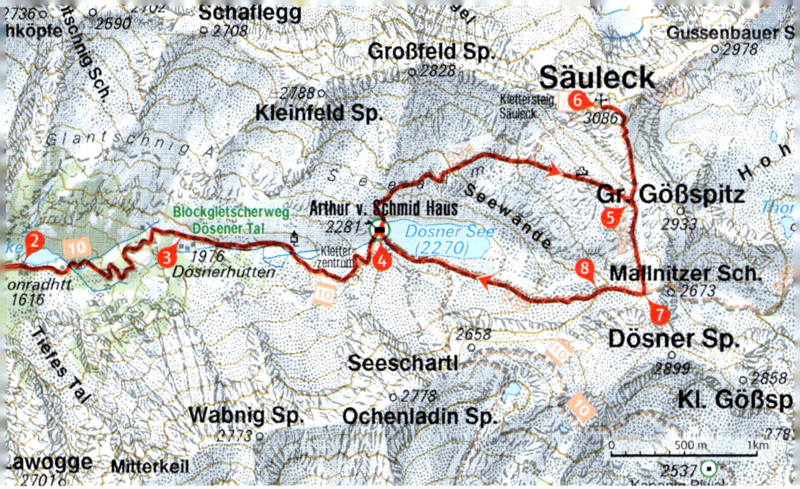

Zu Beginn des zweiten Tags steigen wir vom Schutzhaus nordseitig am Geröllhang empor. Ein Pfad, bez. 534, schlängelt sich über die Stufe der Seewände empor (Steinmänner). In Nordost-Richtung überschreiten wir weitflächige Schuttflächen und Gletscherschliffe oberhalb des tiefblauen Dösener Sees. Auf schwach geneigten Schuttböden, später Schuttflanken, erreichen wir hinter einem zersplitterten Felsrücken ein **Schutttälchen** ❺ mit hellbrauner Gesteinsfärbung (1.30 Std. von der Hütte). Von Süden her nähern wir uns auf weiterhin grober »Rollierung« und Steigspuren der blockbedeckten Südflanke und schließlich dem Gipfel des **Säulecks** ❻ mit Kreuz und Buch (2.30 Std. vom Arthur-von-Schmid-Haus). Die Hochalmspitze mit dem zum Säuleck verbindenden Detmolder Grat überragt am auffälligsten das großartige Alpenpanorama.
Der Abstieg führt auf der Aufstiegsroute zum erwähnten, hell gefärbten **Schutttälchen** ❺ (30 Min.). Zur turmbewachten **Mallnitzer Scharte** ❼ halten wir uns in südlicher Richtung über grobes Blockwerk und Schutthänge, (vereinzelt Stangen, auf die Markierung achten). Knapp westlich der Scharte (Übergang zur Gießener Hütte) erreichen wir auf Schneeresten und neben kleinen Tümpeln und Trümmerfelsen den höchsten Punkt des **Blockgletschers** ❽. Wir beachten im Abstieg die Markierung am rechten Rand, später in der Blockgletschermitte, bis zur steil abfallenden Stirn aus einem Gemisch von Eis, Blöcken und Schutt. Entlang von grobblockigen Moränen und auf Rasenrücken steuern wir auf das Südufer des Dösener Sees und der anmutigen Hochgebirgslandschaft beim **Arthur-von-Schmid-Haus** ❹ zu. Zurück zum Parkplatz im **Dösener Tal** ❶ auf der Aufstiegsroute.

Arthur-von-Schmid-Haus am Dösener See mit Blockgletscher und Mallnitzer Scharte.

↗ 1380 m | ↘ 1380 m | 17.5 km

43 Hagener Hütte und Vorderer Geiselkopf, 2974 m

8.30 h

Auf einer Kammroute zum Vorderen Geiselkopf

Wir wandern auf einem 5000 Jahre alten alpenüberschreitenden Handelsweg (zeitweise auch Römerstraße) über den Niederen bzw. Mallnitzer Tauern. Davon erzählt das unterhalb der Hagener Hütte gelegene, vom ÖAV-Mallnitz 1990/91 sanierte und historisch bedeutsame Tauernhaus mit Nationalpark-Museum. Am Niederen Tauern wurde 2002 die Tauernsturmglocke wieder aufgestellt. Die Abraumhalden etwas abseits vom Aufstiegsweg zur Hagener Hütte zeigen, dass in diesem Gebiet einst Gold abgebaut wurde.

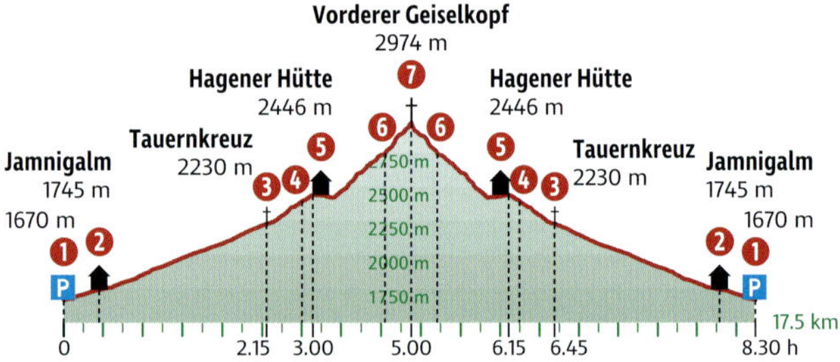

Ausgangspunkt: Parkplatz, ca. 1670 m, knapp unterhalb der Jamnigalm, 1745 m, 7 km von Mallnitz, Infotafeln. Zufahrt von Mallnitz: Beim Bahnhof links ins Zentrum, dort bei der Skischule (Hotel zu den drei Gemsen) auf asphaltierter Bergstraße in das Tauerntal und kehrenreich zum Parkplatz (15 Min. von der Jamnigalm), auch Wandertaxi ab Bahnhof.
Anforderungen: Abwechslungsreicher Wegverlauf, Trittsicherheit im Gipfelbereich des Vorderen Geiselkopfs nötig.

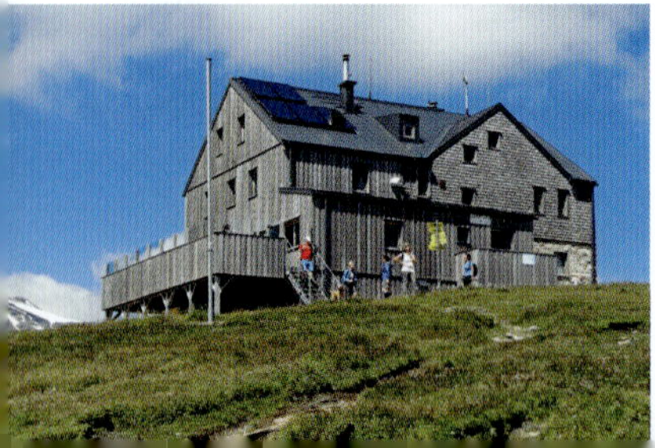

Einkehr/Unterkunft: Jamnigalm, Gasthof mit Sommerbetrieb von Juni bis Sept., keine Nächtigung. Hagener Hütte, 2446 m, 1912 erbaut, 2010/11 umgebaut, erweitert und modernisiert, komfortable Warmwasser- und Duschanlage, eigene umweltverträgliche Energieversorgung, biologische Abwasserentsorgung, DAV-Sektion Hagen i. W., Ende Juni–Ende Sept., entsprechend Wetter auch geänderte Öffnungszeiten, 14 Zimmerlager, 26 Matratzenlager, 10 Matratzenlager im Winterraum, Hüttentel. +43 664 4036697, Tel./Tal +43 650 3940033, dav-hagen.de/unsere-huetten/hagenerhuette.
Varianten: Aufstieg zur Hagener Hütte 5 von Norden aus dem Gasteiner Tal sowie Hagener Weg ab Hagener Hütte 5 über die Feldseescharte zur Jamnigalm 2; Beschreibungen siehe Tourentext.

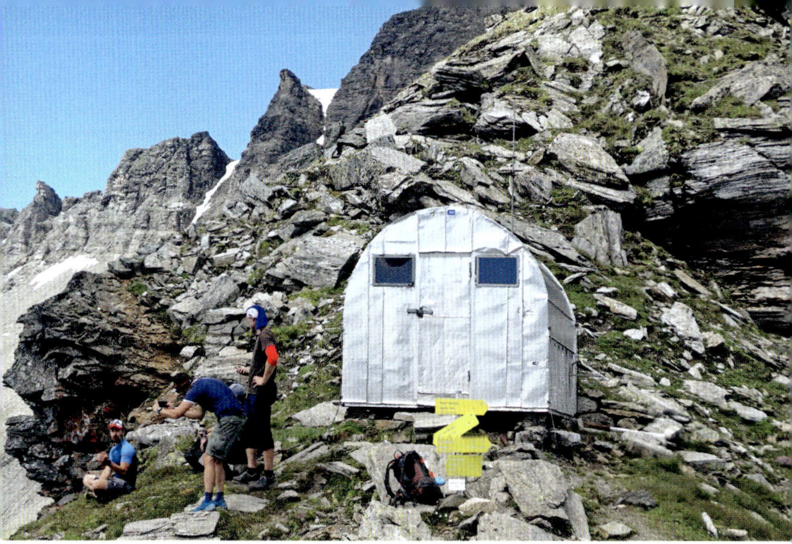

Foto oben: Das Dr.-Rudolf-Weißgerber-Biwak auf der Feldseescharte (Variante).
Links unten: Die erneuerte Hagener Hütte am Niederen Tauern (Mallnitzer Tauern).

Wir verlassen den **Parkplatz** ❶ über die Tauernbachbrücke und gelangen in 15 Min. zur **Jamnigalm** ❷. Ein breiter Almweg führt in den weiten grünen Bergkessel zu Füßen des Vorderen Geiselkopfs. Über den Tsauernbach wandern wir in nördlicher Richtung zwischen Zirben und Bergsturztrümmern bergan. Wir kommen an der privaten Manhardalmhütte vorbei (Felsenkreuz) und steigen in Kehren auf den sonnigen Tauernmähdern empor (blaue Punkte verweisen auf interessante, in einer Broschüre des Tourismusverbands Mallnitz festgehaltene Einzelheiten der ehemaligen Römerstraßen über den Niederen Tauern).

Unterhalb einer abseits stehenden Hirtenhütte überschreiten wir ein dürftiges Bächlein und erfreuen uns am Blumenreichtum auf sonnigen Bergwiesen. Kleine Glockenblume, Grasnelken und Kugelige Teufelskralle mustern die im Sommer sattgrünen Bergweiden. Auf ausgeprägtem Weg gelangen wir zum **Tauernkreuz** ❸, 2230 m. Dort erinnert eine Gedenktafel an die langjährige Hagener Hüttenwirtin Theresia Angermann, die am 18. Juli 1949 in diesem Bereich vom Blitz getötet wurde. Reste der um 1900 von einer Windlahn (Staublawine) zerstörten Bergkapelle liegen etwas abseits. Bemerkenswert ist die großartige Fernsicht, die auch den Mittagskogel in den Karawanken miteinschließt.

Der weitere Aufstieg auf teils plattigem Grundfels führt in 20–30 Min. zum umzäunten **Mallnitzer Tauernhaus** ❹, das im Sommer Einblick auf Legenden und Fundstücke gewährt. Nur noch rund 15 Min. trennen von

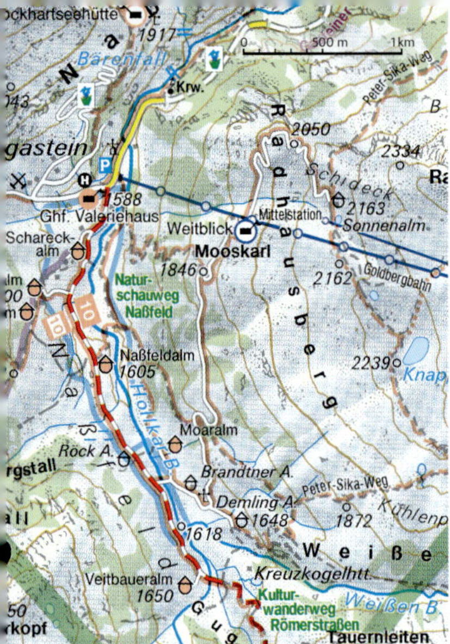

der **Hagener Hütte** 5 am aussichtsreichen Kamm (3 Std.). Ein nahe der Hütte befindliches Panorama erklärt alle namhaften Gipfel.

Variante: Aufstieg von Norden
Ein Zugang zur Hagener Hütte startet in **Sportgastein**, 1589 m (Parkplatz bei der Seilbahn-Talstation). Dort wandern wir am Kulturwanderweg Römerstraßen durch das Almenland, dem Gasteiner Talschluss entgegen (45 Min.), wo Tafeln zur hoch am Niederen Tauern bereits sichtbaren Hagener Hütte weisen. Ein gegen Süden steil aufgerichteter Berghang wird in engen Steigschleifen überwunden. Bald endet der schüttere Bewuchs von Zirben und Fichten auf dem dicht mit Al-

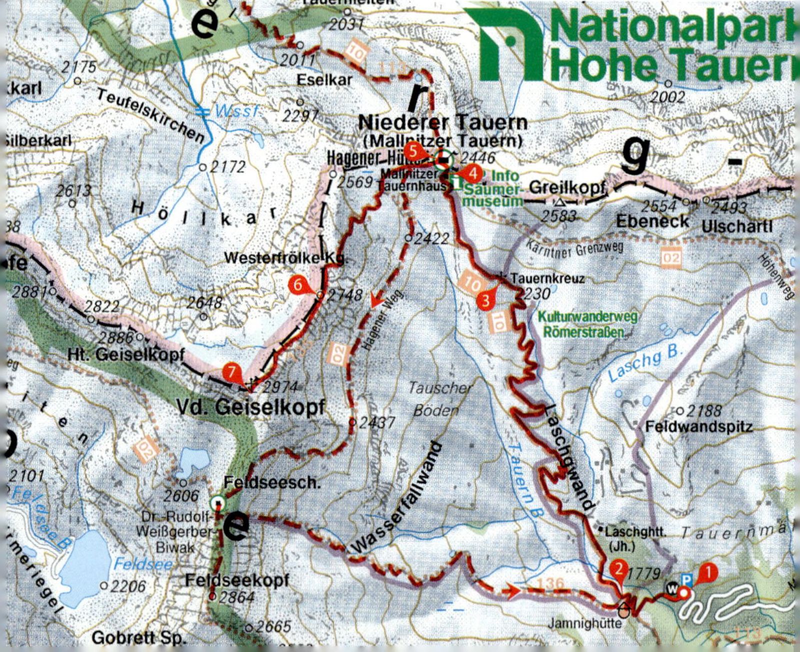

penrosen bewachsenen Berghang. Begleitet vom Bachrauschen aus den bergumstellten Höhen erreichen wir im wechselvollen Rasengelände das **Eselkar**. Der gut markierte Steig quert einen niedrigen Berghang, ehe wir die bereits nahe **Hagener Hütte** 5 erreichen (2.30 Std).

Zum Vorderen Geiselkopf geht es westlich der **Hagener Hütte** 5 kurz hinab zur Tauernsturmglocke, dann in Kehren an der geröllbedeckten Nordostseite des Geiselkopfs hinauf, bis wir auf stark versandetem Pfad den **Nordostgrat** 6 erreichen (45 Min.). Eine dahinter mit Blöcken und Altschnee halb angefüllte Hangmulde wird zur Linken passiert, worauf der Steig sich wieder dem Grat nähert oder knapp rechts davon bleibt (Steindauben). Der höher gelegene Gipfelgrat ist steiler, doch auf gut gestuften Blöcken kaum schwierig. Zwischenzeitlich verläuft der Steig auf der linken Gratseite und an einem frei stehenden Felsblock vorbei. Nach einer unmerklichen Gratsenke beachten wir weiße Markierungspfeile zum Gipfel des **Vorderen Geiselkopfs** 7 mit Kreuz und Buch (2 Std.). – **Abstieg** auf der Aufstiegsroute.

Variante: Hagener Weg zur Feldseescharte, 2714 m
2 Std., Biwak, markiert, einige Rinnen und Gräben, bei Hartschnee Vorsicht, sonst mäßig schwierig. Aus der nahen Kammsenke (Tauernglocke) senkt sich der kurz etwas ausgesetzte Steig um ein Felseck südlich ab und quert bald eine breite Schutthalde. Bei geringer Steigung geht es entlang der Südostflanke des Vorderen Geiselkopfs mit den erwähnten Geröll- und Hanggräben (30 Min.). Wir umschreiten einen direkt vom Gipfel südöstlich abstreichenden, breit gegliederten Rasen-Fels-Kamm auf dessen Südseite und steigen dort in Kehren und Schleifen relativ steil an. Rasen und Schutt wechseln sich ab, es geht weiterhin kehrenreich empor, ehe schließlich ein letzter Aufschwung zur **Feldseescharte** und zum **Weißgerber-Biwak** mit Tisch und zwei Bänken führt.
Ein Gipfel zum »Mitnehmen« ist hier der **Feldseekopf**, 2864 m, 25 Min., 150 Hm, markiert: Am unschwierig und nur mäßig steilen Nordrücken nähern wir uns verwitterten Kammfelsen. Dort rechts vorbei, dann gering steigend zu dem von zwei Steinmännern bewachten Gipfel.
Der Abstieg zur Jamnigalm (markiert, 2.30 Std.) erfolgt überwiegend auf Steigkehren und Serpentinen auf ostwärts unterschiedlich steilen Rasenflanken. Wir beachten am Beginn die Markierung links der mittelsteilen Geröllflanke und gelangen im Anschluss nach einer Rasen-Blockkante auf einen tiefer gelegenen breiten Rasenhang. Wo wir einen kleinen Bach überschreiten und eine mit Alpendost bewachsene Hangterrasse kurz queren, bietet sich ein feiner Rastplatz an. Wo weiter unten Alpenrosen die Hänge erobern, queren wir eine kleine Blockhalde (Steinmänner), ehe sanftere Hangstufen in das Weidegebiet (Tümpel) des unteren Tauscher Bodens auslaufen. Noch über zwei Bäche, dann ist es zur **Jamnigalm** 2 und zum etwas tiefer gelegenen **Parkplatz** 1 nicht mehr weit.

↗ 1280 m | ↘ 1690 m | 24.8 km

44 Von der Hagener Hütte, 2446 m, zum Hannoverhaus, 2548 m

2 Tage

Anspruchsvolle Tour am Kärntner Grenzweg (auch Göttinger Weg)

Die Hagener Hütte und das Hannoverhaus stehen auf geschichtsträchtigem Boden bzw. nahe den 5000 Jahre alten »Handelswegen« über den Niederen Tauern (Mallnitzer Tauern) und Hohen Tauern (Korntauern). Schroffe Kämme und Blockfelder prägen diesen Abschnitt des Höhenweges mit geologischer Vielfalt und besonders schönen Landschaftsbildern.

Ausgangspunkt: Parkplatz, 1670 m, (Gebühr), Schranke knapp unterhalb der Jamnigalm, 1745 m, 7 km von Mallnitz, wird auch vom Nationalpark-Wandertaxi angefahren. Zufahrt von Mallnitz: Beim Bahnhof links ins Zentrum, dort bei der Skischule (Hotel zu den drei Gemsen) auf asphaltierter Bergstraße ins Tauerntal und kehrenreich zum Parkplatz (20 Min. zur Jamnigalm), dort auch Wandertaxi.
Endpunkt: Talstation der Ankogelbahn, 1250 m, 3,5 km von Mallnitz. Zum Parkplatz Jamnigalm mit NP-Wandertaxi.
Anforderungen: Ausdauer erforderlich, große Strecken im Blockgelände, beste Tourenzeit im schneefreien Sommer und Herbst. Markiert, bez. 502. Die Tour kann auch in der Gegenrichtung durchgeführt werden (geringerer Abstieg von der Hagener Hütte zur Jamnigalm als vom Hannoverhaus ins Tal). Steigeisen auf Altschneefeldern ratsam! Abstieg vom Hannoverhaus auch mit Ankogel-Bergbahnen möglich. Betriebszeiten 1. Juli–11. Sept. (Mo und Di Ruhetage).
Einkehr/Unterkunft: Ghf. Jamnigalm, 1745 m, Almgastwirtschaft mit Tagesbetrieb, Juni–Sept., keine Nächtigung. Mindener Hütte, 2431 m, Selbstversorgerhütte, Mitte Juni–Anf. Okt., Decken, Aufenthaltsraum mit Ofen, Kochgeschirr, Solarlicht, 12 Schlafplätze, Wasser und Toilette im Hüttenbereich. Hagener Hütte, 2446 m, 1912 erbaut, 2010/11 erweitert und modernisiert, Mitte Juni–Ende Sept., entsprechend Wetter auch länger, 14 Zimmerlager, 26 Matratzenlager, 10 Matratzenlager im Winterraum, Hütten-Tel. +43 664 4036697, Tel./Tal +43 650 3940033, dav-hagen.de/unsere-huetten/hagener-huette. Hannoverhaus, 2548 m, DAV-Sektion Hannover, im Sommer und Winter bewirtschaftet, 60 Schlafplätze in Zimmern und Lager, Tel. +43 664 3501208 oder +43 4784 21345. Gasthof Hochalmblick bei der Mittelstation.

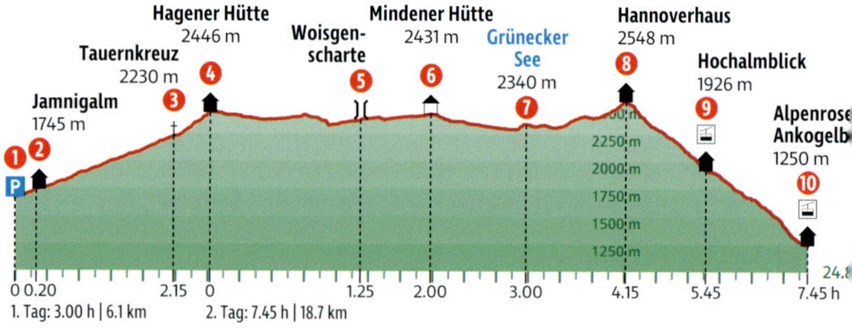

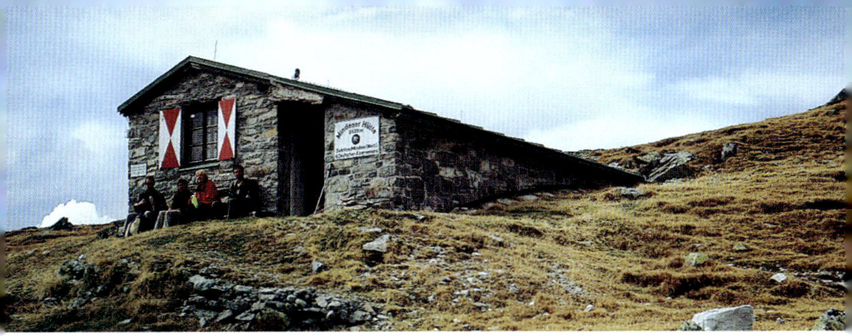

Eine romantische Herberge, die Mindener Hütte.

Wir verlassen den **Parkplatz** ❶ über die Tauernbachbrücke und gelangen in 15 Min. zur **Jamnigalm** ❷. Ein breiter Almweg führt in den weiten grünen Bergkessel zu Füßen des Vorderen Geiselkopfs. Über den Tauernbach wandern wir in nördlicher Richtung zwischen Zirben und Bergsturztrümmern bergan. Wir kommen an der privaten Manhardalmhütte vorbei (Felsenkreuz) und steigen in Kehren auf den sonnigen Tauernmähdern empor (blaue Punkte verweisen auf interessante, in einer Broschüre des Tourismusverbands Mallnitz festgehaltene Einzelheiten der ehemaligen Römerstraßen über den Niederen Tauern).

Unterhalb einer abseits stehenden Hirtenhütte überschreiten wir ein dürftiges Bächlein und erfreuen uns am Blumenreichtum auf sonnigen Bergwiesen. Kleine Glockenblume, Grasnelken und Kugelige Teufelskralle mustern die im Sommer sattgrünen Bergweiden. Auf gewundenem Weg gelangen wir zum **Tauernkreuz** ❸, 2230 m. Dort erinnert eine Gedenktafel an die langjährige Hagener Hüttenwirtin Theresia Angermann, die am 18. Juli 1949 in diesem Bereich vom Blitz getötet wurde. Reste der um 1900 von einer Windlahn (Staublawine) zerstörten Bergkapelle liegen etwas abseits. Bemerkenswert ist die großartige Fernsicht, die auch den Mittagskogel in den Karawanken miteinschließt.

Der weitere Aufstieg auf teils plattigem Grundfels führt in 20–30 Min. zum umzäunten **Mallnitzer Tauernhaus**, das im Sommer Einblick auf Legenden und Fundstücke gewährt. Nur noch rund 15 Min. trennen von der **Hagener Hütte** ❹ am aussichtsreichen Kamm (3 Std.), wo wir übernachten.

Am nächsten Tag folgen wir von der Hagener Hütte aus dem Kärntner Grenzweg und gelangen nach 5 Min. zum südöstlich gelegenen Kammsattel. Dort weisen Tafeln zum unschwierig erreichbaren Greilkopf, 2583 m (30 Min.). Unsere Route quert auf Rasenhängen den Greilkopf südseitig, ehe wir dem Steig über breite Blockhalden und über hell hervortretende Quarzadern ostwärts folgen. Ein von der Romatenspitze südlich abstreichender Fels-Rasen-Rücken wird umschritten, wobei eine Tafel auch zur Romatenspitze mit Holzkreuz einlädt. Wir bleiben auf dem schmalen Flankenpfad einer weit offenen Hangbucht, wobei die erwähnte Romatenspitze ostseitig gequert

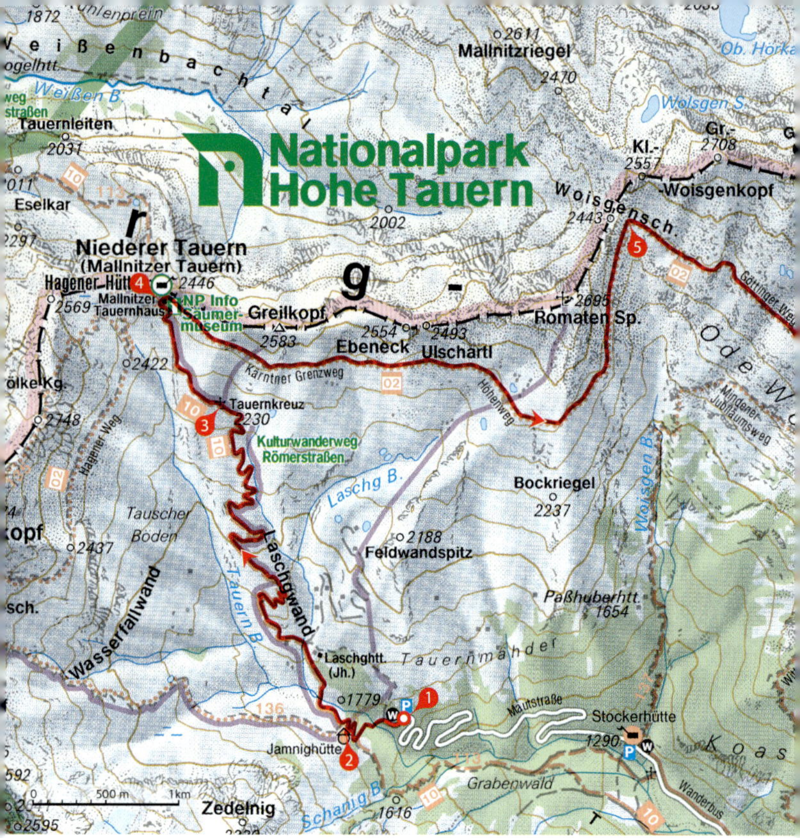

wird (bei Hartschnee nicht ungefährlich!). Auf Blöcken und rasengesäumten Steigpassagen erreichen wir etwas unterhalb der **Woisgenscharte** ❺ verwachsene Stirnmoränen zu Füßen der Woisgenköpfe. Bei gleichbleibendem Steigcharakter folgt etwas später ein ca. 70 m langer Abstieg in ein vertikal ziehendes Blocktälchen. Auf weithin überschaubarer Gletscherschliffstrecke nähern wir uns der kleinen romantischen **Mindener Hütte** ❻, 2431 m. (Hier ist ein Abstieg am Mindener Jubiläumsweg nach Mallnitz möglich, 3 Std.) Auf dem Weg zum Hannoverhaus liegt bei der Mindener Hütte die halbe Wegstrecke hinter uns, und nach einer Stärkung setzen wir die Höhenwanderung durch Kare und über Halden fort. Der von der Gamskarlspitze südöstlich aussendende Grat wird umschritten (kurze Seilversicherung), ehe wir auf gratähnlicher Strecke etwas Aufstieg in Kauf nehmen und an-

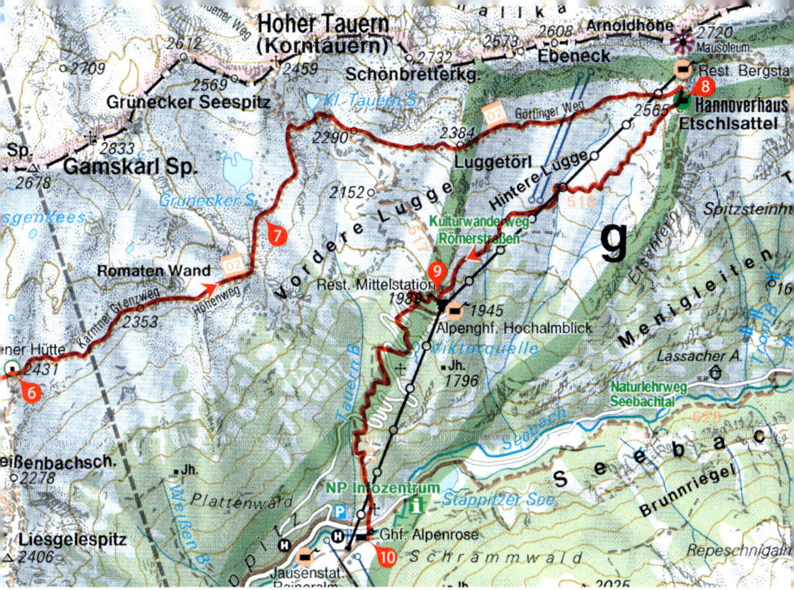

schließend auf einem schmalen Felssteig bei geringem Gefälle den blockumbetteten **Grünecker See** ❼ knapp unterhalb passieren (1 Std. von der Mindener Hütte).

In weiterer Folge nähern wir uns dem **Kleinen Tauernsee**, in dessen Bereich der Kehrensteig hinauf zum Hohen Tauern abzweigt. Wir halten uns talwärts auf Resten des 5000 Jahre alten Handelsweges, bis eine Steiggabelung, 2289 m, zwei Möglichkeiten zulässt: talwärts in 1 Std. zur Mittelstation der Ankogelbahn (markiert, bez. 517) oder östlich am Göttinger Weg in Richtung Hannoverhaus (1.30 Std.).

Dorthin steht noch ein spürbarer Aufstieg zum **Luggetörl** bevor, 2384 m. Es schließt daran die breite Rasen-Block-Landschaft der Hinteren Lugge an, mit Liftanlagen und Trassen der Ankogelbahn. Zum neu erbauten **Hannoverhaus** ❽ am **Etschlsattel**, 2548 m (10 Min. unterhalb der Bergstation der Ankogelbahn). Dort ostseitig ebenso kurz am Skiweg zum schwach geneigten Boden hinab. Im Nahbereich der Ankogelbahn gehen wir auf Rasenhängen und Hügeln talwärts und kommen, vorbei an kleinen Wollgrastümpeln, später an zwei Wasserschlössern zur **Mittelstation** (1.30 Std.). Dort folgen wir dem Steig unterhalb vom **Gasthof Hochalmblick** ❾ in westlicher Richtung, dann auf einem Zickzackkurs zwischen Latschen und Lärchen, stellenweise neben der Skipiste und schließlich im schattigen Wald abwärts. Der Markierung stets folgend zur **Talstation der Ankogelbahn** ❿ bzw. zum **Gasthof Alpenrose** (2 Std. von der Mittelstation).

↗ 840 m | ↘ 2200 m | 12.7 km

45 Hannoverhaus – Ankogel, 3252 m

8.30 h

Auf den bereits 1762 erstiegenen Namensgeber der Ankogelgruppe

Der bei günstigen Bedingungen viel besuchte Ankogel verlangt ab dem Kleinen Ankogel Trittsicherheit. Ausgangspunkte für die Besteigung sind sowohl das Hannoverhaus als auch die Bergstation der Ankogelbahn. Vom Neubau des Hannoverhauses unberührt geblieben sind das Mausoleum auf der Arnoldhöhe oberhalb der Hütte wie auch die seit 1888 bestehende kleine »Hannoversche Hütte«, unterhalb des neuen, architektonisch gut gelungenen Hannoverhauses am Etschlsattel.

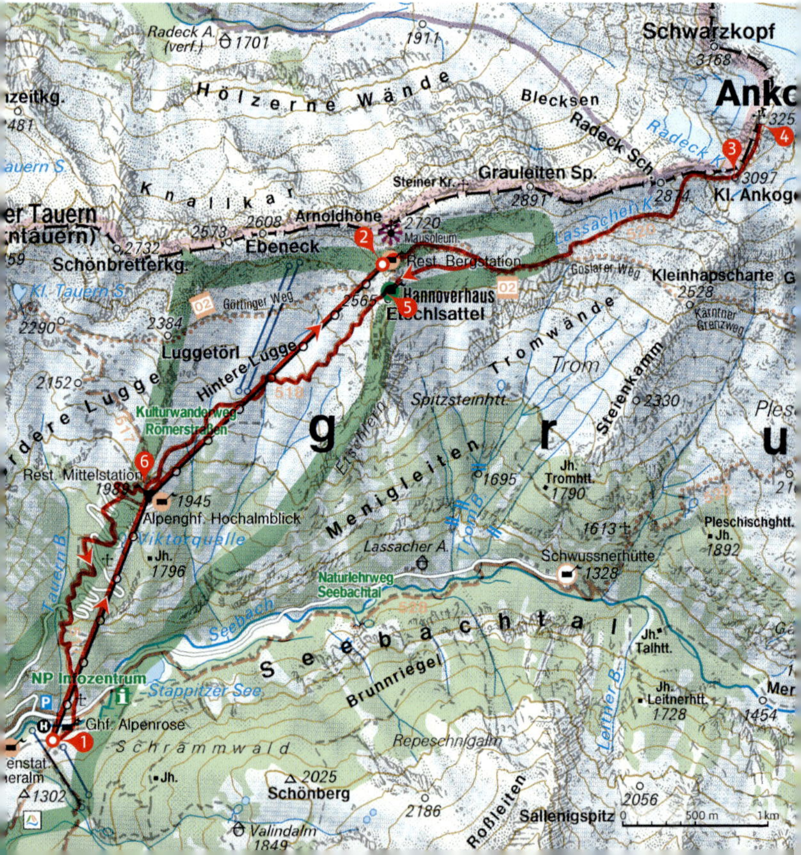

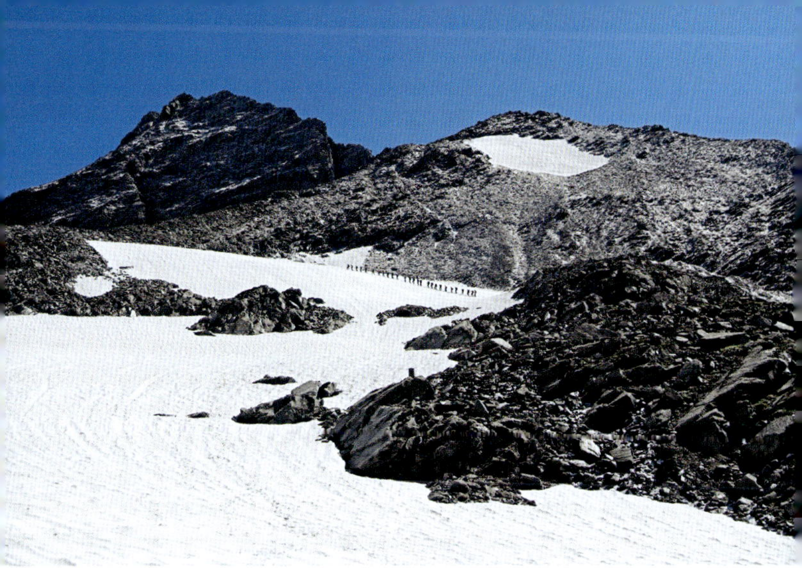

Über alte Moränen und Schneehänge führen Steig und Spur auf den Ankogel.

Ausgangspunkt: Talstation der Ankogelbahn, 3,5 km von Mallnitz; Busverbindung vom Bahnhof Mallnitz. Die Ankogelbahn führt mit Sektion I zur Mittelstation, 1989 m, mit Ghf. Hochalmblick, und mit Sektion II zur Bergstation mit Restaurant, wo die Wanderung beginnt. Das neue Hannoverhaus steht 66 m unterhalb der Bergstation.
Anforderungen: Die Route führt über Schutt, Blöcke und Schnee. Der Aufstieg zum Hauptgipfel erfordert Trittsicherheit. Markiert, Tafeln. Bei Schönwetter und guten Verhältnissen für Geübte nicht schwierig.
Einkehr/Unterkunft: Restaurants bei Tal-, Mittel- und Bergstation der Ankogelbahn. Gasthof Hochalmblick bei Mittelstation. Gasthof Alpenrose beim Stappitzer See in der Nähe der Talstation. Hannoverhaus, 2548 m, DAV-Sektion Hannover, im Sommer und Winter bewirtschaftet, 60 Schlafplätze in Zimmern und Lager, Tel. +43 664 3501208 oder +43 4784 21345. Das Mausoleum

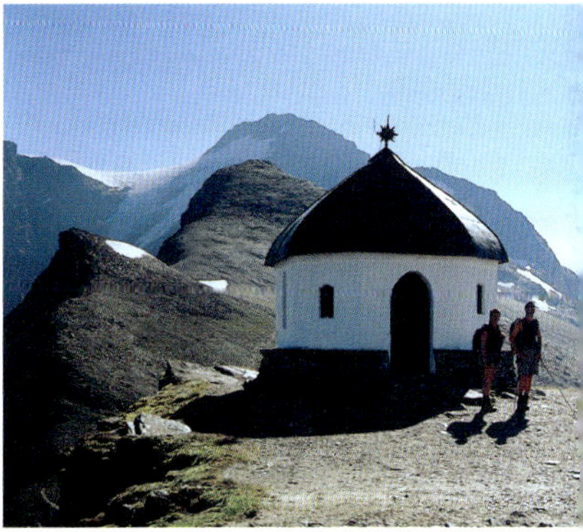

Wo ehemals das Hannoverhaus stand, verblieb das Mausoleum.

oben am Kamm birgt die Aschenstätte in Erinnerung an Dr. Carl Arnold, dem Erbauer des mehr als 100 Jahre dienenden und 2013 abgetragenen Hannoverhauses auf der Arnoldhöhe.

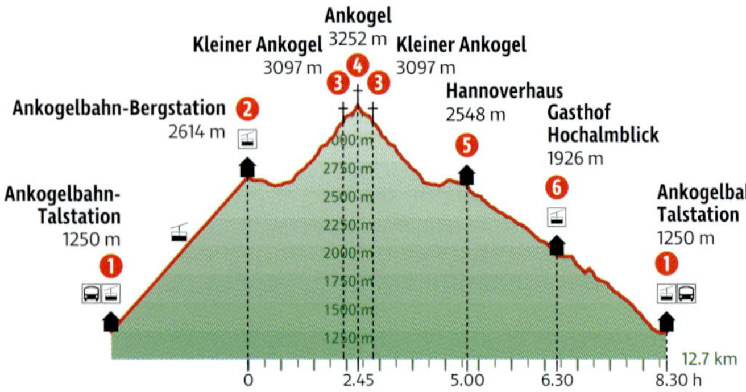

Von **Talstation der Ankogelbahn ❶** geht es hinauf zur **Bergstation ❷**. Dort lenkt der Goslaer Weg ostwärts entlang steiniger Rasenhänge und quert mit dem zumündenden Hüttensteig kleine Blockhalden. Er unterläuft den markanten, vom Bergkamm senkrecht abgleitenden Felssporn und überquert mehrmals dürftige Rinnsale. Unsere Route verzweigt nach ca. 30 Min. (Tafel) mit tiefer führender Variante u. a. zur Osnabrücker und Celler Hütte rechts, während wir auf dem mit 520 bezeichneten Weg in die Moränenlandschaft links ansteigen. Die erste, spärlich verwachsene und abgeflachte Moräne wird bald von höher verlaufenden jüngeren Moränen überlagert, 2750 m.

Bei Steinmännern, kurzzeitig auf einem Plattensteig, dann wieder zwischen Geröll sowie rund und glatt geriebenen hellgrauen Blöcken weiter. Der Anstieg verläuft im Wesentlichen rechts von meist ausgedehnten Schneehängen, die das einstige Lassacher Kees überdecken und im oberen Teil auch überschritten werden. Zum Kleinen Ankogel empor festigt sich eine kammähnliche Blockhalde, die linksseitig fast senkrecht auf Reste des Radeckkeeses abbricht. Wir bleiben deutlich rechts der Blockkante und folgen dem Schuttsteig bis zum unscheinbaren Vorgipfel, dem **Kleinen Ankogel ❸**, 3097 m.

Mit dem Hauptgipfel des Ankogels verbindet ein kurzer Fels-Block-Kamm, der teils direkt, dann rechts bis zum Steilaufschwung begangen wird. Dort verläuft der erdig-schuttige Pfad in der südöstlichen Geröllflanke, wo bei starker Begehung auf Steinschlag zu achten ist. Knapp unter dem Gipfel verlangt eine kurze Felsstelle Achtsamkeit. Nicht ganz am höchsten Punkt des **Ankogels ❹** steht das Kreuz der ÖAV-Sektion Mallnitz mit Buch.

Wenn wir mit der Bahn ins Tal fahren wollen, erfolgt der Abstieg auf der Aufstiegsroute bis zur **Ankogelbahn-Bergstation ❶** (2.15 Std.).

Steigen wir zu Fuß ab, dann geht es vorerst auf der Skitrasse zum **Hannoverhaus ❺** und dort ostseitig ebenso kurz am Skiweg zum schwach geneigten Boden hinab. Im Nahbereich der Ankogelbahn gehen wir auf Rasenhängen und Hügeln talwärts und kommen, vorbei an kleinen Wollgrastümpeln, später an zwei Wasserschlössern zur **Mittelstation** (1.30 Std.). Dort folgen wir dem Steig unterhalb vom **Gasthof Hochalmblick** 6 in westlicher Richtung, dann auf einem Zickzackkurs zwischen Latschen und Lärchen, stellenweise neben der Skipiste und schließlich im schattigen Wald abwärts. Der Markierung stets folgend zurück zur **Talstation der Ankogelbahn** 1 bzw. zum **Gasthof Alpenrose** (2 Std. von der Mittelstation).

Das 2013/14 neu erbaute Hannoverhaus am Etschlsattel. Die ursprüngliche Hannoversche Hütte (im Bild hinten) ist bereits über 100 Jahre alt.

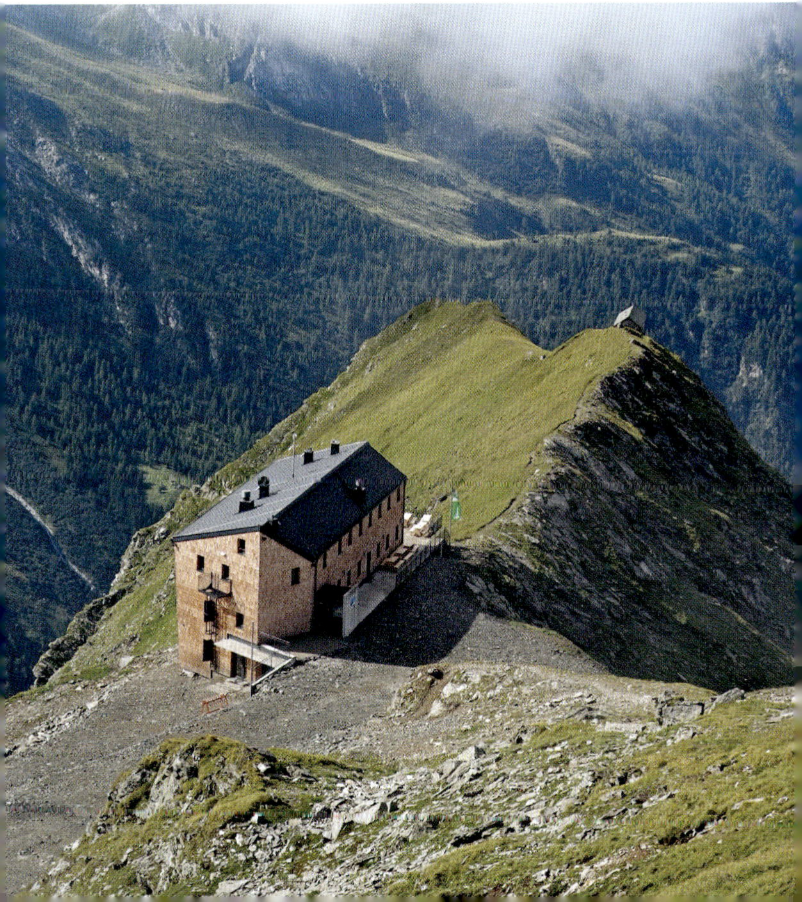

↗ 1540 m | ↘ 1540 m | 17.2 km

46 Nigglaital – Salzkofel, 2499 m

9.00 h

In der östlichen Kreuzeckgruppe, wo Drau und Möll sich vereinen

Als östlichster namhafter Gipfel der Kreuzeckgruppe belohnt der Salzkofel mit beachtlicher Aussicht. Im Süden grüßen die Gailtaler Alpen und der Karnische Kamm und im Norden, in ihren Konturen härter, die Gipfel der Reißeck- und der Goldberggruppe. Von so viel Nachbarschaft umgeben liegt in beschaulicher Einsamkeit am romantischen Wald-Fels-Saum die Salzkofelhütte hoch oben im Abschluss des Nigglaitales.

Ausgangspunkt: Bei der Schranke, ca. 1040 m, im Nigglaital. Zufahrt: In Sachsenburg beim Bahnübergang und nahe der Drau-Bogenbrücke Abzweigung in den Ortsteil Feistritz und zum Waldrand. Eine 6 km lange Naturstraße ist bis zur Wegschranke im schmalen Nigglaital benützbar, wenngleich ein Güterweg bis ins innerste Nigglaital gebaut wurde.

Anforderungen: Wanderung auf Forststraße in landschaftlich schönem Hochtal, im Gipfelbereich steil, doch unschwierig. Markiert, bez. 318, Tafeln.
Einkehr/Unterkunft: Salzkofelhütte, 1987 m, ÖAV-Sektion Steinnelke, erbaut 1907, Mitte Juni–Mitte Sept., 12 Betten, 9 Lager, Tel. +43 676 9214655, alpenverein.at/salzkofelhuette.

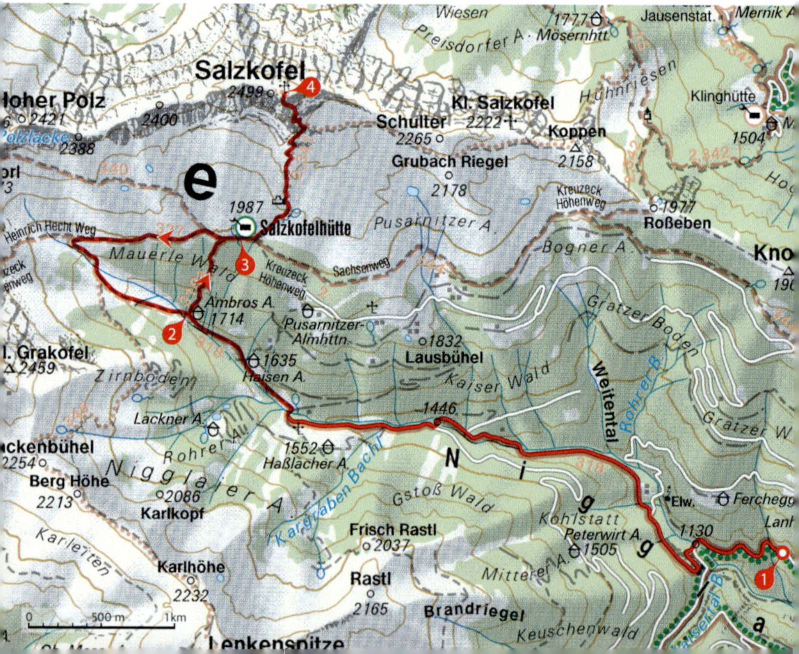

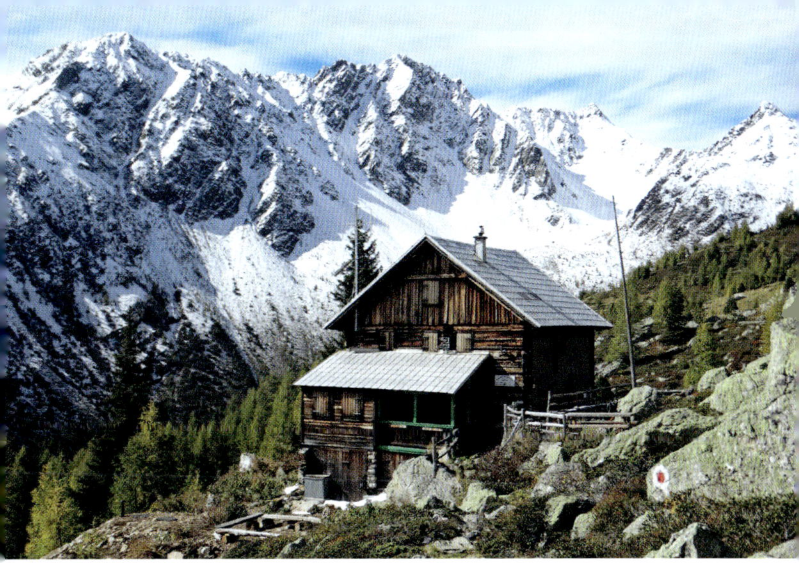

Schon grüßt der Winter um die Salzkofelhütte in der östlichen Kreuzeckgruppe.

Von der Wegschranke im **Nigglaital** ❶ auf dem Güterweg weiter talein. Kurz vor der zweiten Schranke (Eisengatter) bleibt ein Stichweg zur Kelag-Bachfassung nebensächlich, wir bleiben auf dem Talweg, fortan vom Rauschen des Nigglaibaches begleitet. Wo wir den kräftigen Bach auf zwei Baumstämmen ein drittes Mal überschreiten, haben wir die Wahl, am etwas ausschweifenden Forstweg oder am Steig auf Bergwiesen zur **Ambrosalmhütte** ❷ aufzusteigen. Bald danach stehen wir vor dem Felsblock mit aufgesetztem Steinmann und Wegtafeln. Dort entweder am kürzeren Steig in vielen Kehren am steilen Lärchenhang empor (1 Std.) oder bei sanfterem

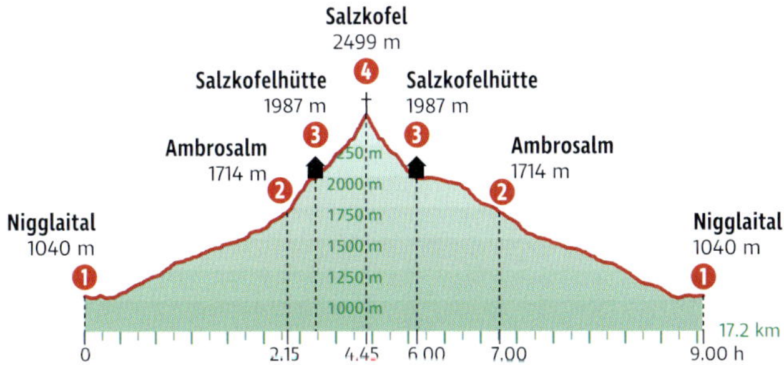

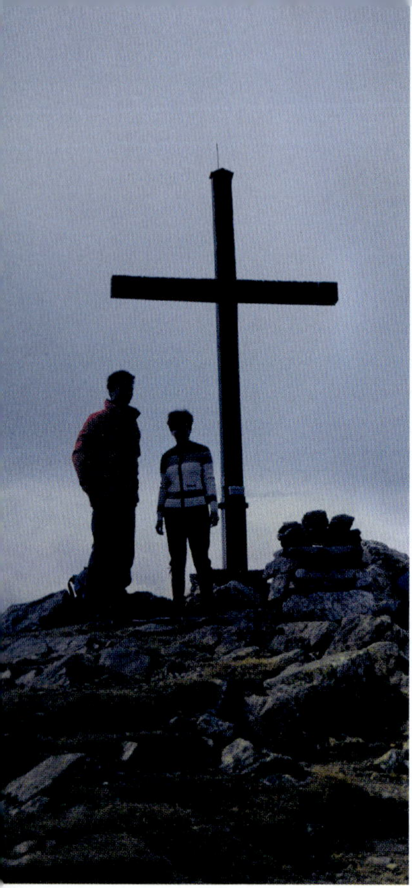

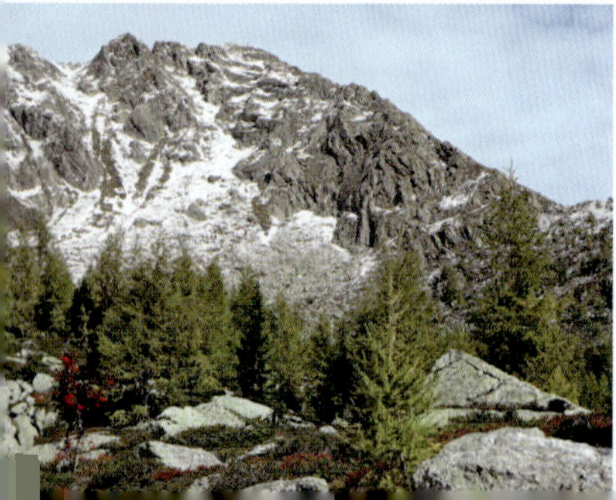

Steigverlauf in den Talschluss und am Heinrich-Hecht-Weg zur Salzkofelhütte. Die zweite Variante bietet sich knieschonend für den Abstieg an. Da wie dort gelangen wir zur nahen, am schütteren Waldsaum idyllisch gelegenen **Salzkofelhütte 3**.

Zum Salzkofel nehmen wir den Abzweig 70 m östlich der Hütte (Almkreuz, Tafeln, Markierung). Dort zwischen Blöcken und Lärchen empor passieren wir auf einem Kammrücken die Gedenktafel für Lothar Mathiaschütz. Wir steigen am Südost-Rasenhang des Salzkofels mäßig steil an und erreichen Tafeln am östlichen Felsfuß des Berges (1 Std.).

Der Gipfel des **Salzkofels 4** wird über das ostseitige Rasen-, Schutt- und Felsgelände und schließlich von Süden her (Drahtseil) erreicht und belohnt mit herrlicher Aussicht (30 Min.). Am Holzkreuz befindet sich eine Inschrift.

Der Abstieg erfolgt auf der Aufstiegsroute hinab zur **Salzkofelhütte 3**. Der Rückweg ins Tal lässt sich bei angenehmem Gefälle und auf anfänglich altem Almweg erweitern, indem wir in westlicher Richtung den Nigglaitalschluss aufsuchen (20–30 Min., bez. 318). Dort schwenken wir gegen Südosten und gelangen wieder zur erwähnten Steiggabelung im Bereich der **Ambrosalmhütte 2** (ca. 1 Std. von der Salzkofelhütte).

Zurück zum Ausgangspunkt im **Nigglaital 1** geht es auf dem vom Aufstieg bekannten Weg.

Foto oben: Am Gipfel des Salzkofels.
Unten: Salzkofel, beherrschender Gipfel im Nigglaital.

↗ 970 m | ↘ 970 m | 10.0 km

5.30 h

Emberger Alm – Hochtristen, 2536 m

47

Ein lohnendes Gipfelziel und zwei einsame Bergseen

Die Emberger Alm, hoch über dem Markt Greifenburg auf 1755 m Höhe gelegen, lädt zu unterschiedlichen sportlichen Aktivitäten ein, und ebenso zu erholsamen Rundwanderungen und Bergtouren. Der Nassfeldriegel (kleines Holzkreuz) ist ein leichtes, der Hochtristen ein anspruchvolleres Ziel. Eine von Hobbyastronomen betriebene Sternwarte, ein Paragleiterstartplatz sowie Winterskibetrieb vervollständigen das Angebot im Almdorf.

Die sehr unterschiedlichen Zwei Seen mit dem Rastplatz beim Schwarzstein.

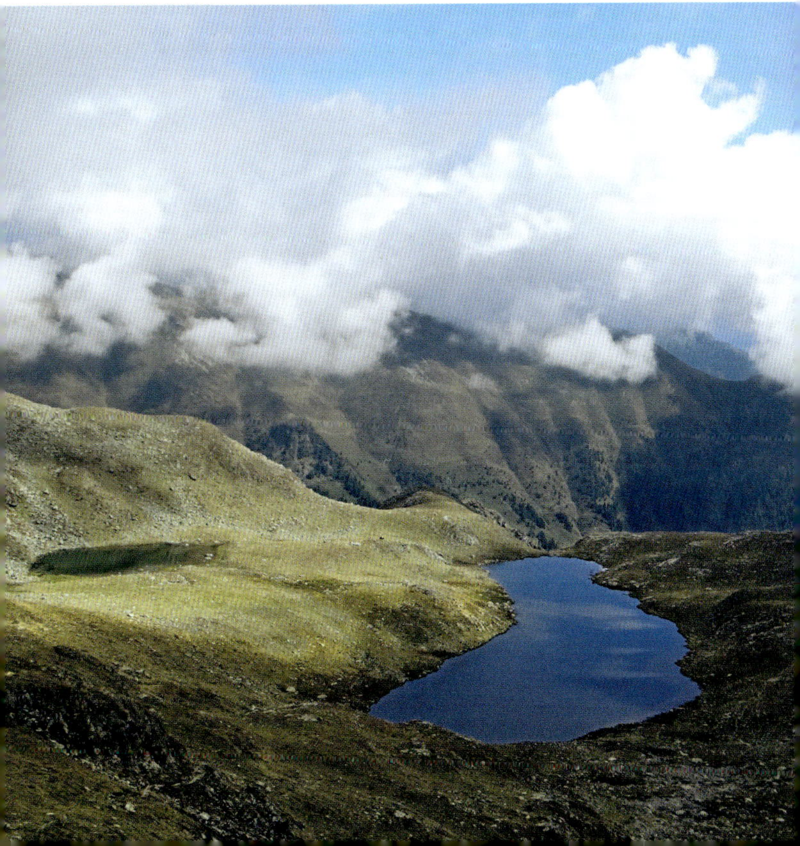

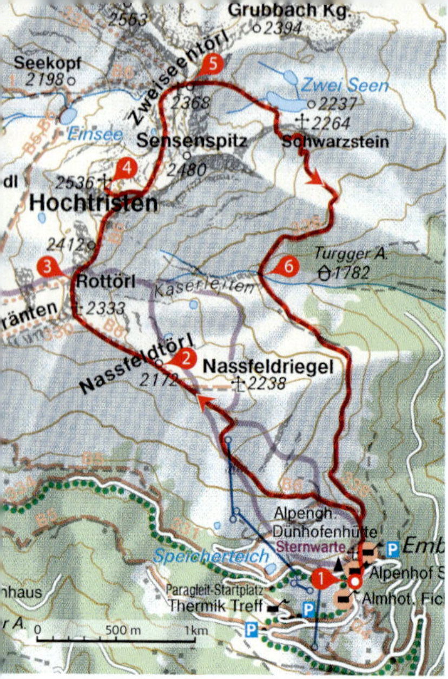

Ausgangspunkt: Emberger Alm, 1755 m, Parkplatz. Beim Gnoppnitzbach (Maubach) im Ortszentrum von Greifenburg (Tafeln) setzt die ca. 13 km lange und kehrenreiche asphaltierte Bergstraße über Amberg nach Emberg und hinauf zur Emberger Alm an (zu Fuß von Greifenburg zur Emberger Alm sind es 3 Std.).

Anforderungen: Größtenteils unschwierige, markierte Bergtour. Im Gipfelbereich des Hochtristen saubere Gangart erforderlich. Bei Schnee nicht zu empfehlen.

Einkehr/Unterkunft: Emberger Alm, 1755 m, mit mehreren Unterkünften: Sattlegger's Alpenhof, privat, Sommer- und Winterbeherbergung, 70 Betten, geöffnet Mitte Mai–20. Okt., 15. Dez.–15. April, Tel. +43 4712 796, Dünhofenhütte (Almgasthof, Skischule), privat, Sommer- und Winterbeherbergung, Tel. +43 4712 8183. Fichtenheim, saisonal im Sommer und Winter geöffnet, Tel. +43 4712 794, embergeralm.info. Einige private Almhütten werden vermietet.

Auf der **Emberger Alm** ❶ beachten wir knapp oberhalb des Alpenhofes Sattlegger (Infotafeln) den beginnenden Almweg, 1800 m, und nach 15 Min. den links abzweigenden Steig beim **Kammereck**, 1840 m (Tafel B6). Ein Steig windet sich zwischen zwergwüchsigen Lärchen auf einen flachen, felsdurchsetzten Kamm empor. Er quert im Bereich von Schneezäunen die Piste und später die Schlepplifttrasse. In nordwestlicher Richtung gelangen wir zu einer Steiggabelung: Nach rechts bietet sich ein unschwieriger, kurzer Aufstieg zum Nassfeldriegel, 2238 m, an und halb links ist mit etwas Gefälle das nahe **Nassfeldtörl** ❷, 2172 m, zugänglich.

Von dort folgt ein leicht felsdurchsetzter Aufstieg auf die Hohen Gränden (Steinmann, beschrifteter Stein, Holzkreuz, Buch), von wo auch ein Abstieg zur Oberbergeralm möglich ist. Wir gelangen ins ca. 60 m tiefer liegende **Rottörl** ❸ und steigen anschließend in der breiten Ostflanke des Hochtristen auf, wo an einigen Stellen etwas Vorsicht nötig ist (kurze Seilversicherungen). Weiterhin achtsam bis zum **Sensentörl**, 2410 m (Tafel), vor dem direkten Anstieg zum **Hochtristen** ❹. Im Wechsel von Gestein und Rasen gelangen wir zum Metallkreuz mit der Inschrift »Wo der Berg am höchsten, ist man Gott am nächsten«.

Der Rückweg weitet die Wanderung zu einer lohnenden Rundtour aus. Wir steigen wieder ostseitig ca. 100 m zum Sensentörl ab, queren die Westflan-

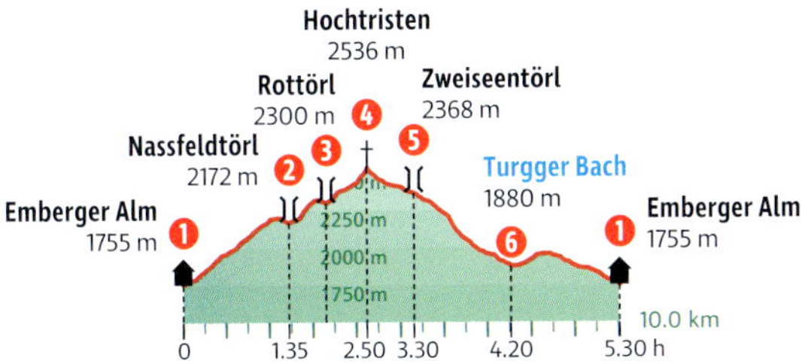

ke der Sensenspitze und steigen kurz zum **Zweiseentörl** 5, 2368 m, auf (ca. 45 Min.; Abzweigung zur Feldnerhütte). Vor uns breitet sich eine malerische Landschaft aus, eine rasengepolsterte, große Hangterrasse mit viel Platz für eine gute Rast und die Zwei Seen, 2237 m, nahe dem unscheinbaren Schwarzstein, 2264 m.

Südseitig begrenzt das Seeidyll ein unscheinbares Rasentörl, wo sich im Weiteren der Abstieg südlich fortsetzt. Hangriegel und haushohe Blöcke prägen dieses Gebiet, ehe wir in ein lockeres Lärchenwäldchen eintauchen. Zwischen moosbedeckten Felstrümmern und spärlichem Baumwuchs führt der mit Alpenrosen gesäumte Steig die Kaser leiten abwärts bis zum **Turgger Bach** 6, den wir zwischen Erlendickicht und auf Bachsteinen überqueren.

Am Gegenhang steht einsam die Roßbrunnhütte (Halterhütte) mit erfrischendem Quellwasser. Dort steigen wir am Karrenweg zum **Habrastl**, 1975 m (30 Min. ab Turgger Bach), an und lassen uns vom 50 m abseits befindlichen Aussichtspunkt (Bank) verführen. Auf bald wieder breiterem Almweg geht's leicht fallend zum bekannten **Kammereck**, 1840 m, und zur **Emberger Alm** 1 (40 Min. ab Habrastl).

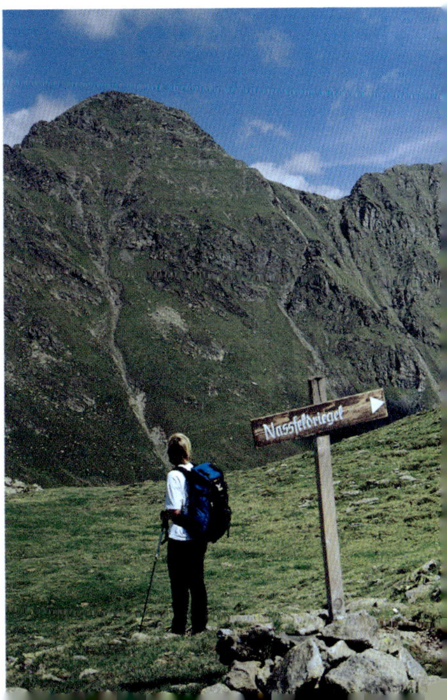

Wo die Tafel zum nahen Nassfeldriegel zeigt, erhebt sich vor uns der Hochtristen, rechts das Sensentörl.

↗ 1700 m | ↘ 1700 m | 27.5 km

48 Feldnerhütte und Kreuzeck, 2701 m

2 Tage

Der Blick in Schluchten und die Rast beim Glanzsee

Das Gnoppnitztal greift stark bewaldet und tief eingeschnitten von Süden her in die Gipfelmitte der Kreuzeckgruppe. Hörbar ist ein fortwährendes Rauschen des Gnoppnitzbaches ab der energiewirtschaftlichen Nutzung der Kelag im vorderen Drittel des Tales. Wo wir dem Bach sehr nahe sind, staunen wir über die Kraft des Wassers mit weiß schäumenden Kaskaden, von Wasserwalzen ausgehöhlten Grotten und Kolken, aalglatt geschliffenen Felsbänken, geschaffen in Abertausenden Jahren.

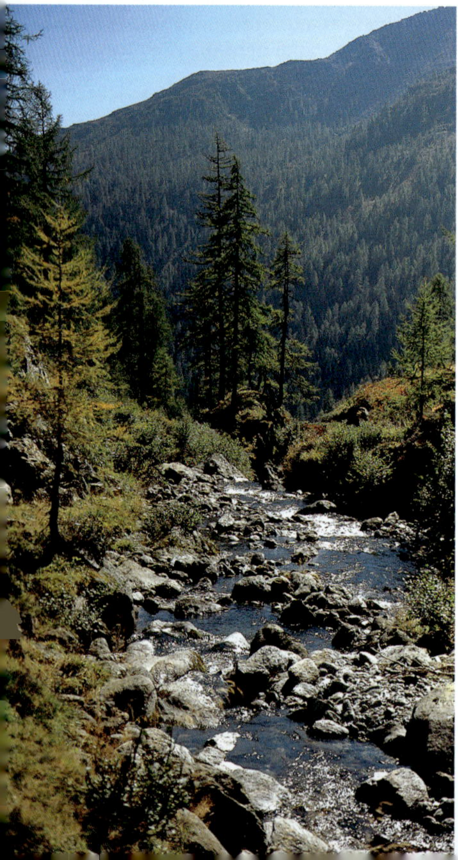

Ausgangspunkt: Gnoppnitz, Haus Heregger (Schranke), 1060 m, begrenzte Parkmöglichkeit. Zufahrt: Greifenburg, 70 m östlich der Bachbrücke (Tafeln), vorbei am Schloss Greifenburg und auf asphaltierter Straße bis Gnoppnitz und weiter zur Schranke. Bis zum Fischergatter Zufahrt mit Taxi möglich, Tel. +43 650 8541100.
Anforderungen: Landschaftlich schöne, Ausdauer erfordernde, abwechslungsreiche Wanderung zur Feldnerhütte. Zum Kreuzeck bei guten Bedingungen unschwierig. Markiert, Tafeln, bez. 339, G3.
Einkehr/Unterkunft: Feldnerhütte, 2182 m, erbaut 1884/85 vom DAV und der ÖAV-Sektion Villach; nach Brand 1988/89 von der ÖAV-Sektion Steinnelke wieder aufgebaut, Mitte Juni–20. Sept., 39 Schlafplätze, Winterraum 6 Schlafplätze (immer offen), Tel. +43 676 7481172, alpenverein.at/feldnerhuette.
Tipp: Der Wassererlebnisweg Gnoppnitzbach für durch die eindrucksvolle Gnoppnitzklamm. Er beginnt beim Gemeindehaus von Greifenburg und ist ganztags zugänglich. Eine Abenteuerwanderung auch Kinder.

Im Gnoppnitztal überrascht landschaftliche Vielfalt.

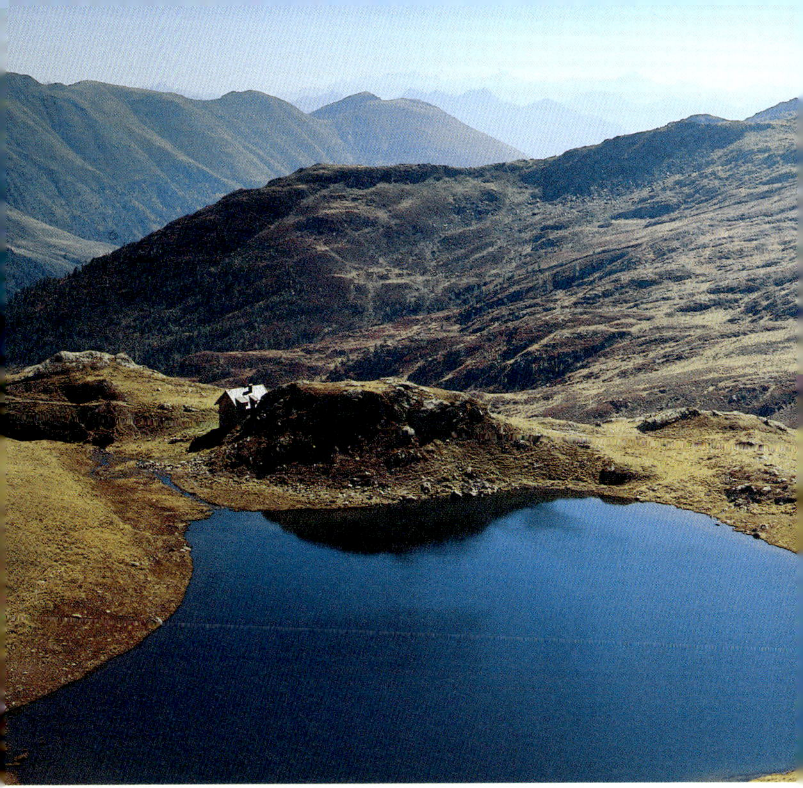

Still ruht der malerische Glanzsee nahe der Feldnerhütte.

Bei der erwähnten Schranke beim **Haus Heregger** ❶, 1060 m, führt der Forstweg hoch über der Bachschlucht taleinwärts. Es empfiehlt sich, zur Gänze am befahrbaren Weg zu bleiben, den zwei Gatter, das Kuh- und später das **Fischergatter** ❷, für öffentlichen Verkehr sperren. (Steigvarianten weisen derzeit einen schlechten Wegzustand auf.) Im Bereich der **Ranner Kammern** ❸, auch Kuhalm genannt, überschreiten wir den Bach auf Steinblöcken, bei starker Wasserführung könnte man hier orografisch links des Baches auf einen markierten Rasenpfad ausweichen.
Etwas später endet der Forstweg (Hüttendepot), von dort führt der Steig über einen kleinen Bach und in Kehren bergauf zur **Wegtafel Seetal** ❹, 1988 m. Hier kann über die **Roßalm** die Hütte in 50 Min., oder auf direkterer Route (Irzwurzen) in 45 Min. erreicht werden. Auf der »kürzeren« Strecke geht es ziemlich steil, danach im deutlich flacheren Bergwiesengelände zur

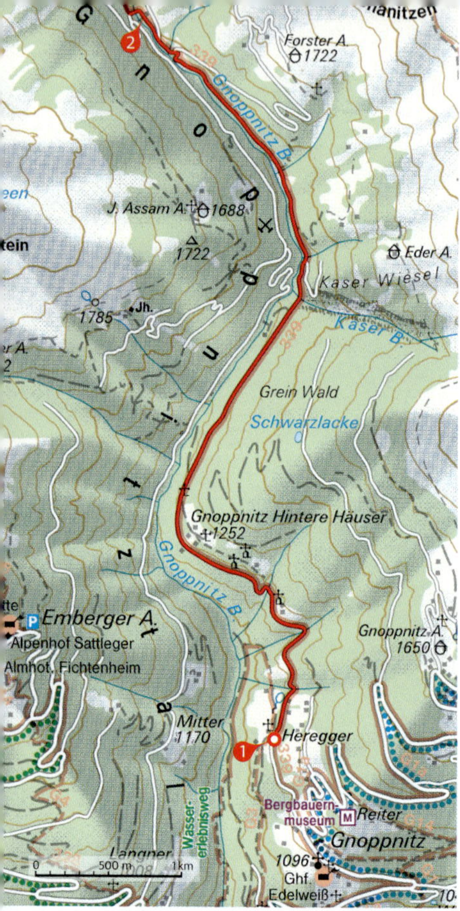

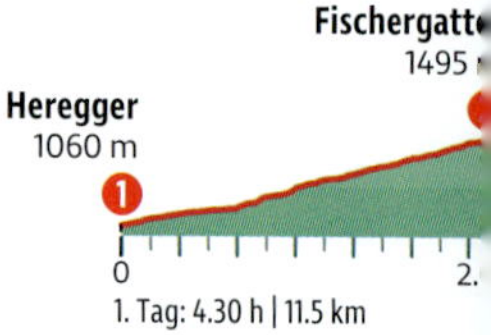

Feldnerhütte ⑤, 2182 m, die uns als Übernachtungsquartier dient. Die Hütte liegt, von einem gletschergerundeten Fels-Rasen-Hügel geschützt, am unerwartet großen **Glanzsee** (Fahne, verlandete Kleinsee-biotope).

Am nächsten Morgen gehen wir zunächst auf der Süd- und Westseite um den Glanzsee herum. Nach ca. 30 Min. beachten wir die Steigteilung: links zum Glenktörl, 2457 m, und rechts zum Kreuzeck (1.15 Std.). Dorthin windet sich der Steig am Seeriegel empor (interessanter Fotostandplatz) und lenkt in die Südflanke des Kreuzecks. Bei mittlerer Steilheit und nicht ganz ohne Mühe erreichen wir den Südwestgrat (Tafel), wo ein zwischen Felsblöcken und auf Rasenflecken meist gut erkennbarer Steig bis zum Kreuz am aussichtsreichen Gipfel des **Kreuzecks** ⑥ führt (1.45 Std. ab der Feldnerhütte).

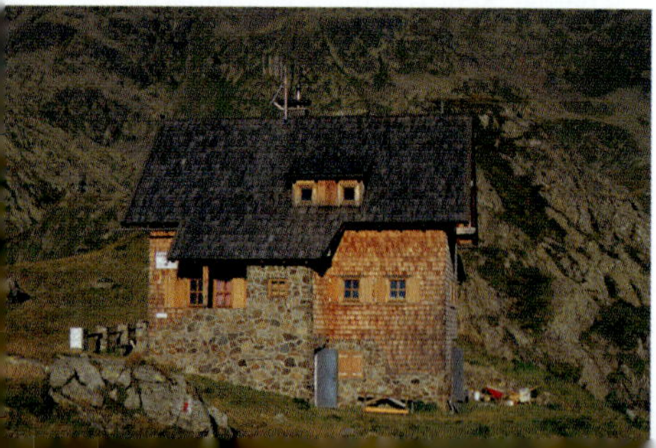

Die Feldnerhütte der ÖAV-Sektion Steinnelke.

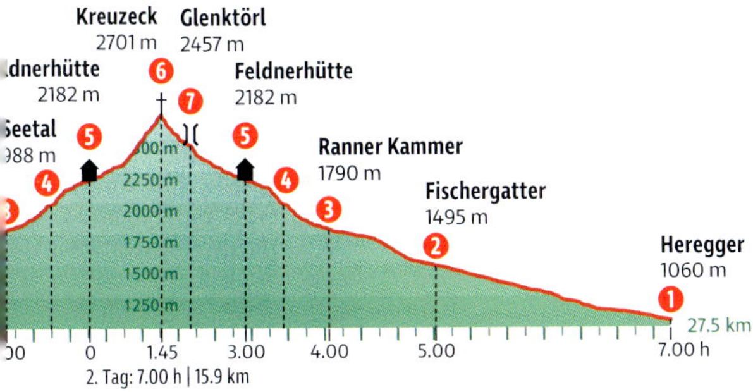

Vom Gipfel führt die Route, gelegentlich auf beide Seiten ausweichend, am Südwestgrat des Kreuzecks abwärts. Dabei bieten sich herrliche Blicke auf die tiefer gelegenen Bergseen im sogenannten Feld. Vom **Glenktörl** 7 (Tafeln) steigen wir auf Kehren in östlicher Richtung hinab, bez. 318, queren einen Hang und wandern wieder auf die **Feldnerhütte** 5 am Glanzsee zu (45 Min.). Der weitere Abstieg durch das **Gnoppnitztal** erfolgt auf der Aufstiegsroute.

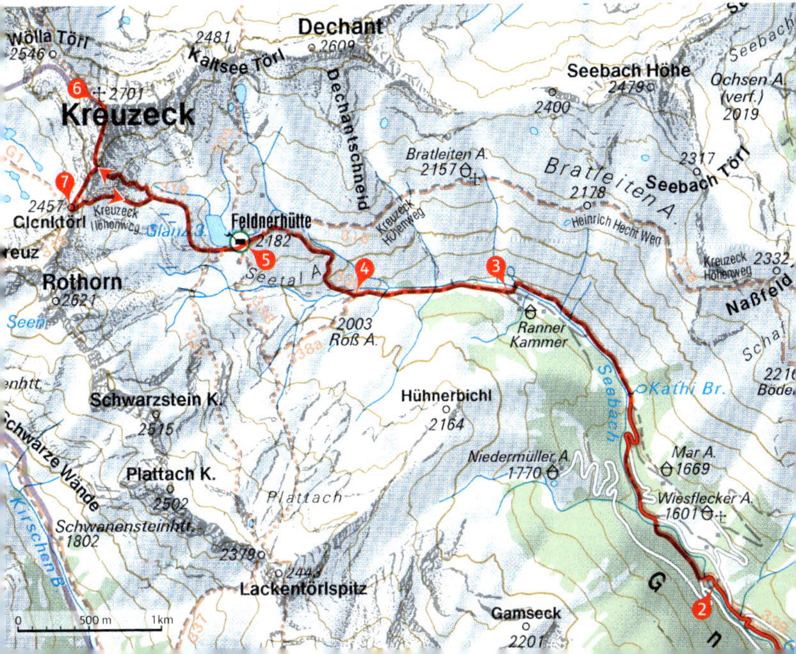

↗ 1510 m | ↘ 1510 m | 13.8 km

49 Leppener Alm und Scharnik, 2657 m

8.00 h

Rundtour und bedeutender Gipfel der südlichen Kreuzeckgruppe

Im Umfeld der Leppener Alm haben sich zahlreiche Privathütten angesiedelt. Ca. 40 Minuten oberhalb befindet sich die Ochsner Almhütte mit Käserei und Almprodunkten. Ganz ruhig wird es 10 Minuten später beim Wetterkreuz und Knappensee mit originellen Rastplätzen und darstellender Geschichte des ehemaligen Goldbergbaues. Ein auch für Kinder willkommener Aufenthalt!

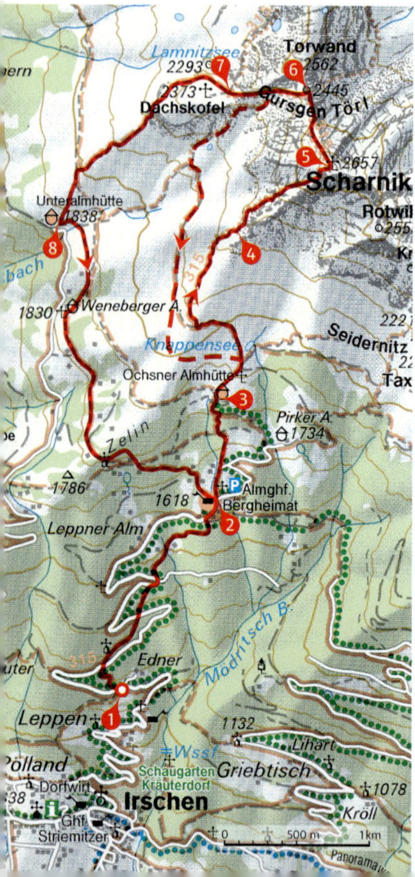

Ausgangspunkt: Ednerbauer, 1178 m, am Ende der asphaltierten Bergstraße, 5 km ab Irschen, begrenzter Parkplatz. Weitere Auffahrt bis zu einem Parkplatz, 1650 m, ca. 400 Längenmeter oberhalb der »Bergheimat« Leppener Alm möglich, gesamt 9 km. Zufahrt: 3,5 km östlich von Oberdrauburg, ab Hotel Vander (Kapelle) an der Bundesstraße in den Ortsteil Potschling, dann die Kirche halb umfahrend in Richtung Leppen und weiter zu Ednerbauer und Leppener Alm.
Anforderungen: Scharnik teils steil im Wechsel von Steig und Block-Rasen-Gelände, markiert, bei guten Bedingungen mäßig schwierig. Zwei kurze Stellen seilversichert, gelegentlich auch Zuhilfenahme der Hände nötig.
Einkehr/Unterkunft: Leppener Alm, Almgasthof Bergheimat, 1618 m, Tel. +43 680 2422293, Sommerbetrieb, einige Wochenendhäuser werden vermietet. Ochsner Almhütte, 1805 m, Käserei, Jausenstation. Weneberger Alm (Unteralmhütte), 1838 m, Jausenstation.
Variante: Direkter Abstieg vom Gursgentörl 6 zum Knappensee bzw. zur Ochsner Alnhütte 3.

Beim **Ednerbauern** 1 am Ende der asphaltierten Bergstraße setzt der Fußweg zur Leppener Alm an. Er führt vorerst steil am baumentblößten Berghang empor, ehe wir zwischen zwei Forstwegen den Bild-

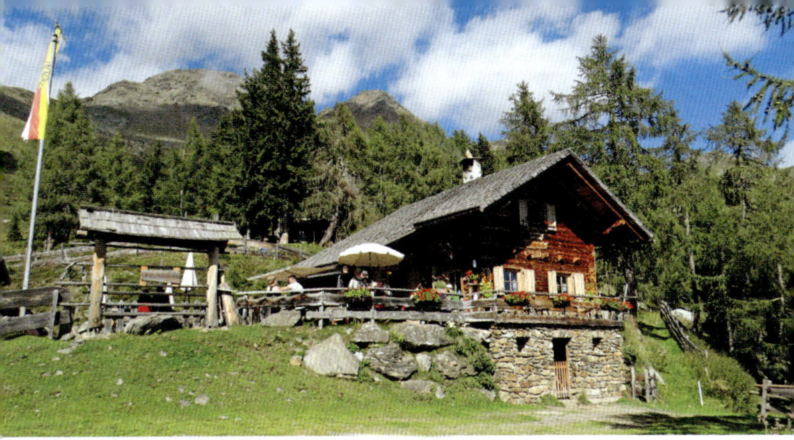

Der Almgasthof Bergheimat auf der Leppener Alm.

stock »Zu den Heiligen« passieren. Weiter bergan geht es im Wechsel von Wald und Bergwiesen, den Fahrweg mehrmals querend. Wir kommen an privaten Almhütten und an der Förster Kammer vorbei, bereits nah dem **Almgasthof Bergheimat** ❷, 1618 m (1.15 Std.).
Zur Ochsnerhütte folgen wir dem Steig auf lichten Lärchenhängen aufwärts und bei letzten Privathütten vorbei, wo auch der Weg vom Parkplatz einbindet, ehe wir die **Ochsner Almhütte** ❸, 1805 m, mit Käserei auf einer Hangkanzel erreichen (40 Min.). Das Wetterkreuz und der Leppener Knappensee mit Goldbergbaugeschichte und Rastplätzen liegen 10 Min. höher. Zum Scharnik weisen Tafeln nordwestlich hinauf auf den **Südwestkamm** ❹. Dort nähern wir uns über zwei Rasenerhebungen dem steileren, blockbewährten Aufschwung des Gipfelkörpers. Wir betreten eine Kammschulter und steigen zwischen Blöcken einige Minuten zu einer Richtungsstange hinauf. Anschließend queren wir mithilfe zweier kurzer Seilversicherungen um eine Felskante herum aufwärts. Nach kompakten Felsen folgt leichtes

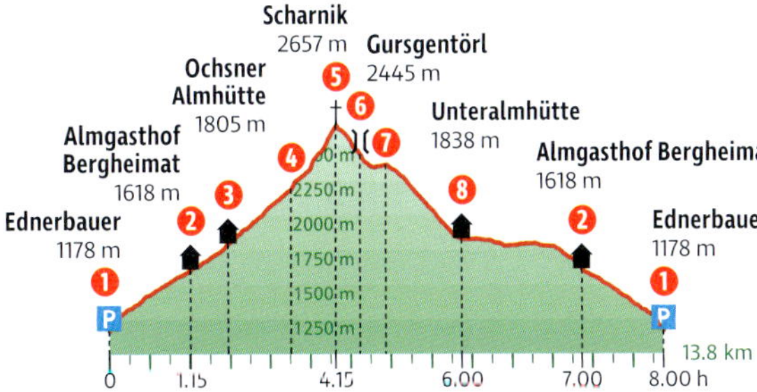

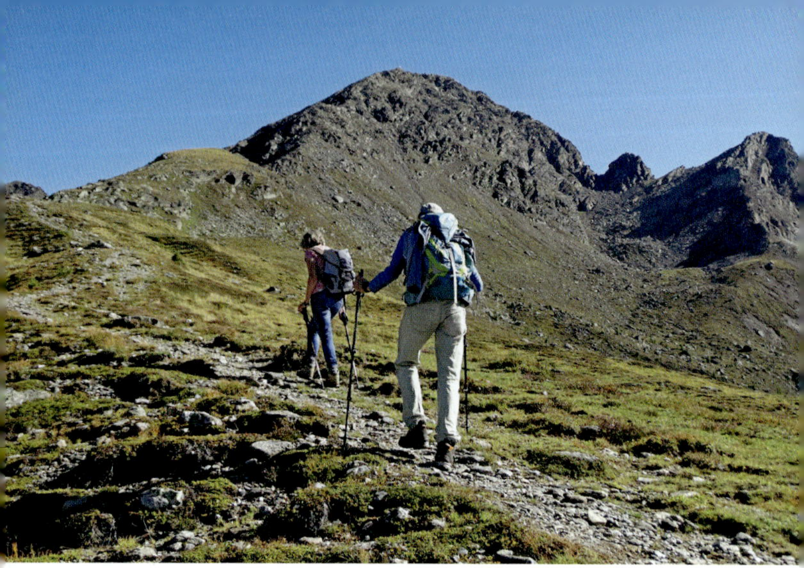

Anstieg zum Scharnik, rechts Kleiner Scharnik und Rotwiland.

Gehgelände zum Gipfelkreuz des **Scharnik** 5 mit Buch und Bänken (3 Std. von der Leppener Alm).

Der Abstieg vom aussichtsreichen Gipfel erfolgt am teilweise blockbedeckten Nordnordwest-Grat hinab zum schmalen **Gursgentörl** 6, 2445 m, das wir rechts von spröden Kammfelsen (Trittsicherheit) erreichen (30 Min.; kleines Gedenkkreuz). Vom Törl 15 Min. sonnseitig abwärts, ehe Wegtafeln zwei Möglichkeiten erlauben, entweder über die Weneberger Alm (hier als Hauptroute beschrieben) oder direkt in Richtung Leppener Alm (Variante).

Für den Abstieg über die Weneberger Alm nähern wir uns von den oben erwähnten Wegtafeln rechts haltend dem Rasenkamm (15 Min.) im Bereich des sanft gerundeten **Dachskofel** 7, 2373 m, mit Sicht zum Lamnitzsee, 2293 m. Die weitere Route mit stumpfen Steinmännern und aus Blech modellierten Tierimitationen führt stets übersichtlich zur **Unteralmhütte** 8 auf der **Weneberger Alm**, 1838 m (1.45 Std. ab Scharnik-Gipfel).

Bergseitig der Hütte gehen wir entlang dem Zaun zum nahen Bach und dort auf lockeren Lärchenwiesen in südlicher Richtung abwärts. Mehrmalige »Zaunüberstiege« halten nicht auf, und bei geringem Auf und Ab passieren wir leere Schupfen und einzelne Almhütten. Belebter mag die hellverschindelte Pflüglhütte sein (Brunnen, Almkreuz) wo Wegtafeln abwärts lenken, ehe ein Waldkamm leicht überschritten und bei weiterem Gefälle der **Almgasthof Bergheimat** 2 erreicht wird.

Der weitere Abstieg zum **Ednerbauern** 1 erfolgt auf dem Aufstiegsweg.

↗ 3300 m | ↘ 3780 m | 52.3 km

5 Tage

Unterwegs am Kreuzeck-Höhenweg: eine Vier-Hütten-Tour

50

Herrliche Tage mit Gipfelglück und weiter Einsamkeit

Die Kreuzeckgruppe gilt als ein bevorzugtes Bergland für Kenner und Liebhaber. Zwischen den Hohen Tauern im Norden und den Gailtaler Alpen im Süden beeindrucken die sanften Almen- und Bergwiesen. Malerische Bergseen laden zu erholsamen Wanderungen ein und zahlreiche Gipfel unterschiedlicher Schwierigkeit zu leichten bis anspruchsvollen Touren. Als besonderer Reiz gilt der von West nach Ost führende Kreuzeck-Höhenweg, der die Gebirgsgruppe von Iselsberg-Stronach in Osttirol bis zum Zusammenfluss von Möll und Drau durchmisst. Der Höhenweg kann auch in drei Tagen begannen werden, Genießer sind länger in der traumschönen Landschaften unterwegs.

Ausgangspunkt: Bushaltestelle an der Iselsbergstraße (Wegtafel Stronach), 1034 m. Erreichbar mit dem Bus der Linie 5002 vom Bahnhof Lienz oder von Winklern. Mit Pkw von der Iselsbergstraße nach Stronach (Schranke). Alternativ kann man auch am Zwischenbergensattel, 1474 m, starten, Zufahrt von Iselsberg-Stronach über mautpflichtige Naturstraße zum Parkplatz am Sattel; Mautstraßen; ggf. Taxi.
Endpunkt: Bahnhof Möllbrücke, 559 m, Rückfahrt mit dem Zug zum Bhf. Lienz.
Anforderungen: Ausdauer und Wetterschutz erforderlich, Trinkwasser mitnehmen. Markiert, bez. 318, abschnittsweise Schwierigkeitsgrad I, Trittsicherheit erforderlich. Bei Schnee oder Bodenfrost an manchen Stellen erhöhte Vorsicht!
Einkehr/Unterkunft: Anna-Schutzhaus, 1992 m, ÖTK Dölsach, geöffnet von Anf. Juni–30. Okt., 11 Lager, 20 Betten, Tel. +43 664 4211895, annaschutzhaus.at. Hugo-Gerbers-Hütte, 2347 m, ÖAV-Sektion Gebirgsverein, direkter Zustieg vom Almgasthof Bergheimat (1618 m; 800 Hm), 30 Schlafplätze, bewirtschaftet 20. Juni–Ende Sept., Tel. +43 4710 2668, alpenverein.at/hugogerbershuette. Feldnerhütte, 2182 m, erbaut 1884/85 vom DAV und der ÖAV-Sektion Villach; nach Brand 1988/89 von der ÖAV-Sektion Steinnelke wieder aufgebaut, direkter

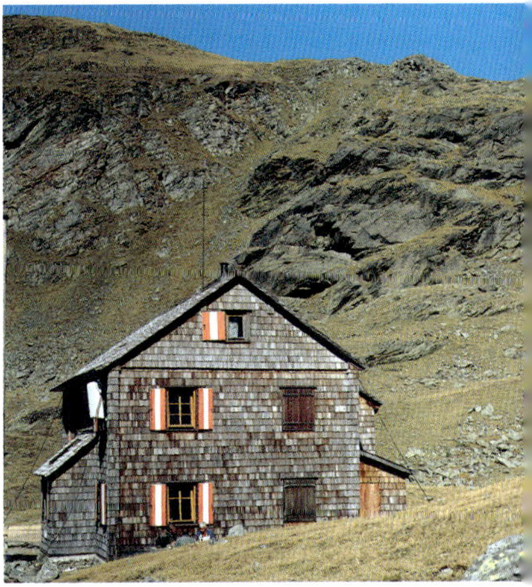

Die Hugo-Gerbers-Hütte.

Zustieg aus dem Gnoppnitztal (3 Std.) Mitte Juni–20. Sept., 39 Schlafplätze, Winterraum 6 Schlafplätze (offen), Tel. +43 676 7481172, alpenverein.at/feldnerhuette. Salzkofelhütte, 1987 m, ÖAV-Sektion Steinnelke, erbaut 1907, direkter Zustieg aus dem Nigglaital, 20. Juni–Ende Sept., 18 Betten, 9 Lager, Tel. +43 664 1615602, alpenverein.at/salzkofelhuette.

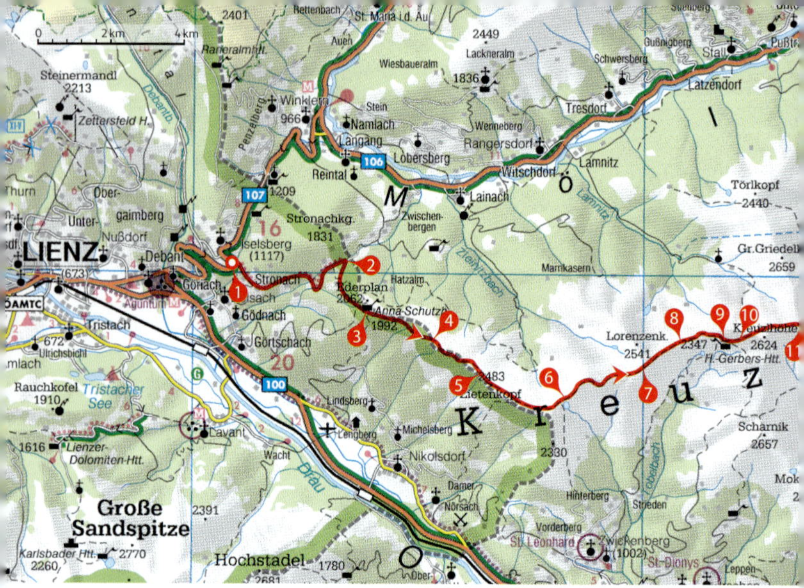

1. Etappe: Iselsberg-Stronach – Zwischenbergensattel – Anna-Schutzhaus
3.15 Std., 960 Hm Aufstieg, 6,2 km
Von der Bushaltestelle an der **Iselsbergstraße** ❶ wandern oder fahren wir in den Ortsteil Stronach (Schranke). Eine Mautstraße führt bis zum Parkplatz am **Zwischenbergensattel** ❷. Am Sattel lenken Wegtafeln zum Ederalmweg, eigentlich nur ein Steig, der nach einer steileren Waldparzelle an der Ederalmhütte vorbeiführt. Wir betreten eine Lichtung, die im oberen Teil vom Fahrweg begrenzt wird. Wiederum dringt der Steig in den Wald ein und holt nach einigen Kehren südlich aus, wo wir auf einer Bergwiese beim originellen **Anna-Quell** kurz innehalten. Unweit davon ist ein mit Rasen und Steinen umböschter Teich als Löschwasserbecken gedacht. Einzelne private Almhütten stehen etwas abseits vom Steig, der nach einer letzten Kehre zum **Anna-Schutzhaus** ❷ lenkt (1.30 Std.).

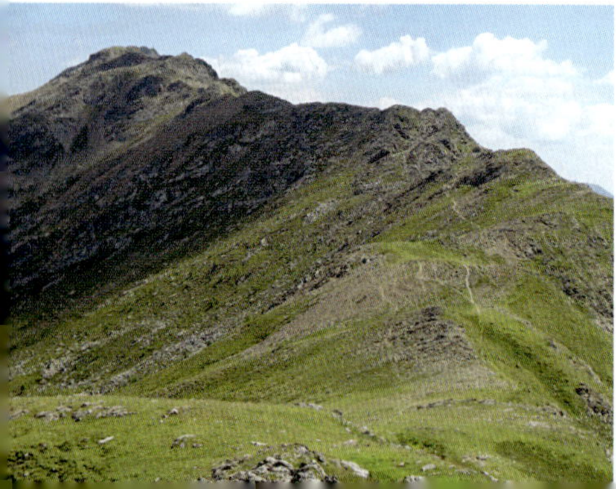

Der Zietenkamm stimmt auf die Höhenwanderung ein.

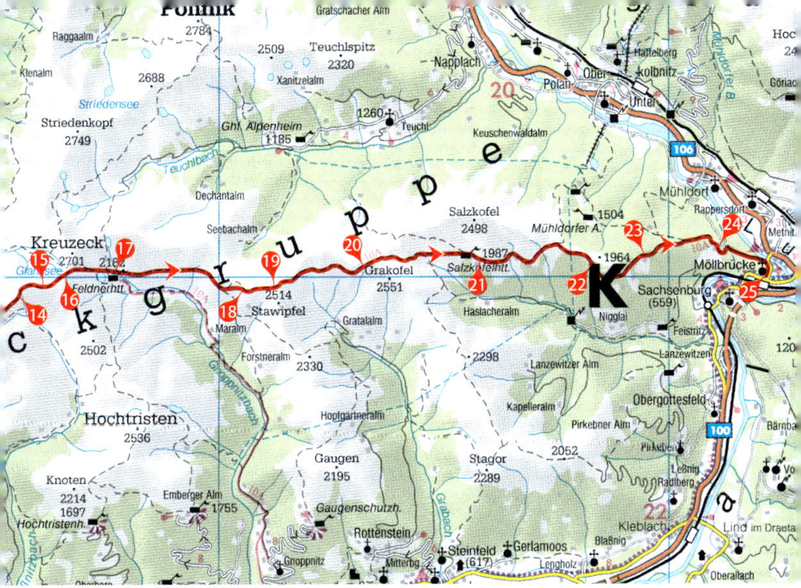

2. Etappe: Anna-Schutzhaus – Zietenkopf – Wildsee – Hugo-Gerbers-Hütte

5.30 Std., 910 Hm Aufstieg, 560 Hm Abstieg, 13,1 km

Vom **Anna-Schutzhaus** 3 wandern wir in östlicher Richtung und erreichen zwischen buschigen Fichten das Lainacher Törl, 2064 m (20 Min.; Hinweistafel nach Lainach). Vor uns erhebt sich der Loneskopf, 2316 m (Kreuz), den wir rechts (südlich) umgehen. Wir queren sonnige Hänge, kommen am Wernischbrünnl vorbei und betreten den Zietenkamm wieder am **Lindsberger Törl** 4, 2296 m (1.15 Std. vom Anna-Schutzhaus). Der Steig führt nun entlang kleiner Kammhügel und erreicht das grasbedeckte **Michelsberger Törl**. Ab hier wandern wir auf der Schattseite des Zietenkammes weiter, bez. 318. Der Weg leitet unschwierig über den teils felsdurchsetzten, schattseitigen Berghang. Der abschließende Aufstieg zum **Zietenkopf** 5, 2483 m, fordert noch ein wenig Kraft.

Es folgt ein Abstieg über eine Grasflanke und zwischen kulissenartigen Felsen zum Damer Törl, 2318 m (15 Min.). Mit unverändert prachtvoller Sicht auf die Lienzer Dolomiten und in das Herz der Kreuzeckgruppe queren wir den Damerkopf (auch »Dannknopf«) zur Linken und erreichen später am nordöstlich abdrehenden Kamm ein Gedenkkreuz. Mit abschließend leichtem Gefälle gelangen wir zum lichtblau schimmernden **Wildsee** 6, 2268 m am Wildseetörl (1 Std. ab Zietenkopf, ca. 3.10 Std. vom Anna-Schutzhaus). Von dort führt der Kreuzeck-Höhenweg auf sanften Rasenböden und unmerklich gerundeten Hangrücken nordöstlich bergan. Später queren wir

eine Blockhalde, ehe wir am Südhang des Kesselkogels und oberhalb des Turneckkreuzes in nordöstlicher Richtung dem Bergkamm näherkommen. Mit der prächtigen Sicht auf die Lienzer Dolomiten schlängelt sich der Steig zwischen Blöcken hinab zum **Sandfeldtörl** 7, 2383 m, wo die Sicht zum nördlich gelegenen Sandfeldsee im nordseitig abfließenden Zleinitzgraben noch weitere Akzente setzt.
Das Ochsenalmtörl, 2456 m (unter dem Moritzhorn), ist angenehm überschreitbar, während zum anschließenden **Klingentörl** 8 sich der Steig steilen Flanken anschmiegt und etwas Aufmerksamkeit erfordert. Hier zweigt zum nördlich gelegenen Gippersee eine dürftige Markierung ab. Wir bleiben auf der Sonnseite des Kammes in Richtung Wallischalmkopf, 2432 m, und nähern uns dem Taubichl, der südseitig gequert wird und an manchen Stellen kein Stolpern zulässt. Auch das Rote Beil, 2497 m, wird südseitig umgangen, ehe wir in einigen Minuten zur **Hugo-Gerbers-Hütte** 9, 2347 m, absteigen (2 Std. ab Wildensee).

3. Etappe: Hugo-Gerbers-Hütte – Hochkreuz – Feldnerhütte

4.30 Std., 670 Hm Aufstieg, 830 Hm Abstieg, 9,8 km

Wir verlassen die **Hugo-Gerbers-Hütte** 9 östlich auf einem leicht felsdurchsetzten Hangsteig, nach ca. 20 Min. zur Steigteilung – rechts ginge es zum Scharnik (2 Std.), wir halten uns links und steigen zur **Kreuzlscharte** 10, 2471 m, an (30 Min.; Kosakenkreuz). Die markante Kreuzlhöhe wird schattseitig gequert und etwas später ein nach Norden aussendender Grat überschritten. In weiterer Folge gelangen wir auf die Südseite des Kammes, wobei im steten Auf und Ab an manchen Stellen Vorsicht geboten ist. Dies gilt besonders im Bereich der **Schwarzwände** 11 und anschließend auf Kammerhebungen, die von kleinen Scharten oder Senken unterbrochen sind. Zwischenzeitlich sind kurze Steigpassagen ausgesetzt. Der Pfad führt nach

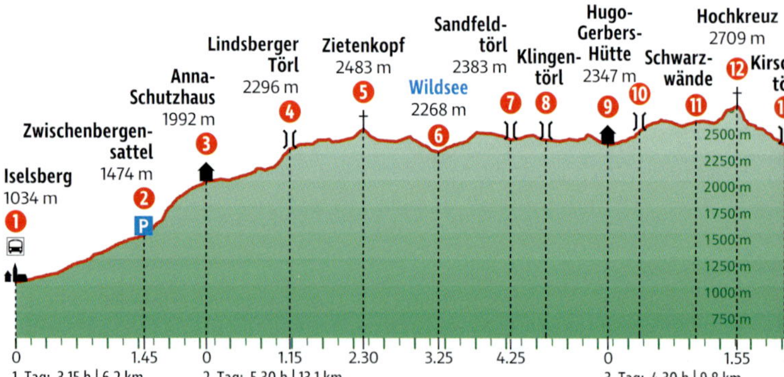

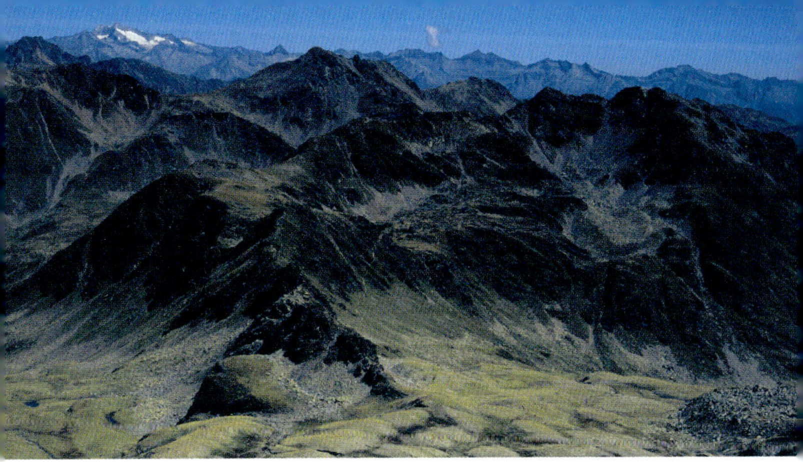

Blick über die östliche Kreuzeckgruppe (links der Polinik, dahinter die Hochalmspitze).

dem Schwarzwandkopf, 2683 m, direkt am Kamm, dann wieder im Geröll, aufs **Hochkreuz** ⓬, 2709 m (Buch, Kreuz). Der sich anschließend abwärts windende Schuttsteig führt problemlos in das weit offene **Kirschentörl** ⓭, nordseitig mit schmuckvollen Kleinseen und Tümpeln und gegenüber mit dürftig markierter Route in das südlich abgleitende Dellacher Draßnitztal. Der weitere, leicht emporlenkende Steig quert den Kamm südseitig und lässt bald den herrlichen Bergtrog mit den **Vierzehn Seen** ⓮ betrachten – wie aus der Vogelschau kann man sie genießen. Gletscherschliffe, unterschiedlich groß und in mystischen Farben schillernd, vermitteln ein nacheiszeitliches Bild. Im Halbbogen um-

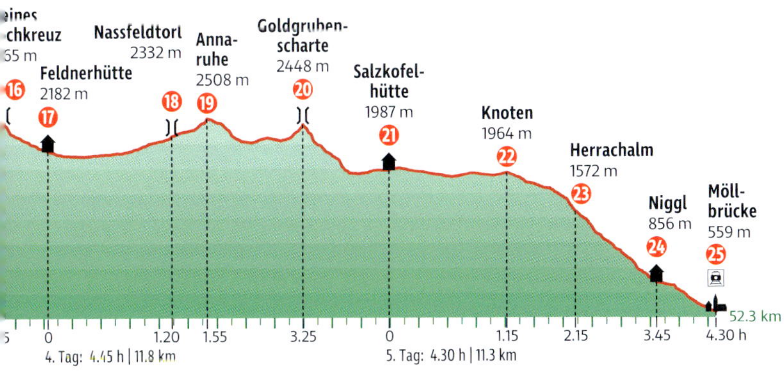

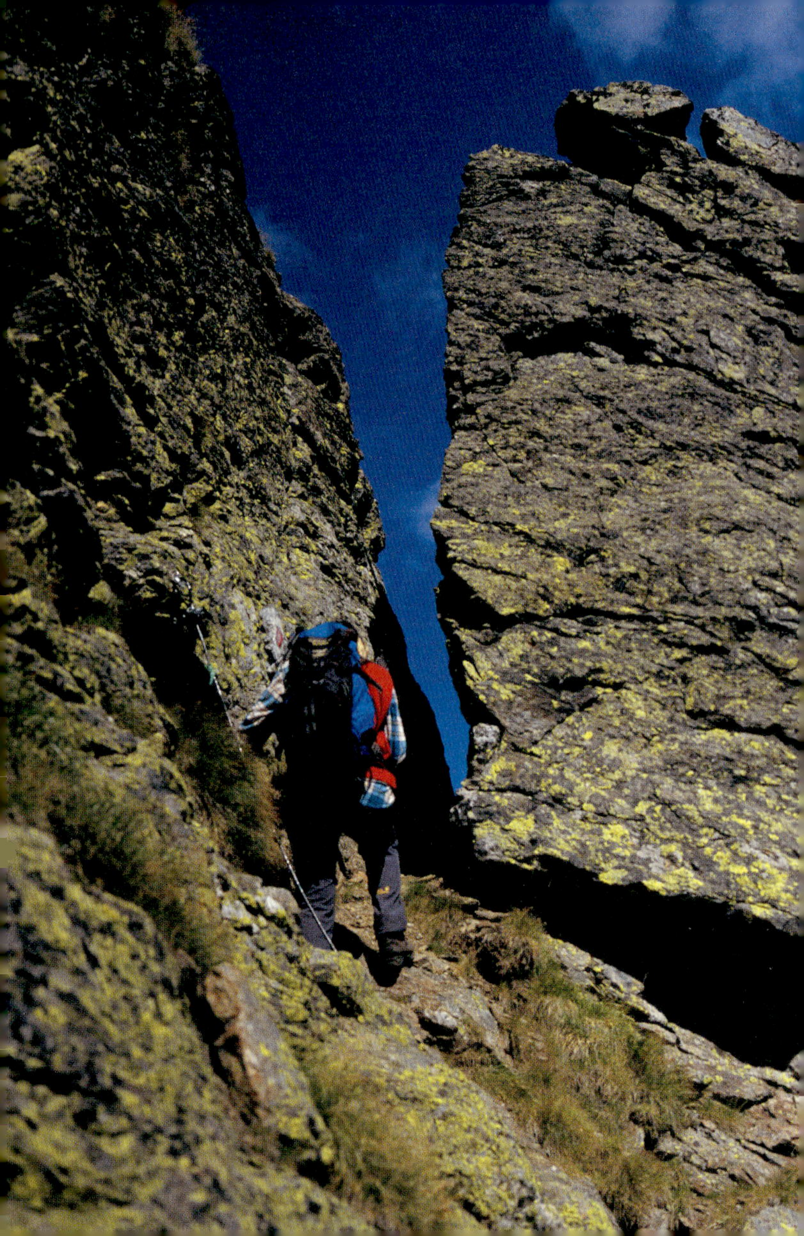

schreiten wir dieses Bergidyll und gelangen über Steigkehren zur Kammhöhe, wobei wiederum da und dort Vorsicht angebracht ist. Im Bereich des **Kleinen Hochkreuzes** ⓯ zwängen wir uns nach kurzem, seilversichertem Anstieg durch einen auffallenden Felsspalt, bevor wiederum nordseitig des Kammes (kurze versicherte Stellen) das **Glenktörl** ⓰, 2457 m, erreicht wird (ca. 2 Std.). Hier mündet die Route aus dem Wöllatal und dem Bereich des Feldsees ein. Gegenüber führt der markierte Steig ostwärts hinab zur **Feldnerhütte** ⓱ am Glanzsee, 2182 m (30 Min.), der halb umschritten wird, ehe wir in die von einem Hangkegel abgeschirmte Hütte einkehren.
Wer noch Reserven hat, kann zum Abschluss des Tages noch das **Kreuzeck**, 2701 m, besteigen: Vom Glenktörl führt ein teils erdiger, teils steiniger Steig vorerst links des Südwestgrates hinauf und wechselt in der Folge geringfügig die Gratseite. Blöcke und Rasen wechseln, schließlich geht es auf erdiger bis grasbewachsener Halde zum Gipfelkreuz (45 Min.; Buch). Der Abstieg (0.45–1 Std.), erfolgt auf ausreichend markiertem Steig zum Glanzsee und zur **Feldnerhütte** ⓱.

4. Etappe: Feldnerhütte – Annaruhe – Salzkofelhütte (Heinrich-Hecht-Weg)
4.45 Std., 640 Hm Aufstieg, 840 Hm Abstieg, 11,8 km
Von der **Feldnerhütte** ⓱ steigen wir in 15 Min. zum Seebach ab. Am gegenüberliegenden Berghang gelangen wir, die Dechantschneid umschreitend und kleine Bäche übersetzend, in östlicher Richtung zur blechgedeckten **Bratleitenalmhütte**, 2157 m, mit Kreuz und Wassertrog. Im Anschluss geht es vorerst eben, dann um ein felsdurchbautes Hangeck, in eine große, von Wasseradern durchästelte Rasenbucht, ehe nach einer Hangschulter rechts ein (für uns nicht relevanter) markierter Steig zum Gaugen-Schutzhaus abzweigt.
Mit Blick zum Bödensee, 2244 m, steigen wir über teils kleine Blockhalden zum **Nassfeldtörl** ⓲, 2332 m, an. Knapp vor dem Törl rechts abbiegen und am Rasenkamm hinauf zur **Annaruhe** ⓳, 2508 m, wo wir den in West-Ost-Richtung verlaufenden Hauptkamm erreichen (2.30 Std. von der Feldnerhütte). Die Annaruhe, ein abgerundeter Rasenkopf, wird südseitig vom kreuztragenden Stawipfel, 2514 m, flankiert. Wir wandern ca. 20 Min. im kupierten Block-Rasen-Gelände im Bereich der Löcherwände und steigen dann auf sechs Kehren und über eine felsdurchsetzte Hangkante ca. 100 Hm ab. Entlang stellenweise erdiger Flanken und um eine Felsnase gelangt man in den Bereich der Grabacher Hirtenhütte, die oberhalb umschritten wird. Zur Linken baut sich mächtig der Schroneck-Gipfel auf.
In weiterer Folge queren wir kleine Bergtröge und magere Bächlein, die nach unten von Moränen überlagerte Hangmulden durchlaufen. Der Steig schmiegt sich zur Linken an den Fuß steiler Kammfelsen und steigt spürbar zur **Goldgrubenscharte** ⓴, 2448 m (Tafel), an (1.30 Std.). Hier berühren wir

Grattürme im Bereich des Kleines Hochkreuzes.

ein ehemaliges Zentrum des Bergbaues mit noch sichtbaren Spuren und Stollenlöchern. Die Goldgrubenscharte bietet den Blick zur nördlich gelegenen Geistlacke und noch tiefer zum Alpenheim in der Teuchl. Der jetzt abwärtsführende, erddurchsetzte Steig erfordert Achtsamkeit, ehe zwischen Kleinem Kreuzeck und Geyersspitz ein 100 Hm messender Abstieg über acht Kehren auf eine Trogsohle führt, die auch ein kleiner Bach durchfließt. Weiter talwärts im Alpenrosengestrüpp und zwischen kleinen schütteren Lärchen, ehe am Gegenhang und abschließend mit etwas Steigung auf einer ehemaligen Bergbauroute an Quellen vorbei die **Salzkofelhütte** ㉑, 1987 m, erreicht wird (1.30 Std.).

5. Etappe: Salzkofelhütte – Sachsenweg – Möllbrücke
4.30 Std., 100 Hm Aufstieg, 1530 Hm Abstieg, 11,3 km
Der nach Osten führende Sachsenweg leitet anfänglich eben und kleine Bäche übersetzend auf die **Pusarnitzer Almhütten** zu. Anschließend durchläuft der von Erikakraut eingefasste Steig eine große Hangbucht, wo bald darauf eine Variante links nach Rosseben etwas ansteigt und in weiterer Folge zur Kreuzeckbahn führt (3.30 Std.). Wir halten die bisher eingeschlagene Richtung bei und erreichen bei weiterhin nur geringen Höhenunterschieden den sogenannten **Knoten** ㉒, 1964 m, mit mehreren Almhütten auf einer großen, umzäunten Bergwiese (1.30–2 Std.).
Am unteren Wiesenrand auf eben verlaufendem Steig nordöstlich bis zu einem Wassertrog, worauf es im geschlossenen Wald abwärtsgeht. Wir kommen an den zwei verfallenen Schupfen der **Herrachalm** ㉓, 1572 m, vorbei. Zwischenzeitlich friedet kniehohes Gras den Steig ein und gelegentlich deuten aufgepinselte Pfeile die Richtung an. In der Folge lenkt der Hinweis »Buschenschank« auf ziemlich steil bergab führende Waldsteigpassagen. Sonne und Licht umschwärmt das Wiesengelände beim Jaklbauern, während später das sogenannte »Hintner Bankl« wieder im Waldschatten steht. Teilweise über Hohlwege hinab zur Buschenschank **Niggl** ㉔ (Jausenstation; ca. 2 Std.).
Schließlich weiterhin talwärts noch in 45 Min. zur Pfarrkirche St. Leonhard in **Möllbrücke** ㉕, 559 m. Dort halten wir uns rechts und gelangen an der Bundesstraße in 5 Min. zum **Bahnhof**.

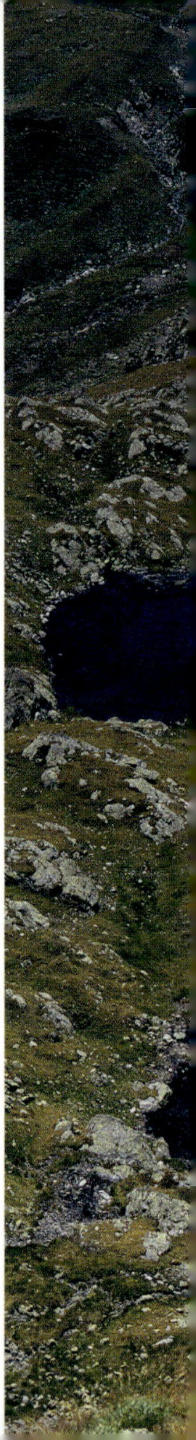

Zwischen Hochkreuz und Kleinem Hochkreuz überraschen die von Felsen eingerahmten Vierzehn Seen.

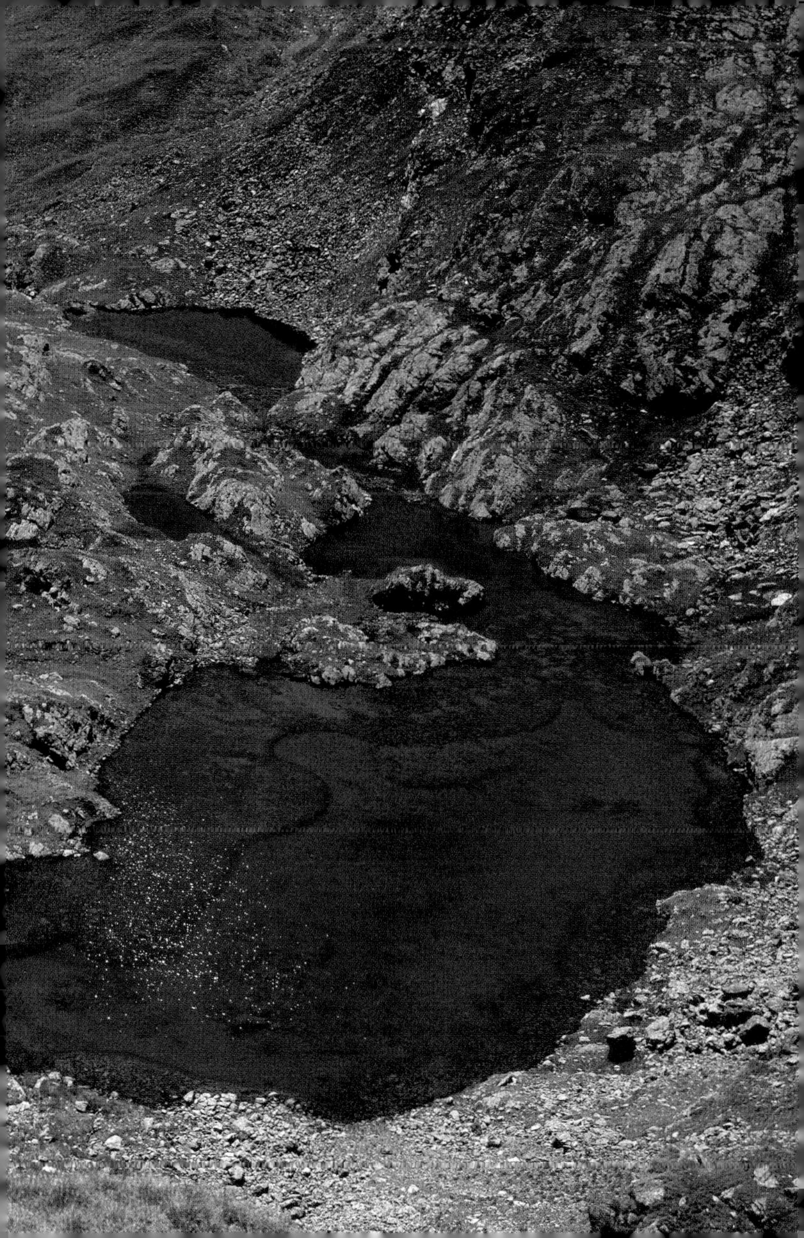

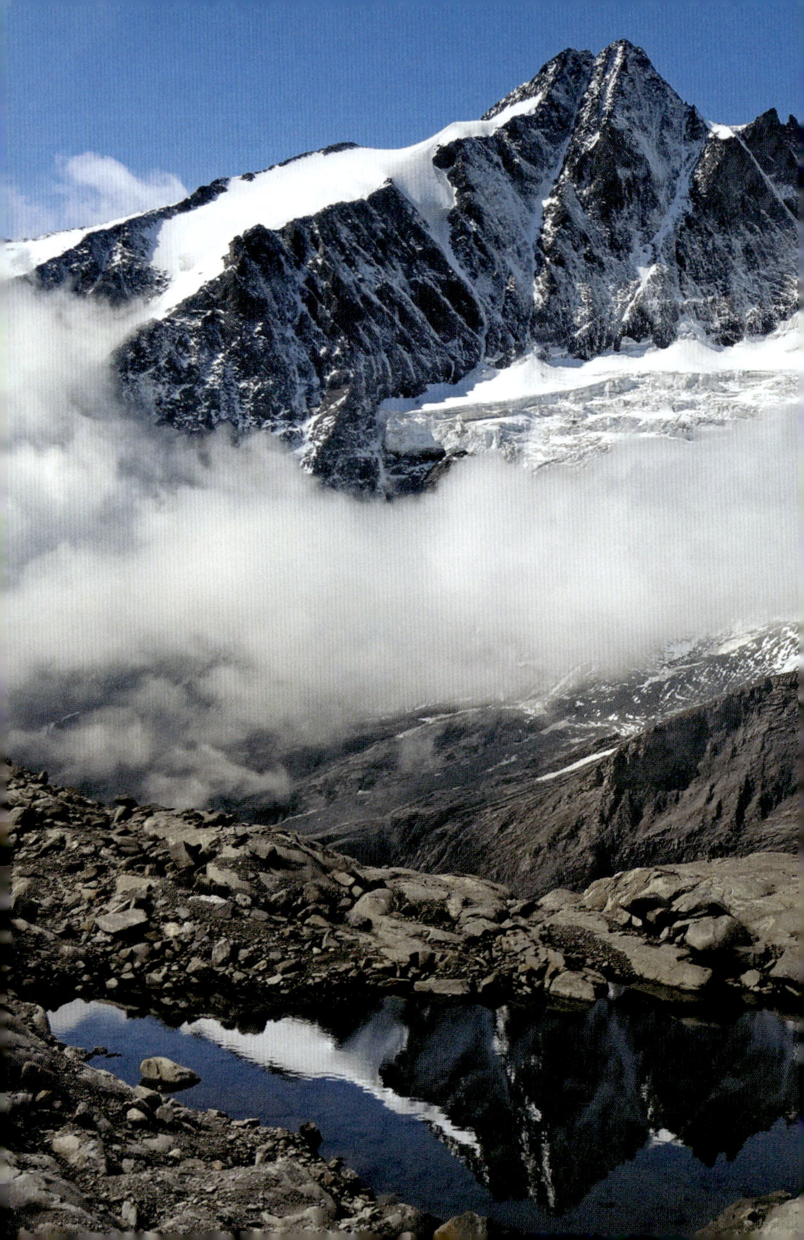

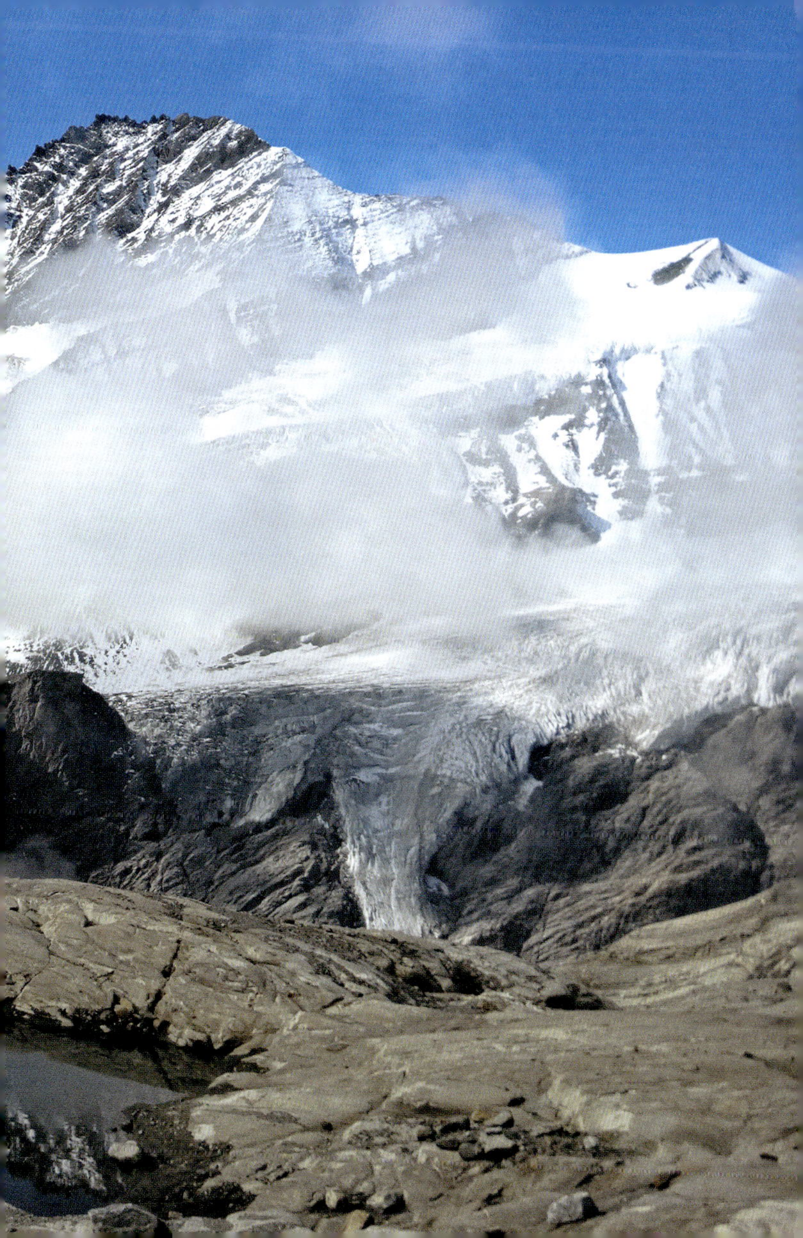

STICHWORTVERZEICHNIS

Lukashansl

HOTEL - GASTHOF

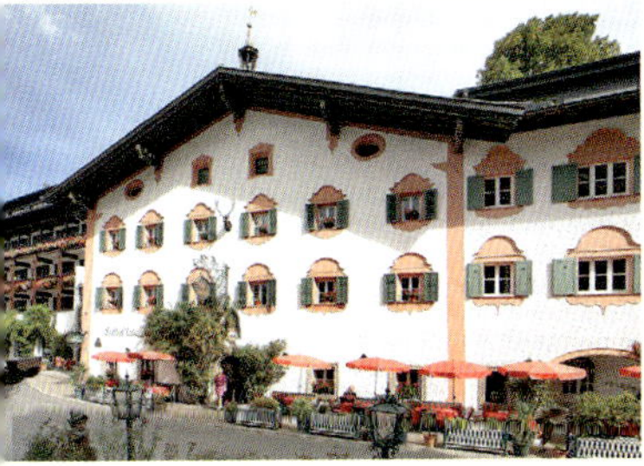

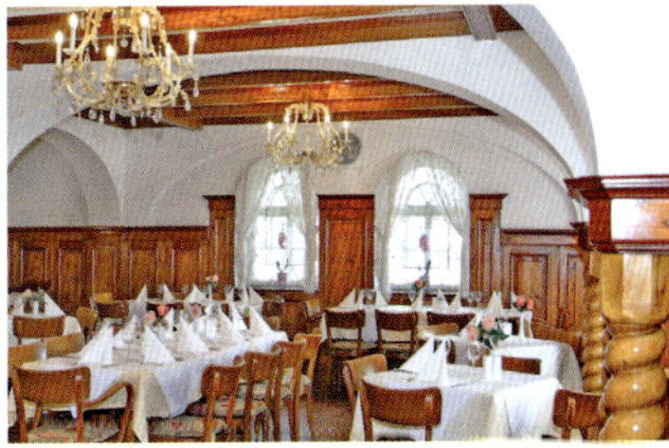

er jemals die Großglockner Hochalpen-
raße bezwungen hat, der kennt auch
n „Lukashansl" in Bruck. Ein Haus,
s allen Reisenden im Gedächtnis bleibt.
nd jene, die hier eine Pause eingelegt haben, verweilen gerne immer wieder im behaglichen Schoß eines angestammten Gast-Hauses. Wir haben ganzjährig geöffnet und unser Gasthof bietet ganztägig warme Küche an.

Alpengasthof Trauneralm

im Nationalpark Hohe Tauern

Käfertal - Ferleiten / Fusch

egenüber der von Anfang Juni bis Ende
eptember geöffneten Trauneralm befin-
t sich unsere Landwirtschaft, von wo wir

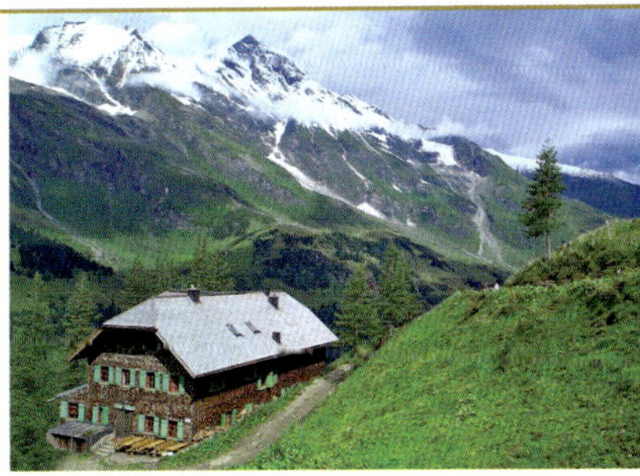

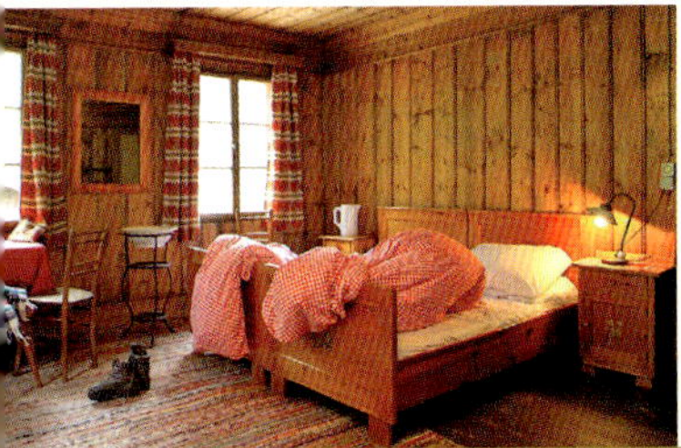

frische Bergmilch, Pinzgauer Käse sowie Fleisch und Speck beziehen. Übernachten Sie in gemütlichen Zimmern und Lagern mit Halbpension. Unser Gasthof ist außerdem idealer Ausgangspunkt für Wanderungen durch die Hohe Tauern und bietet Möglichkeiten für Feste und Seminare.

Hotel Gasthof Lukashansl

A-5671 Bruck a.d. Glstr. · Salzburgerstrasse 1

Tel. +43 6545 7458 · info@lukashansl.at · www.lukashansl.at

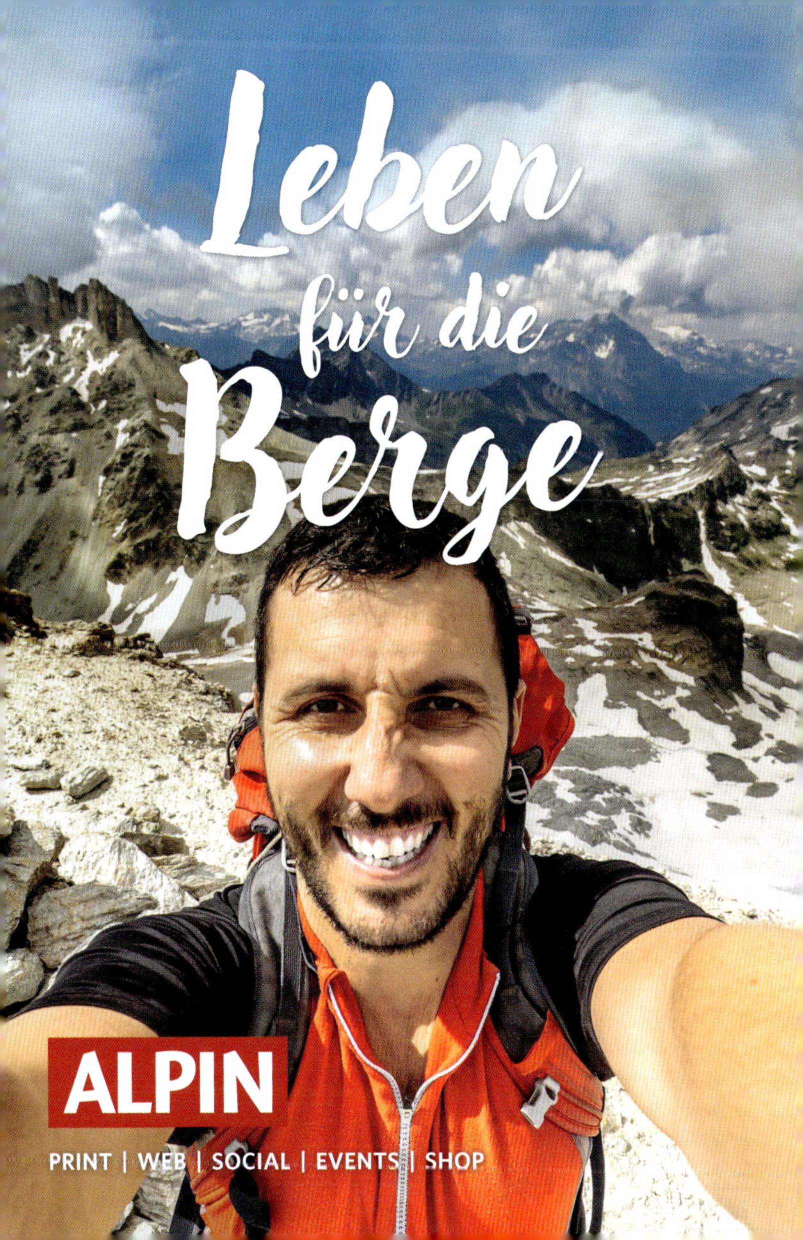
Leben
für die
Berge
ALPIN
PRINT | WEB | SOCIAL | EVENTS | SHOP

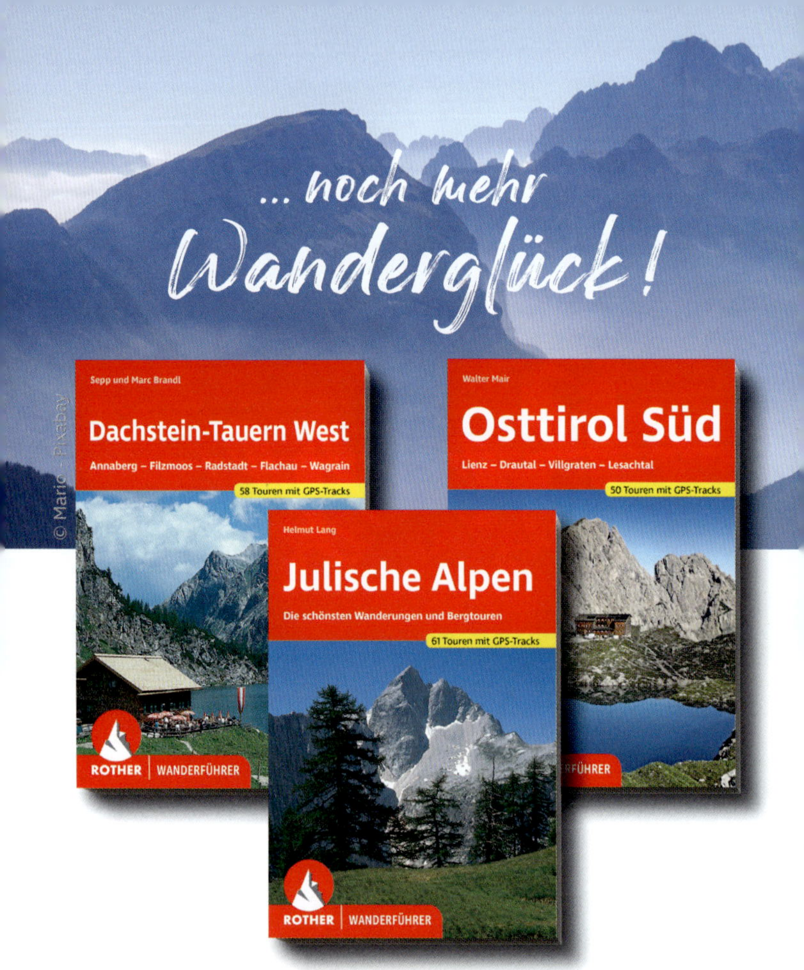
... noch mehr
Wanderglück!
© Mario - Pixabay
Sepp und Marc Brandl
Dachstein-Tauern West
Annaberg – Filzmoos – Radstadt – Flachau – Wagrain
58 Touren mit GPS-Tracks
ROTHER | WANDERFÜHRER
Walter Mair
Osttirol Süd
Lienz – Drautal – Villgraten – Lesachtal
50 Touren mit GPS-Tracks
Helmut Lang
Julische Alpen
Die schönsten Wanderungen und Bergtouren
61 Touren mit GPS-Tracks
ROTHER | WANDERFÜHRER

Umschlagbild: Am Pasterzen-Gletscherweg ins Reich des Großglockners.

Bild im Innentitel: Der Großglockner und die Glocknerwand grüßen im Morgenlicht.

Bild Seiten 30/31: Die Pasterze mit Johannisberg, Kleinem Burgstall links und Mittlerem Burgstall rechts. Im Vordergrund der nachdrängende Pasterzensee.

Bild Seiten 196/197: Der Großglockner und die Glocknerwand (rechts) zum Greifen nah beim Aufstieg zur Oberwalderhütte.

Alle Fotos vom Autor, außer S. 86 (Stefan Thaler-Mair).

Kartografie:
50 Wanderkärtchen im Maßstab 1:50.000 und 1:200.000
sowie 2 Übersichtskärtchen im Maßstab 1:300.000 und 1:600.000

Werk-Nr.: 4317

6., aktualisierte Auflage 2024

ISBN 978-3-7633-4317-1

FSC www.fsc.org MIX Papier | Fördert gute Waldnutzung FSC® C147178

Wir freuen uns über jeden Korrekturhinweis zu diesem Wanderführer!
Bitte per E-Mail an: leserzuschrift@rother.de

ROTHER BERGVERLAG · Keltenring 17 · D-82041 Oberhaching
Tel. +49 89 608669-0 ·rother.de